Zu diesem Buch

Die Klagen über den «Standort Deutschland» dominieren seit Jahren die wirtschafts- und sozialpolitischen Debatten. Der Standort, das ist für neoliberale Politiker, Wirtschaftsführer und -wissenschaftler ausgemacht, ist schwer gefährdet: durch zu hohe Löhne und Lohnnebenkosten sowie zu hohe Unternehmenssteuern und den Schulden- und Sozialstaat. Daß Deutschland seit Jahren immer wieder Exportweltmeister wird, die Gewinne und Aktienkurse der Großunternehmen stetig steigen, während jeder neuen «Deregulierung» ein neuer Arbeitslosenrekord auf dem Fuße folgt, ficht die Anhänger der reinen Marktlehre nicht an. Wenn die Arbeitslosen statt weniger immer mehr werden, müsse der Einsatz der neoliberalen Folterinstrumente eben intensiviert werden: noch mehr Markt, noch weniger Staat. Die regierenden Politiker sind folgsam und demontieren Zug um Zug die Regeln und Grenzen, die die Politik den Märkten einst zum Besten aller setzte.

Rudolf Hickel entlarvt in dieser engagierten wirtschaftspolitischen Streitschrift sieben grundlegende Irrtümer der gegenwärtigen neoliberalen Politik: daß der Markt besser ohne Staat zurechtkomme, die Unternehmenssteuern zu hoch seien und Investitionen verhinderten, mehr Beschäftigung an hohen Lohnkosten scheitere, Umweltpolitik ausgesetzt werden müsse, begleiteter Strukturwandel der Wirtschaft von Übel sei, Bildung und Wissenschaft von staatlicher Schrumpfpolitik nicht ausgenommen werden könne – schließlich, daß Europa im Zeichen des Euro das Wirtschaftsmodell, das auf diesen Irrtümern fußt, übernehmen müsse. Um die Arbeitslosigkeit wirklich wirksam zu bekämpfen, sind eine Revision der herrschenden Wirtschaftslehre und ein Politikwechsel nötig, fordert Hickel. Und er macht Vorschläge, wie der herrschende Standort-Wahn kuriert und berechtigter Euro-Angst begegnet werden kann.

Rudolf Hickel, Jahrgang 1942, ist Professor für Wirtschaftswissenschaften an der Universität Bremen. Er ist Mitglied der «Arbeitsgruppe Alternative Wirtschaftspolitik», die seit 1975 jährlich zum 1. Mai Gegengutachten vor allem zum «Sachverständigenrat der gesamtwirtschaftlichen Entwicklung» (SVR) vorlegt.

Rudolf Hickel

Standort-Wahn und Euro-Angst

Die sieben Irrtümer der deutschen Wirtschaftspolitik

rororo

Rowohlt

rororo aktuell
Herausgegeben von Frank Strickstrock

Originalausgabe
Veröffentlicht im Rowohlt Taschenbuch Verlag GmbH,
Reinbek bei Hamburg, Mai 1998

Umschlaggestaltung Susanne Heeder/Philipp Starke
(Fotos: Georg French/Bavaria; Tony Stone Images, Andreas Rudolf)
Satz aus der Sabon PostScript PageOne
Gesamtherstellung Clausen & Bosse, Leck
Printed in Germany
ISBN 3 499 22237 X

Inhalt

Vorwort

Der Abschied vom «sozial temperierten Kapitalismus» (Oswald von Nell-Breuning) und damit auch vom Konzept der Sozialen Marktwirtschaft ist in vollem Gange. Die Stärkung der Unternehmenswirtschaft und der Vermögenden ist vorangekommen. Dagegen haben Massenarbeitslosigkeit und Sozialabbau viele Menschen in den sozialen Abstieg gezwungen. Den Zeitgeist kann dies (noch) nicht erschüttern, er gibt sich übermächtig neoliberal. Gemessen am klassisch-emanzipatorischen Ziel, Abhängigkeiten der Menschen von unternehmerischer Macht abzubauen, entpuppt sich dieser Zeitgeist freilich als zutiefst antiliberal: Die Befreiung der Märkte von sozialer Regulierung gebiert eine wachsende Abhängigkeit all derjenigen, die von Erwerbsarbeit abhängig sind.

Dieser mächtige Rückschitt zum «Kapitalismus pur» ist in den vergangenen Jahren schon oft beschrieben worden. Dieses Buch wird ihm in einer eigenen Perspektive nachgehen, indem es die sieben Grundirrtümer des markt- und politisch beherrschenden Neoliberalismus aufdeckt, der nicht nur Deutschland am Ende des 20. Jahrhunderts befallen hat. In der kritischen Tradition der Aufklärung geht es darum, die derzeit vorherrschende Wirtschaftslehre mit den wirklichen Verhältnissen zu vergleichen, um angeblichen Sachzwängen zu entrinnen und demokratischer Gestaltungsfähigkeit zu ihrem Selbstbewußtsein und ihrem Recht zu verhelfen. Gezeigt wird, daß die Projekte «Standort Deutschland» und «Euro» von den neoliberalen Fesseln befreit und den Zielen: Bekämpfung der Massenarbeitslosigkeit, sozialer Ausgleich und ökologischer Umbau untergeordnet werden müssen.

Dieses Buch hat die Absicht, den im ökonomischen Expertenjargon gehaltenen Streit einem breiten Publikum zugänglich zu machen, das nicht aus Ökonomen besteht. Das doppelte Risiko bleibt: Nichtfachleute werden einzelne Ausführungen immer noch als viel zu ökonomistisch wahrnehmen. Die marktgläubige Fachwelt dagegen wird den Verzicht auf neoklassische Glasperlenspiele womöglich zum Anlaß nehmen, die Provokationen dieses Buches abzutun.

Meine Untersuchung, die gelegentlich zur Streitschrift geraten ist, basiert nicht zuletzt auf zwei höchst antithetischen Quellen:

Die eine Quelle ist die «Arbeitsgruppe Alternative Wirtschaftspolitik», auch «Memo-Gruppe» genannt. Seit 1975 arbeiten Ökonomen und Ökonominnen zusammen, um aus der «Anatomie des Marktversagens» Vorschläge zu einer Politik für Arbeit und Umwelt zu entwickeln. Die hier vorgestellten Argumente sind durch die vielen Diskussionen in der Memo-Gruppe, an denen ich seit dreiundzwanzig Jahren teilgenommen habe, geprägt. Gegenüber dem in diesem Buch kurz gehaltenen Kapitel über Alternativen werden im jüngsten «Memorandum '98: Bewegung in Europa – Blockade in Deutschland – Kurswechsel für Beschäftigung» die Grundlagen und Instrumente für eine andere Wirtschaftspolitik ausführlich begründet. Diesem langjährig erprobten, kritischen Think-Tank gilt daher mein Dank. Ich habe mit diesem Buch die Möglichkeit genutzt, die zentralen Aussagen meiner vielen Vorträge und Diskussionsbeiträge in den Medien gleichsam aus einem Guß zu präsentieren.

Die andere, hier ausgeschöpfte Quelle, ist der «Sachverständigenrat zur Begutachtung der gesamtwirtschaftlichen Entwicklung (SVR), der nach Paragraph 2 seines Einrichtungsgesetzes vom 14. August 1963 den Auftrag hat, «Fehlentwicklungen und Möglichkeiten zu deren Vermeidung oder deren Beseitigung aufzuzeigen». Ich spreche bewußt vom *sogenannten* Rat der Fünf Weisen, weil seine wachsende Ratlosigkeit gegenüber den drängenden ökonomischen, sozialen und ökologischen Herausforderungen unübersehbar ist. Dieser SVR hat – der neoliberalen Politik weit voraus – bereits Anfang der siebziger Jahre den Abschied von der Sozialen Marktwirtschaft und ihrer Erweiterung um Beschäftigungs- und Umweltpoliitk zugunsten einer entfesselten Marktwirtschaft eingeleitet. Für die Klarheit, aber auch Sturheit, mit der trotz manifester Mißerfolge in jüngster Zeit an der Angebotslehre festgehalten wird, verdient dieses Gremium auch Anerkennung. Denn die mittlerweile vierunddreißig Jahresgutachten, die ich alle lesen mußte, boten mir eine marktradikale Vorlage, an der ich mich abarbeiten konnte.

Mein großer Dank gilt dem Lektor, Frank Strickstrock. Dieses Buch wäre ohne seine insistierende Betreuung vor allem in den Krisenphasen wohl nicht erschienen.

März 1998 Rudolf Hickel

Einleitung: Wohlstand für wenige

Kurz vor der Jahrtausendwende ist die deutsche Gesellschaft ökonomisch und sozial tief gespalten. Dieses Auseinanderdriften hat ein Ausmaß angenommen, wie es bis Anfang der achtziger Jahre kaum vorstellbar war. Es war aber ordnungspolitisch gewollt. Seit dem Wechsel zur konservativ-neoliberalen Bundesregierung im Herbst 1982 ist – zuerst in kleinen und wechselhaften Schritten, jedoch letztlich in der Summation übermächtig – der Abschied vom deutschen Nachkriegsmodell des politisch-sozial gebändigten Kapitalismus auch gegen Widerstände durchgesetzt worden. Seine Fähigkeit zum gesellschaftlichen Kompromiß zwischen politischen Zielen und der wirtschaftlichen Eigendynamik schwindet dahin. Die Schlagworte der Wirtschaftspolitik, die das künftige Gesicht der Gesellschaft bestimmt, lauten heute: Lohnverzicht, mehr Flexibilität auf den Arbeitsmärkten, Sozialabbau, Steuerentlastung für die Unternehmen, Verschlankung des Staates, Deregulierung, also Abbau politisch gewollter Mindeststandards des Wirtschaftens. Diese Politik hat ihr Ziel, der unbarmherzigen Konkurrenz auf den Märkten den Vorrang einzuräumen, schon erreicht. Antagonistisch stehen sich derzeit Gewinner und Verlierer einer Politik gegenüber, die das Ziel sozialer Gerechtigkeit zugunsten eines aggressiven Besitzindividualismus aufgekündigt und sich damit zugleich der Profitwirtschaft untergeordnet hat.

Die Gewinner

Vor allem die Großunternehmen haben ihre Vormacht auf den Märkten gegenüber den kleinen und mittleren Unternehmen, Beschäftigten und Verbrauchern bis hin zu Monopolen ausgebaut, auch durch grenzüberschreitende Konzentration. Sie konnten ihren Einfluß auf die Politik wie überhaupt auf die Gesellschaft derart steigern und intensivieren, daß er inzwischen zur Hegemonie geworden ist – eine bedrohliche Entwicklung: die Wirtschaft herrscht vor, Politik reduziert sich auf die Erfüllung ökonomischer Interessen. Mit der verbreiteten Angst vor der existenzbedrohenden Arbeitslosigkeit ist der Unternehmerseite darüber hinaus ein Instrument der Disziplinierung ihrer Betriebe und der Politik zugewachsen. Die Drohung, Arbeitsplätze abzubauen, hat die Abhängigkeit der vielen auf Erwerbsarbeit angewiesenen Menschen von den Arbeitsplatzanbietern verstärkt. Die Arbeitslosigkeit, die Jahr für Jahr neue Rekordmarken erreicht, produziert eben nicht nur Verlierer, sondern auch Gewinner.

Durch diesen Zuwachs an ökonomischer und gesellschaftlicher Macht ist es den Unternehmen gelungen, ihren Anteil an der Wertschöpfung auszuweiten. Dies belegt die Entwicklung der gesamtwirtschaftlichen Gewinnquote in Westdeutschland: Sie hat nach der Rezession von 1993 das Spitzenniveau von Anfang der sechziger Jahre erreicht. Spiegelbildlich dazu ist die strukturbereinigte Lohnquote auf das niedrige Niveau von 1960 zurückgefallen. Während damals allerdings praktisch Vollbeschäftigung herrschte, geht dieser Spitzenwert zugunsten der Unternehmen heute mit dem Höchststand an Arbeitslosigkeit einher.

Durch die auf die Unternehmens- und Reichtumspflege ausgerichtete Steuerpolitik konnten darüber hinaus die unternehmerischen Jahresüberschüsse nach Abzug der Steuern noch stärker gesteigert werden als die Bruttogewinne. Seit Anfang der achtziger Jahre bis 1996 ist die Belastung der Bruttoeinkommen aus Unternehmertätigkeit mit direkten Steuern von 38 auf 24 Prozent zurückgefallen. Ein internationaler Vergleich der unternehmerischen Steuerbelastung, bei dem die effektive Besteuerung als Resultat aus Tarif und steuerpolitisch gewollter Senkung der Bemessungsgrundlage berücksichtigt wird, zeigt für die deutsche Wirtschaft keine prinzipielle Benachteiligung. Es kann keinen Zweifel geben: Gewinner der Steuerpolitik sind die Unternehmen sowie die einkommens- und vermögensstarken privaten Haushalte, denen eine Fülle legaler Möglichkeiten der Steuervermeidung beschert worden ist. Illegale Manipulationen zur Steuerhinterziehung müßten noch hinzugerechnet werden.

Zu den Rekordmeldungen für die Kapitaleigner gehören die über Schwankungen hinweg explodierenden Aktienkurse. Der DAX – Index der Aktienkurse der dreißig größten börsennotierten Unternehmen Deutschlands – wird infolge wachsender Unternehmensgewinne und Spekulationen weiterhin über die im Herbst 1997 erstmals erreichte 4000-Punkte-Marke deutlich hinauswachsen. Auch Kleinanleger sind mittlerweile vom Aktienfieber ergriffen worden. Sie leben in der Illusion, als «Volkskapitalisten» am Kurszauber auf Dauer gewinnbringend teilnehmen zu können. Indessen wird das weltweite Geschäft mit Aktienkapital von den institutionellen Großanlegern wie Banken, Versicherungen und Pensionsfonds bestimmt. Sie definieren die Spielregeln des Geschäfts und setzen weltweit als kurzsichtige «Shareholder-value»-Maximierer die Renditeforderungen gegenüber den Kapitalgesellschaften durch. Unternehmen geraten durch die auf dem Börsenparkett an der Wallstreet in New York geradezu gespenstisch hoch definierten Renditeansprüche unter existenzbedrohenden Druck. Während so die unternehmerischen Renditeerwartungen völlig überzogen werden, konzentriert sich die Suche nach den Ursachen von Pleiten und Beschäftigungsabbau kontrafaktisch auf zu hohe Lohnansprüche.

Der zügellose Zuwachs an Gewinn- und Vermögenseinkünften schlägt sich in der Verbesserung der Verteilungsposition der Spitzenverdiener gegenüber den Arbeitnehmerhaushalten und den Sozialeinkommensbeziehern nieder. Die Schieflage der Einkommensverteilung hat sich seit Anfang der achtziger Jahre deutlich verschärft. Während 1995 das einkommensschwächste Fünftel der privaten Haushalte mit weniger als 1800 Mark monatlichem Durchschnittseinkommen nur 9,1 Prozent des insgesamt verfügbaren Einkommens auf sich vereinigen konnte, hat das wohlhabende oberste Fünftel den Zugriff auf 37,5 Prozent des Einkommens. Neuere Daten liegen nicht vor. Jedoch dürften die Anteilsgewinne der Wohlhabenden bei der Einkommensverteilung auch nach 1995 infolge der wirtschaftlichen Entwicklung und der staatlichen Umverteilungspolitik weiter munter gestiegen sein.

Ursache und Folge zugleich dieser wachsenden Ungerechtigkeit der Einkommensverteilung ist eine stetig sich erweiternde Reproduktion des Reichtums. Die Spirale des Wohlstands weist nach oben: Einkünfte aus Vermögen werden zur weiteren Vermögensbildung genutzt, wachsende Vermögenseinkünfte sind die Folge. Die Verteilungsschieflage wird durch die Steuerpolitik noch begünstigt. Daß die Besteuerung der Zinseinkünfte immer noch nicht adäquat kontrolliert wird und die Vermögenssteuer (ab 1997) ohne eine annähernde Kompensation im Zuge der Neugestaltung der Erbschafts- und Schenkungssteuer abgeschafft wurde, trägt zur erweiterten Reproduktion des Reichtums bei. Während 1995 das einkommensschwächste Fünftel (bis monatlich 1800 Mark verfügbares Haushaltseinkommen) mit durchschnittlich 24400 Mark nur 6,7 Prozent des Bruttogeldvermögens auf sich vereinigen konnte, verfügten die einkommensstarken Haushalte zwischen 5000 und 35000 Mark Monatseinkommen – das sind 19,7 Prozent aller Haushalte – über 40,8 Prozent des Bruttogeldvermögens. Das oberste Fünftel, das 1,5 Prozent der Haushalte ausmacht, konnte ein durchschnittliches Geldvermögen über 280700 Mark und damit 6,9 Prozent des gesamten Bruttogeldvermögens sein eigen nennen. Dabei wird die Vermögenskonzentration auf der Basis der Einkommens- und Verbraucher-Stichprobe noch unterschätzt, denn befragt werden seit 1993 lediglich private Haushalte mit einem Nettoeinkommen bis zu 35000 Mark.

Die Verlierer

Die großen Verlierer sind die Arbeitslosen. Im Zuge der Verbesserung der unternehmerischen Gewinne durch moderate Lohnpolitik, Steuerentlastungen und den Abbau von politischen Regulierungen ist die Zahl der registrierten Arbeitslosen stufenförmig gestiegen. Dabei nimmt die Sockelarbeitslosigkeit eine sich bereits Mitte der siebziger Jahre abzeichnende Entwicklung: Die im konjunkturellen Abschwung abgebauten Arbeitsplätze werden im Konjunkturaufschwung nicht wieder in vollem Umfang aufgebaut. Auf den Anstieg der Sockelarbeitslosigkeit hat auch der Arbeitsplatzabbau im Zuge der organisatorischen und technologischen Restrukturierung der Unternehmen Einfluß. Wirtschaftswachstum ist schon lange kein Garant mehr für hohe Beschäftigung. Die registrierte Arbeitslosigkeit erreicht im Jahresdurchschnitt 1998 knapp 4,5 Millionen. Hinzu kommen die verdeckten Arbeitslosen, die lediglich aufgrund vielfältiger arbeitsmarktpolitischer Maßnahmen Beschäftigung haben. Die gesamte Lücke zwischen der Nachfrage nach und dem Angebot an Arbeitskräften beläuft sich – wenn keine nachhaltige Beschäftigungspolitik begonnen wird – in den kommenden Jahren auf über acht Millionen.

Verlierer unter dem Druck der Arbeitslosigkeit sind allerdings auch die abhängig Beschäftigten. Ängste vor dem Verlust des Arbeitsplatzes und damit vor dem sozialen Abstieg werden durch die Unternehmen genutzt, um ihre Gewinnansprüche zu Lasten der Löhne und Gehälter auszuweiten. So sind 1997 die tariflichen Zuwächse der Löhne und Gehälter zwischen 1,3 und 1,5 Prozent in Westdeutschland unter die Inflationsrate von 1,7 Prozent gedrückt worden. Schon gleich gar nicht ist der Verteilungsspielraum ausgeschöpft worden, der sich aus dem Zuwachs an Arbeitsproduktivität pro Beschäftigtem ergibt. Die Folge ist logischerweise eine verbesserte Verteilungsposition des Kapitals zu Lasten der Arbeit. Den Referenzwert von 1970 genommen, ist die (bereinigte) Lohnquote, also der Anteil des Bruttoeinkommens aus unselbständiger Arbeit am Volkseinkommen, in Westdeutschland inzwischen auf das Niveau von Anfang der sechziger Jahre zurückgefallen. Im Unterschied zu damals allerdings wird heute die historisch niedrige Lohnquote nicht durch den Abbau der Arbeitslosigkeit belohnt, sondern von hoher Unterbeschäftigung begleitet.

Während die Politik Unternehmen sowie einkommens- und vermögensstarke Privathaushalte steuerlich entlastet hat, ist die Belastung der Bezieher von Masseneinkommen mit öffentlichen

Abgaben hoch geblieben, ja zum Teil gestiegen. Die steuerliche Last, die den Löhnen und Gehältern aufgebürdet wurde, bewegt sich trotz verschiedener Steuersenkungsmaßnahmen mit über 18 Prozent auf hohem Niveau. Die schrittweise Erhöhung der Mehrwertsteuer auf 16 Prozent im Frühjahr 1998 führt bei den unteren und mittleren Einkommensbeziehern zu vergleichsweise starkem Kaufkraftentzug. Erst ab einem verfügbaren Nettoeinkommen von monatlich 5000 Mark nimmt die Belastung sukzessive ab (Regressionsverlauf). Zu den Verlierern der Steuerpolitik gehören also trotz verschiedentlicher Entlastungen die Bezieher von Masseneinkommen (Nettolöhne und Gehälter sowie Transfereinkommen). Nach Abzug der öffentlichen Abgaben – Steuern und Sozialversicherungsbeiträge – von den Bruttoarbeitseinkommen sowie der Inflationsrate mußten die abhängig Beschäftigten in den letzten Jahren immer wieder Nettoreallohnverluste hinnehmen – ihre reale Kaufkraft ist gesunken.

Verlierer dieser lediglich für die Profitwirtschaft prosperierenden Phase sind jedoch auch all diejenigen, die von sozialen Leistungen des öffentlichen Sektors zum Ausgleich individuell unverschuldeter und nicht verarbeitbarer Existenzrisiken abhängig sind. Sozialleistungen einerseits, aber auch wichtige öffentliche Dienstleistungsangebote andererseits, wurden gekürzt. Dabei haben hohe Kosten der Massenarbeitslosigkeit sowie der Verzicht auf unternehmerische Steuereinnahmen die öffentlichen Haushalte in die fiskalische Krise geführt. Anstatt die Arbeitslosigkeit zu bekämpfen und die für die Beschäftigungsentwicklung funktionslosen Steuervorteile der Unternehmen abzubauen, kam es zu einer die Binnenwirtschaft belastenden Schrumpfpolitik durch den Staat. Produktions- und Beschäftigungsverluste fielen um ein Vielfaches höher aus als der erste Impuls öffentlicher Ausgabenstreichungen. Diese Schwächung des Sozialstaates entpuppt sich, einem Nullsummenspiel vergleichbar, als Stärkung des Unternehmensstaats.

Spiegelbildlich zum Reichtum der Wenigen hat sich die Armut der Vielen ausgeweitet. Arbeitslosigkeit, Abbau des Sozialstaats und die öffentliche Abgabenpolitik sind derzeit die entscheidenden Triebfedern wachsender Armut. Allerdings signalisiert die Entwicklung der Sozialhilfeempfänger lediglich die Spitze des Eisbergs der Armut. Mit 2,73 Millionen Betroffenen hat die Zahl der Sozialhilfeempfänger Ende 1996 ein Rekordniveau erreicht. Im selben Jahr gingen erstmals seit Einführung des Bundesozialhilfegesetzes die Sozialhilfeausgaben zurück. Neben der Entlastung durch Leistungen der Pflegeversicherung sind dafür vorrangig die Kürzungen im Rahmen der sogenannten Sozialhilfereform vom August 1996 verantwortlich. Die Reform entpuppt sich, wie auch andere Projekte im Sozialbereich, als bloße Einkommenskürzung.

Zu den Verlierern dieser Politik gehört auch die Umwelt. Die Umweltpolitik ist unter die Räder der Förderung privatwirtschaftlichen Wachstums geraten. Nicht einmal eine nachhaltige Reduzierung des Zuwachses der Belastungen von Luft, Böden und Gewässern ist eingeleitet worden. Der Stillstand in der Umweltpolitik wird sich bald als Rückschlag für den Produktions- und Lebensstandort Deutschland erweisen. Die Umsetzung der Ökosteuer als Korrektiv umweltignoranter Marktpreise ist keinen Schritt weitergekommen. Die Politik hat vor der Aufgabe einer nachhaltigen ökologischen Gestaltung des Wirtschaftens kapituliert.

Verlierer dieser verbetrieblichten Angebotspolitik ist schließlich der Lebens- und Produktionsstandort insgesamt. Im Widerspruch zu den marktoptimistischen Verheißungen wird die gesamtwirtschaftliche Entwicklung behindert, und die Arbeitslosigkeit steigt. Zu den Fehlentwicklungen gehört auch, daß der monomane Kostensenkungswettbewerb in Wirtschaft und Politik eine zukunftsgerichtete Innovationsdynamik erstickt. Deshalb werden auf längere Sicht die Unternehmen selbst zu den Verlierern gehören. Diese Verluste lassen sich nur im Zusammenspiel zwischen politischer Regulierung und Privatwirtschaft vermeiden.

Diese Erosion der Gesellschaft, die wachsende Spaltung zwischen Armut und Reichtum vor allem unter dem Druck der Massenarbeitslosigkeit, wird durch die Politik und die große Mehrheit der

Marktwissenschaft mittlerweile nur noch ob ihres Ausmaßes, jedoch nicht mehr grundsätzlich bestritten. Deshalb gewinnen Rechtfertigungen dieser tektonischen Verschiebungen der Gesellschaft an Bedeutung. In Nibelungentreue zu den eiskalten Marktgesetzen wird Armut grundsätzlich kaum noch als Fehlentwicklung wahrgenommen, die von ihren Ursachen her politisch zu korrigieren ist. Sie gilt mittlerweile durchaus als logisches Resultat und zugleich als zwar harte, jedoch unvermeidliche Voraussetzung einer darwinistischen Auslesekonkurrenz. Auf der anderen Seite gilt politisch gestützte Reichtumsmehrung nicht als ungerecht, sondern als produktives Ferment kapitalistischer Wettbewerbsdynamik. Vom ökonomischen Reichtum als Ergebnis beinharter Konkurrenz profitierten dieser Rechtfertigung zufolge auch alle anderen; sie wirke als Ansporn für den Aufstieg.

John Maynard Keynes hat diesen Prozeß, in dem die erfolglos Gehaltenen aus dem Streben «der erfolgreichsten Profitmacher durch einen unbarmherzigen Kampf ums Dasein nach oben» die Abfallprodukte ernten, am Beispiel der Giraffen beschrieben[1]: In der Konkurrenz der längsten Giraffen um die saftigsten Blätter fallen kleine, weniger wertvolle Blätter für die unterlegenen Giraffen auf den Boden, die damit freilich kaum ihren Hunger stillen können. Das Bild erinnert an alte Volksweisheit: Reichtum schafft Brosamen für die Armen. Diese Art von Reichtumsideologie will uns also sagen: Ungleichheit ist als Ergebnis des Konkurrenzkampfes hinzunehmen.

Dem Staat obliegt dann lediglich die Versorgung der Allerärmsten. Dabei werden jedoch der Armutspolitik von der Marktlogik engste Grenzen gesetzt. Denn zu viel sozialstaatliche Absicherung schwäche den Druck, unter den durch den Markt definierten Bedingungen Erwerbseinkommen zu ergattern.

1 J. M. Keynes, Das Ende des Laissez-Faire, Ideen zur Verbindung von Privat- und Gemeinwirtschaft, München/Leipzig 1926; zitiert bei R. Hickel, Interview mit John Maynard Keynes; in B. v. Greiff u. a. (Hrg.), Der Leviathan der Zeit, Opladen/Wiesbaden 1997, S. 134

Die hier skizzierte sozialökonomische Spaltung zwischen den Gewinnern und Verlierern ist nicht – wie von Marktideologen behauptet – das Ergebnis eines unentrinnbaren Sachzwangs. Auch die Globalisierung der Konkurrenz erzwingt nicht den Abbau sozialer und ökologischer Standards des Wirtschaftens. Vielmehr resultieren Arbeitslosigkeit und soziale Spaltung aus einem politisch gewollten, fundamentalen Paradigmenwechsel, der in Westdeutschland im Herbst 1982 auf Bundesebene regierungsoffiziell wurde. Dieses neue Paradigma, das den aus der Tradition Sozialer Marktwirtschaft beschäftigungspolitisch und ökologisch weiterentwickelten Interventionsstaat verdrängt, wird mit einer verwirrenden Vielfalt von Etikettierungen vernebelt. Doch egal, ob von der Angebotslehre, der Neoklassik, dem Monetarismus oder dem Neoliberalismus die Rede ist, all diese Begriffsvarianten eint ein und dieselbe Botschaft: Kapitalistische Marktsysteme seien aus eigener Kraft in der Lage, Wirtschaftswachstum und Vollbeschäftigung sicherzustellen. Zyklische Krisen, Wachstumsschwäche und Arbeitslosigkeit zeigten nur, daß institutionelle Arrangements wie das tarifliche Lohnfindungssystem oder politische Regulierungen die Marktgesetze an der Entfaltung ihrer Fähigkeit zur optimalen Selbststeuerung behinderten. Konsequenterweise stehen aus dieser Sicht die Forderung nach Entfesselung der Marktkräfte durch den Abbau politischer Regulierungen und gesamtgesellschafliche Korrekturen im Mittelpunkt. Politik wird nicht überflüssig. Vielmehr konzentriert sie sich machtvoll einseitig auf die Pflege einzelwirtschaftlicher Angebotsbedingungen der Unternehmen.

Dieser Paradigmenwechsel von der sozialökologischen Gestaltung der Wirtschaft zur einzelwirtschaftlich ausgerichteten Angebotslehre beinhaltet die Unterordnung der Politik unter die Hegemonie der Marktgesetze. Das Wirtschaftssystem verliert seine dienende Funktion für politisch gesellschaftliche Ziele, wie optimale Sicherung der Versorgung, Beschäftigung, Verteilungsgerechtigkeit und ökologischer Nachhaltigkeit. Vielmehr reißt die sich selbst überlassene Konkurrenzmaschine die Politik unter ihre Bewegungsgesetze. Diese Ausbettung der Ökonomie aus der demokratisch-gesellschaftlichen Zielbestimmung und damit ihr Vorrang vor der Politik bildet den Kern der ordnungspolitischen Transformation Deutschland. Rolf Dietrich Schwartz hat das Ziel dieser deutschen Systemveränderung eindrucksvoll beschrieben: «Kapitalimus ohne Netz».[2]

Die ordnungspolitischen und anthropologischen Grundlagen dieser *Verbetrieblichung der Gesellschaft* offenzulegen, ist ein Anliegen dieses Essays. Die Untersuchung der sozialökonomischen Wirkungen dieser Politik auf den «Standort D» zeigt, daß die Umverteilung der Einkommen und Rechte zugunsten der Profitwirtschaft gesamtwirtschaftlich durchaus kein Nullsummenspiel zwischen Gewinnern und Verlierern ergibt. Denn insgesamt werden durch den Verlust an politischer Gestaltung unter dem Primat der Wettbewerbsökonomie nicht nur soziale und ökologische, sondern auch ökonomische Entwicklungschancen der bundesrepublikanischen Gesellschaft innerhalb Europas verschüttet: Die demokratiebedrohende Vergeudung menschlicher Fähigkeiten durch Massenarbeitslosigkeit wächst, die Ungleichheit in der Gesellschaft vertieft sich, grundlegende Innovationen werden verpaßt, und schließlich werten wachsende ökologische Belastungen den Produktions- und Lebensstandort ab. Der um sich greifende Standortwahn erweist sich jenseits der Ideologie vom Zwang der Anpassung an die internationale Konkurrenz als die größte Bedrohung des zukunftsfähigen Lebens- und Produktionsstandortes Deutschland. Die Mutmaßungen, mit denen die herrschende Politik zusammen mit ihrem marktradikalen Beratertroß dieses Angebotsparadigma als unausweichlichen Sachzwang gerade auch unter dem Druck der internationalen Konkurrenz zu begründen versucht, werden im folgenden als die sieben Grundirrtümer bundesdeutscher Politik theoretisch wie praktisch entlarvt. Auf dem Hintergrund dieser Entwicklungsregression wird vor der Ge-

2 R. D. Schwartz, Kapitalismus ohne Netz – Was hält die Gesellschaft noch zusammen?, Berlin 1996

fahr gewarnt, die künftige ökonomische Integration der Europäischen Union auf die einzelwissenschaftliche Angebotspolitik mit den beiden Säulen Binnenmarkt und Währungsunion zu reduzieren. Die Schaffung der Währungsunion ist auf Dauer sinnvoll. Einerseits ist jedoch zum Gelingen dieser einheitlichen Zentralbankpolitik ein Mindestmaß an real-ökonomischer Konvergrenz unabdingbare Voraussetzung. Die Währungsunion kann auf einem tief zerklüfteten Wirtschaftsfundament ihre Vorteile nicht entfalten. Andererseits muß die Währungsunion von einem ebenso konsequenten Ausbau der regionalen Strukturpolitik sowie der Vergemeinschaftung des Kampfes gegen Massenarbeitslosigkeit begleitet werden. Zur Angebotspolitik der Bundesregierung und damit der Übereignung demokratischer Grundsatzentscheidungen an die Märkte und die Deutsche Bundesbank gibt es eine Alternative. Ihre Durchsetzung ist nicht einfach, weil sie von Anfang durch machtvolle Interessen am Status quo konzeptionell und praktisch desavouiert wird. Die Grundzüge einer Alternative zum antiliberalen Neoliberalismus innerhalb Europas und der wachsenden Internationalisierung werden im Zuge der Entlarvung der sieben Grundirrtümer entwickelt und zusammengefaßt. Diese Ideen sollen dazu beitragen, den Diskurs über einen Gesellschaftsvertrag an der Schwelle zum neuen Jahrtausend zu führen.

I. Von der sozial gebändigten Marktwirtschaft zum Kapitalismus ohne Netze – eine kurze Geschichte

Ernsthaft kann nicht mehr bestritten werden, daß über die Politik die grundlegende Transformation des gesellschaftlichen Leitbildes vom sozial gebändigten Kapitalismus zum Diktat netzloser Marktdynamik stattfindet. Der Ausstieg aus der historischen Kompromißordnung zwischen kapitalistischem Wettbewerb einerseits und sozialer Regulierung durch die Politik andererseits ist für alle sichtbar in vollem Gange. Die tagtäglichen Meldungen über neue Maßnahmen zum Abbau politischer Regulierungen unter dem Vorwand dringender Reformen belegen dies. Der Anfang dieses Prozesses freilich wurde von der Öffentlichkeit kaum bemerkt: Bereits Anfang der siebziger Jahre leitete die marktradikale Mehrheit des seit 1963 gesetzlich verordneten «Sachverständigenrats zur Begutachtung der gesamtwirtschaftlichen Entwicklung» zusammen mit der Deutschen Bundesbank den Abschied einer Wirtschaftsordnung unter den Zielen soziale Sicherung und hoher Beschäftigtenstand zugunsten der neoliberalen Angebotsökonomie ein. Dieser theoretische und monetäre Vorlauf wurde nach und nach durch entsprechende Forderungen der Unternehmensverbände ergänzt und in Politik umgesetzt.

Vom Fieber des Wettbewerbs durch kurzsichtige Kostensenkungen ergriffen, haben diese Verbandsvertreter mittlerweile das soziale Konsensmodell aufgekündigt, ungeachtet des Risikos, dadurch selbst künftig überflüssig zu werden. Anders ausgedrückt: Die Soziale Marktwirtschaft findet nur mehr in dem Ausmaß Anerkennung, indem sie der Durchsetzung der unternehmerischen Forderungen nutzt. Mit dem Hinweis, die Grenzkosten sozialer Kompromisse seien für die Wirtschaft zu hoch, wird die Produktivkraft soziale Stabilität auf dem Altar des Neoliberalismus Zug um Zug geopfert.

In der regierungsoffiziellen Bundespolitik vollzog sich dieser Systemwechsel endgültig seit dem Antritt der konservativ-marktliberalistischen Regierung im Herbst 1982. Die seither durchgesetzten vielfältigen Maßnahmen zum Abbau von sozialer Sicherung derjenigen, die gegen individuell unverschuldete Marktrisiken ein Auffangnetz benötigen, sowie zur weiteren Deregulierung bis hin zur Einschränkung ökologischen Mindestschutzes summieren sich mittlerweile zu einer bedrohlichen Systemveränderung. Die radikale Reduktion der Politik auf die Pflege einzelwirtschaftlicher Interessen wird nur noch ideologisch von Beschwörungen der Sozialen Marktwirtschaft begleitet. Dieses Konsensmodell ist längst ins Abseits der Rhetorik von Sonntagsreden gedrängt worden.

Die nachfolgende Skizze zu den wichtigsten Etappen der bundesrepublikanischen Entwicklung von Wirtschaft und Gesellschaft verdeutlicht Inhalte und Auswirkungen dieses ordnungspolitischen Wechsels zur Marktvorherrschaft.

1. *Die lange Phase Sozialer Marktwirtschaft seit den Gründerjahren Westdeutschlands und ihre Wiederentdeckung durch die Kritiker am heutigen «Kapitalismus pur»*

Nach der Währungsreform 1948, der Freigabe der Marktpreise und der Etablierung der Bundesbank («Bank Deutscher Länder») prägte das System der Sozialen Marktwirtschaft das Nachkriegsdeutschland. Der bedeutende Sozialexperte und Jesuitenpater Oswald von Nell-Breuning sprach allerdings zutreffender vom sozial-temperierten Kapitalismus. Denn entgegen den damals starken Forderungen nach einer Sozialisierung der Produktionsmittel, die beispielsweise noch das Ahlener Programm der CDU von 1947 prägten, wurden die kapitalistischen Marktgesetze und mit diesen der Grundwiderspruch zwischen Arbeit und Kapital der bundesrepublikanischen Ordnung eingepflanzt. Jedoch konzentrierte sich die Politik auf die soziale Absicherung der Marktrisiken. Diese soziale Flankierung war also der Kompromiß gegenüber den viel weitergehenden Forderungen nach Sozialisierung. Diese Soziale Marktwirtschaft, auf die sich heute Kritiker des Neoliberalismus wegen der Belastungen durch den entfesselten Kapitalismus geradezu mit Inbrunst beziehen, war insoweit nie frei von Widersprüchen und Konflikten. Zuerst einmal mußte der Staat mit planifikatorischen Maßnahmen der Marktwirtschaft auf die Sprünge helfen. Dazu gehörte die Investitionshilfeabgabe, mit der 1951/52 der Aufbau der stark zerstörten Grundstoffindustrie durch die anderen Wirtschaftssektoren finanziert wurde. Anläßlich einer Klage gegen diesen staatlichen Interventionismus betonte das Bundesverfassungsgericht in seinem damaligen Urteil, daß das Grundgesetz keine Wirtschaftsordnung vorschreibe, also nach Artikel 15 durchaus auch die Vergesellschaftung von «Grund und Boden, Naturschätze und Produktionsmittel» möglich sei (Art. 15 GG). In Zusammenhang damit steht auch die Verpflichtung des Eigentums auf das «Wohl der Allgemeinheit» (Art. 14, 2 GG).

Mit der Option für einen sozial gestalteten Kapitalismus ist die nach dem Grundgesetz offene Systemfrage faktisch entschieden worden. Es war nur eine Frage der Zeit, bis auch in Gesetzen die «marktwirtschaftliche Ordnung» festgeschrieben wurde. Dies geschah erstmals mit dem «Gesetz zur Einrichtung eines Sachverständigenrates zur Begutachtung der gesamtwirtschaftlichen Entwicklung» von 1963, dessen Beratungsauftrag auf die «marktwirtschaftliche Ordnung» begrenzt wurde. Es folgte schließlich die Eingrenzung wirtschaftspolitischen Handelns auf die Marktwirtschaft im «Stabilitäts- und Wachstumsgesetz» von 1967.

Zur Geschichte der nicht widerspruchsfreien sozialen Marktwirtschaft in den fünfziger Jahren gehören die Lohnkämpfe vor allem mit dem Ziel der Stärkung der Massenkaufkraft im Nachkriegsdeutschland. Hervorzuheben ist die Durchsetzung der Einkommensabsicherung durch Lohnfortzahlung im Krankheitsfall nach dem längsten Streik in der Metall- und Elektroindustrie in Schleswig-Holstein Ende der fünfziger Jahre. Systeme sozialer Sicherung boten nach dem Zusammenbruch des Faschismus und dem sozialökonomischen Wiederaufbau die historische Chance zur konsenshaften Etablierung kapitalistischer Marktverhältnisse. Freilich trug auch die damals heftige «Systemkonkurrenz» im «Kalten Krieg» dazu bei, den Kapitalismus mit «sozialem Antlitz» als überlegene Alternative zu dem sich etablierenden Realsozialismus sowjetischer Prägung durchzusetzen. Trotz der inneren ökonomischen und politischen Fehlentwicklungen, die schließlich zum Zusammenbruch der real existierenden Sozialismen in Osteuropa führten, vermochte es diese Systemkonkurrenz mit dem Osten, gleichsam als heilsamer Stachel bei der Durchsetzung der sozialen Marktwirtschaft zu wirken.

Das die reale Entwicklung in den fünfziger Jahren durchaus prägende System der Sozialen Marktwirtschaft ist oftmals als Zwei-Säulen-Architektur beschrieben worden: Die eine Säule bildet das Wettbewerbssystem, die andere Säule dient dem sozialen Ausgleich. Dieses Bild ist jedoch nicht ganz zutreffend, denn der kapitalistische Marktwettbewerb bleibt das ökonomische Gravitationszentrum. Mit dem Wettbewerbssystem auf der Basis einzelwirtschaftlicher Optimierung sollen die unbestreitbaren ökonomisch-technologischen Effizienzvorteile genutzt werden. Kehrseite dieser Medaille sind soziale Risiken, die durch die Privatökonomie produziert werden. Die Einkommen aus Erwerbsarbeit sichern für diejenigen, die von Arbeitsplätzen abhängig sind, die ökonomische Existenzbasis. Steht also lohnzentrierte Arbeit nicht zur Verfügung, so geraten die davon Abhängigen in Not. Auf sozialen Ausgleich des Verlustes der Erwerbsarbeit durch Arbeitslosigkeit, Alter, Krankheit und Invalidität sind seit der Bismarckschen Gesetzgebung die öffentlichen Sozialsysteme ausgerichtet. Ihre Notwendigkeit ergibt sich aus der Tatsache, daß die davon Betroffenen derartige soziale Marktrisiken weder individuell verschulden noch aus eigener Kraft bewältigen können. Dabei werden im Prinzip die gesetzlichen Sozialsysteme während der Erwerbsarbeit jeweils zur Hälfte durch den Arbeitgeber und den Arbeitnehmer über die Sozialversicherungsbeiträge finanziert; sie basieren auf der Selbstverwaltung. Der geistige Vater dieses

Konzepts der Sozialen Marktwirtschaft, Alfred Müller-Armack, hat die Rolle des Staates in diesem System der Kooperation zwischen ökonomischem Wettbewerb und sozialem Ausgleich beschrieben: «Der Staat hat die unbestrittene Aufgabe, über den Staatshaushalt und die öffentlichen Versicherungen die aus dem Marktprozeß resultierenden Einkommensströme umzuleiten und soziale Leistungen ... zu ermöglichen. Das alles gehört zum Wesen dieser Ordnung, und es wäre ein Farce, nur den unbeeinflußten Marktprozeß zu sehen, ohne seine vielfältige Einbettung in unsere staatliche Ordnung zu beachten.»[3]

Mit der Sozialen Marktwirtschaft schien, wie der damalige Bundeswirtschaftsminister Ludwig Erhard seinen Bestseller betitelte, der Schlüssel zum «Wohlstand für alle» entdeckt worden zu sein. Gegenüber der heutigen Vergötzung sozial entfesselter Märkte klingen die emphatischen Begründungen Erhards zur Sozialen Marktwirtschaft als «beste aller möglichen Welten» geradezu revolutionär. Jenseits seiner rhetorischen Vereinnahmung werden die Grundprinzipien dieser Kompromißordnung, wie Erhard sie verstand, durch die herrschende Politik und Wirtschaftswissenschaft sowie die Unternehmensverbände inzwischen strikt abgelehnt. Deutliche Belege dafür sammelte der SPD-Bundestagsabgeordnete Michael Müller, indem er wichtige Passagen aus Erhards Buch «Wohlstand für alle» zu einer wirtschaftspolitischen Resolution montierte und sie über die «Naturfreunde» an Politiker und Vertreter von Unternehmensverbänden mit der Bitte um Unterstützung verschickte.[4] Präsentiert wurde beispielsweise diese Aussage Erhards: «In einer sozialen Demokratie kann es nur eine Ordnung geben: Das ist die gesellschaftliche Ordnung als Ganzheit ... Ich bin nicht bereit, die orthodoxen Spielregeln einer Marktwirtschaft, nach denen nur Angebot und Nachfrage den

3 A. Müller-Armack, Wirtschaftsordnung und Wirtschaftspolitik, Bern 1976, S. 38. Bereits 1946 benützte Müller-Armack den Begriff «Soziale Marktwirtschaft» als Kapitelüberschrift, vgl. a.a.O., S. 19ff.

4 M. Müller, Erhard als Standortrisiko, Manuskript o. Jahresangabe

Preis bestimmen, zu akzeptieren ... Unsere Wirtschaftsordnung muß eine Sozialisierung des Fortschritts und Gewinns bewirken.»[5] Mehrere Präsidenten der Wirtschaftsverbände – unter ihnen der marktradikale Hans-Olaf Henkel vom Bundesverband der Deutschen Industrie, Dr. Klaus Murmann und Hans Peter Stihl, Präsident der DIHT – wiesen diese ordnungspolitischen Vorstellungen als orthodoxen Rückfall in «sozialistischen Staatsinterventionismus» zurück. Ähnliche Reaktionen zeigten die befragten Mitglieder der Bundesregierung. Es mag nicht ganz fair anmuten, die heutigen Protagonisten des Sozialabbaus mit derart «ketzerischen» Aussagen Ludwig Erhards zu konfrontieren, ohne ihren Urheber zu kennen, und insofern sollte der Vorgang nicht überbewertet werden. Die breite Ablehnung der Inhalte Sozialer Marktwirtschaft ist jedoch für den auf den Kopf gestellten Zeitgeist in Wirtschaft, Politik und Medien symptomatisch. Heute gilt die Soziale Marktwirtschaft lediglich als Vehikel, eigene Unternehmensinteressen durchzusetzen.

Der historische Vergleich lehrt, daß es wenig Sinn macht, von dem *einen* Kapitalismus zu sprechen. Nicht nur im historischen Entwicklungsvergleich, sondern auch in einzelnen Ländern dominieren unterschiedliche Varianten der kapitalistischen Vergesellschaftung. International lassen sich drei, in ihrer Wirkungsweise fundamental unterschiedliche Typen ausmachen: Die USA werden am stärksten durch das liberalistische Wettbewerbsmodell geprägt. In Japan dominiert eine kooperatistische Variante, gerade auch auf Unternehmensebene. In Deutschland hingegen bildete der sozial geordnete Liberalismus (Ordoliberalismus) den Kern des neuen Gesellschaftsvertrags seit dem Wiederaufbau Westdeutschlands. Durch seine Transformation in Richtung entfesselter Marktdynamik verschlechtern sich für viele die Arbeits- und Lebensbedingungen. Es ist bereits darauf hingewiesen worden, daß die wirtschaftliche Entwicklung in der Epoche der sozialen Marktwirtschaft nicht frei von Widersprüchen und sozialen Kon-

5 L. Erhard, Wohlstand für alle (1957), 8. Aufl., Düsseldorf/Wien, S. 169

flikten war. Dennoch dominierte das übergreifende Leitbild des sozialen Ausgleichs. Dabei galt soziale Stabilität nicht nur als politische Wohltat. Sie bildete eine wichtige Voraussetzung, den bitteren Strukturwandel unter kapitalistischen Bedingungen zu meistern. Heute ertappt sich so mancher, der den sozial temperierten Wiederaufbaukapitalismus Westdeutschlands aus linker Sicht scharf kritisiert hat, beim süchtigen Blick zurück auf diese Ordnung. Freilich sollte die in diesem sozialen Konsenssystem schlummernde Entwicklung zur «formierten Gesellschaft» mit autoritären, undemokratischen Gesellschaftsstrukturen nicht vergessen werden, auch wenn sich angesichts der heutigen Erfahrung mit der sozialstaatlichen Regression eines entfesselten Kapitalismus diese Phase Sozialer Marktwirtschaft verklären mag. Die Sehnsüchte nach der Sozialen Marktwirtschaft resultieren aus ihrer politischen und ökonomischen Überlegenheit gegenüber dem heraufziehenden gesellschaftlichen Konfrontationskapitalismus. Es ist eben ein himmelweiter Unterschied, ob unter kapitalistischen Marktbedingungen Arbeitslose sozial abgesichert werden und auf erfolgreiche Beschäftigungspolitik rechnen können oder individueller Not und gesellschaftlicher Aussichtslosigkeit überlassen bleiben. Insoweit hat sich die ehedem schicksalhafte Systemfrage – Kapitalismus oder Sozialismus – grundlegend verschoben, übrigens auch wegen des Mißbrauchs des Sozialismus unter der Herrschaftsform sowjetischer Prägung. Heute kommt es durchaus im Geiste der Sozialen Marktwirtschaft darauf an, das Primat der politischen Gestaltung über die effiziente Wettbewerbswirtschaft zurückzugewinnen. Diese Politisierung der Ökonomie mit dem Hinweis auf die Internationalisierung bzw. Globalisierung der Wirtschaft zurückweisen zu wollen ist falsch. Was die Länder mit marktradikaler Angebotspolitik jeweils erfahren, läßt sich auch auf den weltweiten Kostensenkungswettbewerb durch den Abbau sozialer und ökologischer Standards übertragen. Wegen der absehbaren Schäden durch einen weltweiten ruinösen Wettbewerb beginnt sich das Wissen um die Notwendigkeit politischer Mindestregulierung der Weltmärkte allmählich wieder durchzusetzen.

2. *Der kurze Siegeszug der «keynesianischen Botschaft» und die Hoffnung auf stetiges Wirtschaftswachstum bei hohem Beschäftigungsstand*

Ende der fünfziger Jahre geriet die gesamtwirtschaftliche Produktionsentwicklung Westdeutschlands erstmals in eine Krisenphase. Die extrem hohen Raten des Wirtschaftswachstums, mit denen die exorbitante Ausgangsarbeitslosigkeit nach dem Krieg und durch den riesigen Zustrom von Flüchtlingen in den fünfziger Jahren zügig abgebaut werden konnte, ließen sich nicht länger erzielen. Die naive Hoffnung auf die immerwährende Prosperität der Wirtschaft erhielt erste Dämpfer. Ohnehin gehört die Verherrlichung dieser Nachkriegsphase als «Jahre des Wirtschaftswunders» in den Bereich der Legendenbildung. Zum einen wuchsen mit der Akkumulationsphase ökonomische Grenzen heran. Der nachkriegsbedingte Überhang konsumtiver Nachfrage baute sich ab. Im Zuge des extensiven Wachstums wurde zu wenig auf die technologische und organisatorische Weiterentwicklung der Produktion Rücksicht genommen. Die stürmisch herangewachsenen Produktionsanlagen ließen sich nicht voll auslasten. Überkapazitäten entstanden. Zum anderen waren mit dem umweltindifferenten Wachstumsboom ökologische Belastungen verbunden, deren Ausmaß (leider) erst viel später sichtbar wurde. So hat das heutige Waldsterben ursächlich bereits in diesen «wirtschaftswunderlichen» Jahren seinen Anfang genommen.

Die Reaktion des politisch-ökonomischen Systems samt der beratenden Wirtschaftswissenschaft auf diese krisenhafte Umbruchphase in der ökonomisch-technologischen Entwicklung überrascht aus heutiger Sicht. Unter dem derzeit bestimmenden Zeitgeist in Politik, Wirtschaft und Wissenschaft wäre als Reaktion selbst auf diese leichten Krisenerscheinungen mit einer nachhaltigen Revitalisierung der Marktkräfte zu rechnen gewesen. Die dazugehörigen Schlagworte liegen auf der Hand: Abbau sozialer Sicherung und Rücknahme anderer politischer Regulierungen des Wirtschaftssystems. Der Weg in eine entfesselte Marktwirtschaft wurde jedoch Anfang der sechziger Jahre nicht eingeschlagen; dies sollte dem letzten Jahrzehnt des 20. Jahrhunderts vorbehalten bleiben. Vielmehr gerieten die sechziger Jahre zum Jahrzehnt der gesamtwirtschaftlichen Begründung staatlicher Aufgaben gegenüber inhärenten Krisentendenzen des Marktsystems. Die volkswirtschaftliche Gesamtrechnung rückte als Informationsbasis ins Zentrum. Mit dem Errichtungsgesetz von 1963 wurde der «Sachverständigenrat zur Begutachtung der geamtwirtschaftlichen Entwicklung» gegründet, der Vorschläge zur Überwindung bei Störungen des «gesamtwirtschaftlichen Gleichgewichts» unterbreiten sollte.

In einer politisch handhabbaren Variante hielt die keynesianische Wirtschaftslehre vor allem durch den damaligen (ab 1966) Bundeswirtschaftsminister Karl Schiller Einzug: Mit Blick auf die Weltwirtschaftskrise von 1928–1932 wurde die Arbeitslosigkeit als Versagen der gesamtwirtschaftlichen Koordinierungskraft von Märkten identifiziert. Selbst noch so preisflexible Märkte können – so die Anklage gegen die Laissez-faire»-Kapitalismus – in den Strudel konjunkturellen Niedergangs und damit steigender Arbeitslosigkeit geraten. Jedoch gibt es keine Möglichkeit für die Marktökonomie, sich, einem Münchenhausen-Effekt vergleichbar, am eigenen Schopfe aus dem Sumpf zu ziehen. Die im Marktprozeß entstehende Kollektivillusion über die Produktionsmöglichkeiten, die zur Unterauslastung der Produktionskapazitäten bei Unterbeschäftigung führte, konnte nur durch staatliches Nachfragemanagement überwunden werden. Dem Staat wuchs die Rolle eines «Deus ex oeco machina» gegenüber dem Versagen der Privatwirtschaft zu; er sollte konjunkturelle Krisen und damit die Arbeitslosigkeit überwinden. Die Rezeptur zur Überwindung des Marktversagens schien entdeckt. Spiegelbildlich gesehen, beschleunigt der Staat, wenn er in der konjunkturellen Krise auf sinkende Steuereinnahmen und steigende Kosten der Arbeitslosigkeit mit Ausgabenkürzungen reagiert, den Niedergang um ein Vielfaches. Denn eine Mark, die der Staat weniger ausgibt, fehlt der Wirtschaft als Einnahme. Die Nachfrage- und damit Produktionsausfälle vervielfachen sich über die Vorlieferanten und Konsumenten.

Antizyklische Finanzpolitik ist in dieser keynesianischen Ära deutscher Politik die Antwort auf die Krisenverschärfung durch prozyklisches Verhalten gewesen. Das Instrumentarium für eine erfolgreiche Politik eines hohen, langanhaltenden Beschäftigungsstandes schien gegenüber den Marktdefiziten verfügbar. Dabei ging es lediglich um die politische Kompensation von Marktrisiken in einer «gemischten Wirtschaft», also nicht um die Abschaffung des Marktsystems an sich. Der «Sachverständigenrat zur Begutachtung der gesamtwirtschaftlichen Entwicklung» schrieb in seinem Jahresgutachten 1968 dieser Entdeckung einer Vollbeschäftigungspolitik «den Charakter einer gesellschaftspolitischen Revolution» zu. Schließlich wurde im weltweit gerühmten «Stabilitäts- und Wachstumsgesetz» vom Juni 1967, das die Große Koalition durchsetzte, die Politik auf die Sicherung eines hohen Beschäftigungsstandes, stabilen Geldwerts, außenwirtschaftlichen Gleichgewichts und stetigen sowie angemessenen Wirtschaftswachstums verpflichtet.

Der Wille zur politischen Korrektur der aus heutiger Sicht vergleichsweise minimalen Rezession und geringen Arbeitslosigkeit war enorm. Daran gemessen ist heute, bei anhaltend hoher Erwerbslosigkeit, die politische Absicht zu ihrer nachhaltigen Bekämpfung ernsthaft nicht zu erkennen. Das erste Konjunkturprogramm, das 1966/67 in Kraft trat, führte zusammen mit dem Anstieg der ausländischen Nachfrage zum letzten großen Investitionsboom Westdeutschlands.

Allerdings währte das keynesianische Paradigma, das marktvermittelte Mikrosteuerung mit wirtschaftspolitischer Makrosteuerung zu versöhnen versuchte, nicht lange. Bereits Anfang der siebziger Jahre nahmen vor allem in der herrschenden Wirtschaftswissenschaft die Zweifel am Erfolg dieses gesamtwirtschaftlichen Nachfragemanagements zu. Anlaß dazu gaben die überraschend hohen Inflationsraten. Das Gespenst der Stagflation ging um, also die Zwillingsgeburt von wirtschaftlicher Stagnation und hohen Inflationsraten. Die Arbeitslosigkeit schien mit aktiver Beschäftigungspolitik nur noch um den Preis wachsender Inflation verhinderbar zu sein. Die Wirtschaftspolitik geriet ins Dilemma zwischen Geldwertstabilität und hoher Arbeitslosigkeit. Hinzu kam die Erfahrung, daß die öffentliche Neuverschuldung nach der kreditären Vorfinanzierung des Konjunkturaufschwungs nicht zurückgeführt wurde, sondern über die Zyklen hinweg stieg.

3. Der Abschied vom sozial- und beschäftigungspolitisch gestalteten Kapitalismus und der Siegeszug der monetaristischen Angebotsdoktrin

Wachsende Inflationssorgen haben seit Beginn der siebziger Jahre zu einem grundlegenden Paradigmenwechsel der Wirtschaftspolitik geführt. Wie bereits erwähnt, übernahm hierbei die Wirtschaftswissenschaft die Führungsrolle. Sie empfahl die Auflösung des durch sie beschworenen Dilemmas zwischen der Bekämpfung von Arbeitslosigkeit und Inflation zugunsten einer einseitigen Vermeidung der Inflationsgefahren. Die Stabilisierung des Geldwerts wurde aus der Konkurrenz mit anderen wirtschaftspolitischen Zielen, wie hoher Beschäftigungsstand und stetigem, angemessenem Wirtschaftswachstum, herausgelöst. Damit verlor das Stabilitäts- und Wachstumsgesetz, das eine gleichrangige Verfolgung der wirtschaftspolitischen Ziele verlangte, schnell seine Bedeutung. Das neue Paradigma, das in allen großen Industriestaaten mit hohen Inflationsraten den Keynesianismus ablöste, firmiert unter dem Etikett Monetarismus. Im Mittelpunkt des Monetarismus, der vor allem auf Milton Friedman zurückgeht, steht die folgende Doktrin:[6] Marktwirtschaften verfügen über die Kraft zur Selbstoptimierung. Sie sind ultrastabil, das heißt, sie verarbeiten exogene Schocks – wie die Erhöhung der Ölpreise – aus eigener Kraft. Erst durch politische Interventionen à la keynesscher Be-

6 M. Friedman, Die optimale Geldmenge und andere Essays, München 1970

schäftigungspolitik, aber auch durch eine diskretionäre, also situationsbezogene Geldpolitik verlieren die Marktkräfte ihre optimale Steuerungsdynamik. Zum einen wird daher jegliche Form von staatlichem Interventionismus strikt abgelehnt. Arbeitslosigkeit staatlich bekämpfen zu wollen, gleiche einem Kampf gegen Windmühlen, denn immer wieder setze sich ein «natürlicher» Sockel an Erwerbslosen durch. Dabei habe der Großteil der Arbeitslosen diese Situation «freiwillig» gewählt, um einen besseren Job zu finden (das ist die spekulative Erkenntnis der Theorie der sogenannten Sucharbeitslosigkeit). Zum anderen verlangt der Monetarismus eine verstetigte Geldpolitik. Die Geldversorgung durch die Notenbank müsse am mittelfristigen, inflationsfreien Wachstumspotential ausgerichtet werden. Diese Regelbindung basiert auf der naiven Vorstellung, die Geldnachfrage sei stabil. Dahinter verbirgt sich die Vorstellung eines sich selbst optimierenden Kapitalismus. Politik gegenüber der kapitalistischen Privatwirtschaft reduziert sich demnach auf strenge Regeln der Geldmengenversorgung, und die würden am besten durch einen politisch sterilen Automatismus sichergestellt.

Der Monetarismus leitete mit seiner Unterstellung der krisenfreien Entwicklungsdynamik der Marktwirtschaft den Siegeszug der neoliberalen Angebotsdoktrin ein. Das gilt auch für Deutschland. In vielen Untersuchungen wird bei der Frage nach dem Beginn der marktoptimistischen Politik der Deregulierung mit den Instrumenten des Sozial- und Lohnabbaus der Wechsel zur konservativ-wirtschaftsliberalistischen Bundesregierung im Herbst 1982 angegeben. Zweifellos ist seit diesem Wechsel Schritt für Schritt die Angebotslehre umgesetzt worden. Jedoch beginnt der Abschied von der sozial- und beschäftigungsregulierten Marktwirtschaft bereits mit der Übernahme des monetaristischen Geldmengenkonzepts. Und die ist für Deutschland genau datierbar: Im Sommer 1973 kündigte die Deutsche Bundesbank den Wechsel vom Liquiditätskonzept zur regelgebundenen Geldversorgung an. Seit 1974 gibt die Notenbank zum Ende des Jahres die von ihr angestrebte Geldmenge (M 3) für das jeweils nachfolgende Jahr vor.

Daß die Geldmengenziele kaum erreicht werden konnten, läßt sich durchaus mit der instabilen Nachfrage nach Geld gerade auch seit der Globalisierung der Finanz- und Kapitalmärkte erklären. Die Diskussion über die theoretischen Annahmen muß innerwissenschaftlich geführt werden. Politisch entscheidend ist, daß mit dem monetaristischen Konzept die Deutsche Bundesbank endgültig die Hegemonie über die Wirtschaftspolitik gewonnen hat. Seitdem verfügt sie durchaus über die Macht, Verteilungsansprüche des Staates und der Bezieher von Arbeitseinkommen zu disziplinieren. Dazu wird auch schon mal eine harte Stabilisierungskrise in Kauf genommen: Überwälzungsspielräume in der Preispolitik der Unternehmen werden monetär ausgetrocknet; Produktion und Beschäftigung gehen im Zuge der nicht realisierbaren Gewinne zurück.

Der Wechsel zur Politik der reinen Marktpflege setzt sich in Deutschland also auf zwei, historisch nacheinander etablierten Aktionsfeldern durch: *Die Bundesbank* sichert – abgeschottet gegenüber der politischen Willensbildung – ein strenges Regiment der Stabilisierung des Geldwerts. Diese dient der Entfaltung der kapitalistischen Preisbildung auf den Märkten. Das *politische System* konzentriert sich auf den Abbau politischer Regulierungen zugunsten der Marktkräfte, die letztlich über den Beschäftigungsstand und die Einkommensverteilung entscheiden. Damit verbunden ist auch eine politische Machtverschiebung. Wichtigste Entscheidungsinstanz werden die Währungshüter, während politische Steuerungskompetenzen zugunsten der Märktehierarchie aufgelöst werden. Nochmals: Bereits seit 1973 beginnt die neoliberale Systemveränderung. Die allgemeine Politik gerät unter die Hegemonie der Deutschen Bundesbank. Diese Machtverschiebung verlief anfangs nicht konfliktfrei. Wie ernst sein bekanntes Diktum von 1975 auch immer gemeint war: Der damalige Bundeskanzler Helmut Schmidt wäre durch die Deutsche Bundesbank daran gehindert worden, lieber 5 Prozent Inflation statt eine Arbeitslosenquote über 5 Prozent hinzunehmen. Mittlerweile gibt es solche Konflikte nicht mehr. Die Politik hat sich dem monetären Diktat der Deutschen Bundesbank widerspruchslos unterworfen. Anerkennung durch die Bundesbank zählt der Politik mehr als der Mut zu eigenständigen Lösungen der Beschäftigungskrise.

Allerdings benötigte nach dieser monetaristischen Revolution ab 1973 die Politik noch viele Jahre, bis sie ihre Steuerungsaufgaben endgültig zugunsten der Marktdynamik Zug um Zug auflöste. Noch 1978 legte die damalige sozial-liberale Regierungskoalition ein «Zukunftsinvestitionsprogramm» (ZIP) über einen mehrjährigen Zeitraum mit einem Gesamtvolumen über 20 Milliarden Mark auf. Mit diesem ZIP wurde angestrebt, die gesamtwirtschaftliche Nachfragesteuerung mit der Finanzierung vor allem ökologisch ausgerichteter Infrastrukturprojekte zu verknüpfen. Beispielsweise wurde die Wirtschaft durch die Finanzierung von Projekten zur Sanierung von Flüssen und Seen eingesetzt. Diese strukturpolitische Weiterentwicklung keynesianischer Beschäftigungspolitik («Keynes Plus») konnte ihre volle Kraft jedoch nicht mehr entfalten. Denn die Deutsche Bundesbank hat durch die Verknappung und Verteuerung der Geldversorgung – übrigens ohne Inflationsnot – diese expansive Finanzpolitik schlicht konterkariert. Mit ihrem geldpolitischen Instrumentarium hat sie die expansive Beschäftigungspolitik behindert, um gleichzeitig auf deren mangelnde Wirksamkeit hinzuweisen.

In der Tat: Endgültig erst mit dem Wechsel zur konservativ-wirtschaftsliberalistischen Bundesregierung sind die Weichen in Richtung Abbau politischer Steuerung zugunsten der Hegemonie der Märkte gestellt worden. Damit vollzog sich endgültig der Abschied von der sozialen, beschäftigungsfördernden und ökologischen Gestaltung der Marktwirtschaft.

Die mit dem Etikett Angebotslehre versehene Ordnungspolitik hat mit dem Monetarismus und der Neoklassik die Grundauffassung gemeinsam, kapitalistische Marktwirtschaften seien aus eigener Kraft in der Lage, einen hohen Beschäftigungsstand inflationsfrei zu produzieren. Wirtschaftskrisen und Arbeitslosigkeit widersprechen dieser neoklassischen Gleichgewichtsverheißung nicht. Ihr zufolge gelten sie vielmehr als Folgen politischer und institutioneller Arrangements, die die Marktdynamik einschränkten. Insoweit wird der tariflichen Lohnfindung sowie der Beschäftigungs- und Sozialpolitik die Schuld an der Arbeitslosigkeit zugeschrieben. Liege der Lohnsatz über dem markträumenden Wert, dann sei die Nachfrage nach Arbeitskräften kleiner als deren Angebot. Anstatt einen Lohnsenkungswettbewerb durch die Arbeitslosen zuzulassen, verharre die Arbeitslosigkeit auf hohem Niveau. Zudem behindere die soziale Absicherung der Betroffenen deren Bereitschaft, zu niedrigen Löhnen zu arbeiten. Schließlich verdecke die Beschäftigungspolitik die unentrinnbare Notwendigkeit, die Lohnsätze zu senken. Dieses Krisenszenario von der «Mindestlohnarbeitslosigkeit» verlangt also: den Abbau des Flächentarifvertragssystems zugunsten betrieblicher Lohnbildung, die Demontage sozialer Sicherungssysteme und den Verzicht auf Beschäftigungspolitik. Zudem muß die marktgenerierte Einkommensverteilung akzeptiert werden. Es sind die bekannten Instrumente der heutigen Angebotspolitik. Hinzu treten weitere Maßnahmen zum Abbau politischer Regulierung etwa im Bereich der Umweltpolitik. Im Zuge des wachsenden Drucks durch den internationalen Wettbewerb wird diese Angebotspolitik zum Sachzwang stilisiert. Durch die Globalisierung gerate Deutschland zum Standort, der nur durch eine noch konsequentere Freisetzung der Marktkräfte zu retten sei.

Das erste Fazit lautet: Die Politik ist derzeit einem paranoiden Standortwahn verfallen. Diese Angebotspolitik ist nicht in der Lage, die Arbeitslosigkeit abzubauen. Im Gegenteil, parallel zur Umverteilung von den Masseneinkommen zu den Gewinnen und Vermögenseinkünften wächst die Arbeitslosigkeit. Das kann die Protagonisten der Angebotsdoktrin jedoch nicht erschüttern. Einer immunisierenden Tautologie vergleichbar wird behauptet: Wenn die Krisenprobleme noch nicht gelöst sind, müsse die Politik der Deregulierung eben intensiviert werden. Daß mit höheren Dosen der neoliberalen Medikation der Patient allmählich zu sterben droht, entzieht sich dieser marktradikalen Rechthaberei. Zu dieser gesamtwirtschaftlichen Schrumpfstrategie gibt es eine Alternative. Um ihre Ansätze offenzulegen, müssen die Grundirrtümer und schädlichen Wirkungen der derzeitigen Politik schonungslos benannt werden. Denn im Namen dessen, was gegenwärtig als Standortpflege gilt, verschlechtern sich die Entwicklungschancen des Lebens- und Produktionsstandorts Deutschland.

II. Die sieben Irrtümer und Folgen des neoliberalen Standortwahns

1. *Entfesselung der Arbeitsmärkte: Wachsende Abhängigkeiten in der darwinistischen Ausleseökonomie*

1.1. *Wachsende Abhängigkeit: Antiliberaler Neoliberalismus*

Das heute die Politik der Bundesregierung sowie die beratende Wirtschaftswissenschaft beherrschende Paradigma ist die Angebotsdoktrin. Die Attribute, mit denen dieser Schwur auf die kapitalistischen Marktkräfte beschrieben wird, sind bereits genannt worden. In der Wirtschaftswissenschaft dominiert das Attribut neoklassisch. Damit wird an die klassischen Theorien angeknüpft, die zeigen wollen, daß sich selbst überlassene Marktsysteme auf der Basis einzelwirtschaftlich rationalen Verhaltens zur optimalen gesamtwirtschaftlichen Entwicklung fähig seien. Im politisichen Streit um die Funktionsweise der Wirtschaft sowie deren ordnungspolitische Ausrichtung haben die Kritiker der Angebotslehre das pejorativ gemeinte Etikett *neoliberal* angeheftet. Was aber ist unter einer neoliberalen Ordnungspolitik zu verstehen? Gibt es nicht nachhaltige Unterschiede zwischen dem Neoliberalismus und dem klassisch-emanzipatorischen Liberalismus?

Die Stoßrichtung des Neoliberalismus erkennt man an der Art der Erklärung wirtschaftlicher Fehlentwicklungen, insbesondere der anhaltend hohen Arbeitslosigkeit. Denn er gibt vor, Wirtschaftskrisen und anhaltend hohe Arbeitslosigkeit erklären und damit überwinden zu können. Die neoliberale Botschaft lautet in wenigen Sätzen zusammengefaßt: Die Ursachen der Unterbeschäftigung werden in atemberaubender Schlichtheit ausschließlich auf

Fehlverhalten auf den Arbeitsmärkten zurückgeführt. Würden die Marktspielregeln zwischen gewinnoptimierenden Unternehmen einerseits und nutzenoptimierenden Arbeitskräfteanbietern andererseits auf den Arbeitsmärkten Gültigkeit haben, so dürfe es keine *unfreiwillige* Arbeitslosigkeit geben. Arbeitslos wären nur diejenigen, die sich *freiwillig* entscheiden, ihre Arbeitskraft zum markträumenden Lohnsatz nicht anzubieten. So gesehen verbiete es sich, Arbeitslosigkeit als Marktversagen zu identifizieren. Demzufolge ist also die Beschäftigungskrise kein Systemproblem, dessen Bekämpfung die Politik herausfordert. Es genüge marktkonformes Verhalten durch den Abbau institutioneller Regulierungen.

Sprachlich umständlich heißt es, sogenannte «außenmarktmäßige» Kräfte verhinderten den Abbau der Arbeitslosigkeit. Durch historisch gewachsene politische Regulierungen leide mittlerweile der Arbeitsmarkt an einer institutionellen Sklerose. Das Tarifvertragssystem erzwinge Mindestlöhne, die über den marktkonformen Lohnsätzen lägen. Unternehmen müßten auf diese zu hohen Mindestlöhne mit Entlassungen reagieren. Wenn dann noch die Politik glaube, gegen diese Arbeitslosigkeit mit beschäftigungspolitischen Maßnahmen und sozialer Absicherung vorgehen zu müssen, werde die Fehlentwicklung auf den Arbeitsmärkten zementiert. Als Lösung werden die bekannten Forderungen aus dem Katalog neoliberaler Angebotspolitik präsentiert: Abbau des Mindestschutzes am Arbeitsmarkt durch Verbetrieblichung der Lohnpolitik, Flexibilisierung der Arbeit, Privatisierung des Beschäftigungsrisikos und Rückzug des Staates aus der sozialen sowie beschäftigungspolitischen Verantwortung. Mit messianischer Inbrunst brandmarkt der Neoliberalismus den Mindestschutz am Arbeitsmarkt als «rückschrittlichen Kollektivismus».

Der schöne Schein der Befreiung der Arbeitskräfteanbieter von der kollektivistischen Fremdbestimmung erweist sich allerdings unter den real existierenden Abhängigkeitsverhältnissen als ideologische Verwechslung der harten Wirklichkeit mit der Vision vom «Reich der Freiheit». Was der Neoliberalismus mit ideologischer Obsession wegzudefinieren versucht, ist die Tatsache, daß die meisten Menschen von der Erwerbsarbeit existentiell abhängig sind. Die vom Arbeitsplatz Abhängigen geraten durch die totale Freigabe der eiskalten Marktgesetze endgültig schutzlos unter das Diktat unternehmerischer Gewinnoptimierung. Darüber hinaus läßt sich zeigen, daß durch die Ausrichtung der Arbeitsmärkte an den Marktgesetzen, wie sie beispielsweise auf den Märkten für Teppiche, Bananen, Stahlrohre usw. gelten, die Ursachen der Massenarbeitslosigkeit nicht bekämpft werden können. Was am Ende übrigbleibt ist vielmehr eine Umverteilungspolitik von Einkommen und Macht zugunsten der Unternehmen ohne positive Job-Wirkungen.

Die herrschende Politik folgt eingängig dieser neoliberalen Deutung des Arbeitsmarktes als Verursachungszentrum von Arbeitslosigkeit. Und dies ist der *erste Grundirrtum* der aktuell praktizierten Politik: *Arbeitslosigkeit entsteht nicht auf den Arbeitsmärkten und ist durch deren Deregulierung nicht erfolgreich zu therapieren.*

Um diesen Grundirrtum über die Funktionsanforderungen auf den Arbeitsmärkten besser verstehen zu können, ist eine etwas eingehendere Auseinandersetzung mit dem neoklassischen Arbeitsmarktmodell nötig, um seine irrealen Verhaltensannahmen in bezug auf die Teilnehmer am Arbeitsmarkt kenntlich zu machen. Abbildung (s. S. 42), die im folgenden erläutert wird, stellt diese Annahmen und ihre wichtigsten Zusammenhänge dar.

▶ Die erste Annahme lautet: Unternehmen fragen Arbeitskräfte ausschließlich unter dem Ziel der Gewinnoptimierung nach. Der behauptete Zusammenhang ist bekannt; es vergeht kaum ein Tag, an dem nicht gerade papageienhaft von Wirtschaft und Politik verkündet wird, die Beschäftigung nehme nur zu, wenn die Lohnsätze gesenkt werden. Die scheinbar plausible Abhängigkeit der Beschäftigung vom realen Lohnsatz beschreibt Nachfragekurve N1. Auf die genaue Begründung dieser Nachfragekurve nach Arbeitskräften soll an dieser Stelle nicht eingegangen werden. Wichtig ist nur, daß der Verlauf der Nachfragekurve das Prinzip der Gewinnoptimierung widerspiegelt. Für diejenigen, die die hier

Abbildung 1: Neoklassisches Arbeitsmarktmodell

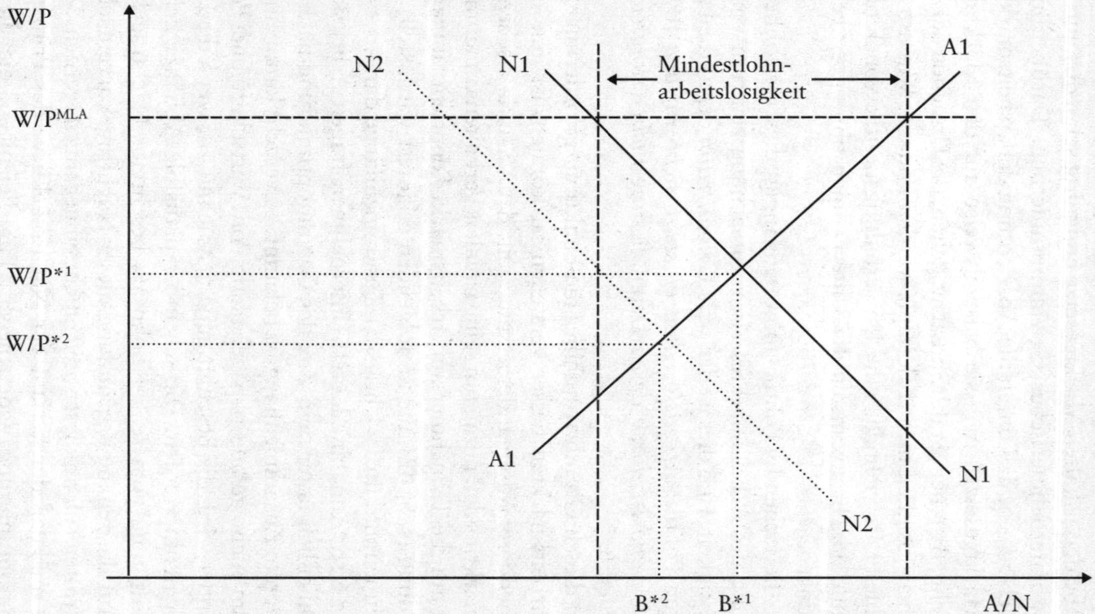

Legende: A = Angebot an Arbeit, N = Nachfrage nach Arbeit. W/P = Reallohnsatz, W/P = Gleichgewichtslohnsatz, W/P^{MLA} = Reallohnsatz, der Mindestlohnarbeitslosigkeit*

vorgenommene Zusammenfassung für manipulativ verkürzt halten, seien noch diese Hinweise angefügt: Unterstellt wird eine Produktionsfunktion, bei der gilt, daß mit wachsendem Einsatz an Beschäftigung der zusätzliche Beitrag zur Produktion abnimmt (sinkende Grenzproduktivität). Der Einsatz der Beschäftigungen lohnt sich für das Unternehmen nur, wenn die Grenzproduktivität der zuletzt eingesetzten Arbeitskraft dem (realen) Lohnsatz entspricht. Dabei reduziert die neoklassische Ableitung der Nachfrage nach Beschäftigung in Abhängigkeit vom (realen) Lohnsatz die Zusammenhänge auf eine rein einzelwirtschaftliche Betrachtung. Der Einfluß der (realisierbaren) Nachfrage auf Produktion und Beschäftigung wird schlichtweg ausgeblendet. Unberücksichtigt bleibt der belastende Rückgang der gesamtwirtschaftlichen Nachfrage infolge sinkender Lohneinkommen.

▶ Weiter wird angenommen: Die Bereitschaft der Arbeitskraft, sich in Abhängigkeit vom Lohnsatz anzubieten, steht zum Verlauf der unternehmerischen Nachfrage nach Beschäftigung in fundamentalem Widerspruch. Der Zusammenhang liegt auf der Hand. Nur bei steigendem Lohnsatz wird mehr Arbeit am Markt angeboten (vgl. Angebotskurve A1). Dabei basiert die neoklassische Angebotsfunktion auf einer folgenreichen Fiktion. Unterstellt wird, der Beschäftigte verfüge über die ökonomischen Voraussetzungen, je nach Lohnsatz über seinen Arbeitseinsatz entscheiden zu können. Diesem individuellen Rationalkalkül zufolge vergleicht der Anbieter von Arbeit deren Kosten («Grenzleid» der Arbeit; Verzicht auf alternative Nutzungen der Zeit) mit deren Nutzen (Grenznutzen aus zusätzlichem Lohn durch wachsende Kaufkraft). Arbeit wird nach dieser Entscheidungslogik nur angeboten, wenn ihr Grenznutzen größer ausfällt als das Grenzleid.

▶ Daraus folgt: Der grundsätzlich die Märkte bestimmende Interessengegensatz zwischen Anbietern und Nachfragern findet bei dem Lohnsatz seinen Ausgleich, bei dem die Nachfrage nach und das Angebot an Arbeitskräften übereinstimmen. Der Gleichgewichtslohnsatz (W/P^{*1}) sichert diesem Arbeitsmarktmodell zufolge Vollbeschäftigung: Wer zu diesem Lohnsatz arbeiten will, der findet auch Arbeit (B^{*1}). Wird gegenüber diesem markträumenden Lohnsatz ein höherer «Mindestlohn» (W/P^{MLA}) durchgesetzt, so entsteht dieser Marktlogik zufolge «Mindestlohnarbeitslosigkeit». Denn bei diesem höheren Lohnsatz ist das Angebot an Arbeit deutlich größer als die Nachfrage. Es handelt sich also um einen Käufermarkt, d.h., die nachfragenden Unternehmen entscheiden über das faktische Ausmaß der Beschäftigung. Das Arbeitskräfteangebot muß bei Lohnsätzen, die über dem Gleichgewichtswert liegen, rationiert werden.

Neoliberale wählen diesen Fall zu hoher Lohnsätze eigentlich nur zur didaktischen Demonstration. Gezeigt werden soll, welcher Anpassungsprozeß bei unbeschränkter Marktdynamik zum Abbau der Massenarbeitslosigkeit führt. Wird die Konkurrenz um Beschäftigung nicht behindert, so währt der Zustand der Mindestarbeitslosigkeit allemal nicht lange. Was also passiert demnach unter Wettbewerbsdruck bei Arbeitslosigkeit? Arbeitslose konkurrieren um Arbeitsplätze mit der Waffe sinkender Lohnsätze. Der Prozeß der Lohnsenkung dauert schließlich so lange, bis die Markträumung erreicht wird. Was also bewegt diesen Anpassungsprozeß? Vor die Entscheidung gestellt, entweder arbeitslos zu sein oder zu niedrigem Lohnsatz Arbeit zu finden, wird die Beschäftigung gewählt. Diese Wahl erfolgt jedoch nicht, wie der Neoliberalismus zu verklären versucht, freiwillig. Die sonst Arbeitslosen sehen sich gezwungen, Beschäftigung zu niedrigen Löhnen anzunehmen. Der Druck in Richtung Lohnsenkungswetttbewerb wird noch stärker, wenn der soziale Schutz für Arbeitslose demontiert werden sollte.

An dieser Stelle gilt es bereits festzuhalten: Zur Logik der neoklassischen Anpassung mit dem Disziplinierungsinstrument Arbeitslosigkeit gehört der weitgehende Abbau sozialer Sicherung, um aus der «akuten Not» heraus den Druck zur Arbeitsannahme bei niedrigeren Löhnen zu verstärken. Nach der Logik dieses Modells wächst mit sinkendem Lohnsatz zugleich die gewinnoptimierende Nachfrage der Unternehmen nach Arbeitskräften. Der Prozeß der Lohnsenkung kommt schließlich erst beim markträumenden Preis der Ware Arbeitskraft zum Stillstand. Übrigens wird der Fall zu niedriger Löhne gegenüber dem markträumenden Preis der Arbeitskraft kaum diskutiert. In diesem Fall müßten die Nachfrager nach Arbeitskräften unter dem Druck des unzureichenden Angebots die Löhne nach oben korrigieren.

Anhand der grafischen Darstellung läßt sich ein Dilemma aufzeigen, das in Deutschland immer mehr an Bedeutung gewinnt: Die Höhe des Lohnsatzes wird einerseits maßgeblich durch die Gewinnoptimierung der Unternehmen bestimmt. Andererseits orientieren sich die Lohnvorstellungen der Beschäftigten an dem Ziel, ihren Bedarf nach Gütern und Dienstleistungen befriedigen zu können. Was passiert, wenn die markträumenden Lohnsätze so niedrig sind, daß die Beschäftigten mit ihrem Arbeitseinkommen das Existenzminimum nicht erreichen? In der Tat wächst auch in Deutschland die Gruppe der «working poor». Betroffen sind Beschäftigte, deren Arbeitseinkommen nicht (mehr) ausreicht, um sich vor Armut schützen zu können. Aus diesem Dilemma heraus führt – solange die Lohnsätze nicht angehoben werden – nur ergänzende staatliche Hilfe. Darauf beziehen sich Vorschläge etwa unter dem Begriff «Kombilohn». Um den Niedriglohnsektor zu halten, sollen Sozialtransfers durch den Staat stattfinden. Dabei fällt auf, daß Wirtschafts- und Politikkreise, die ansonsten staatliche Hilfen geißeln, ein Subventionsprogramm für den Niedriglohnsektor fordern. Der Vorschlag «Kombilohn» muß ernsthaft diskutiert werden. Wenn aber mit der öffentlichen Abfederung den Unternehmen lediglich ermöglicht wird, die unteren Lohngruppen radikal unter das Existenzminimum zu senken, dann kann dieser Kombilohn nur abgelehnt werden.

Die entscheidende Frage an die Anbieter der Arbeitskraft in Abhängigkeit vom Lohnsatz ist: Was sind die Voraussetzungen für diejenigen, die bei einem *über* dem Gleichgewichtslohnsatz liegenden Preis nicht mehr bereit sind, Beschäftigung anzunehmen? Für die Neoklassik ist die Antwort überraschend kar. Diese Personen gelten schlichtweg als *freiwillig* arbeitslos. Denn sie sind bei dem aus ihrer Sicht zu niedrigen markträumenden Lohnsatz nicht bereit zu arbeiten, weil das Grenzleid der Arbeit den erwarteten Grenznutzen übersteigt. Diese «freiwillige» Arbeitslosigkeit bekämpfen zu wollen wäre nach diesem Modell Unsinn. Denn damit würde in das individuelle Rationalkalkül eingegriffen.

Der Neoliberalismus gerät zu einer Fiktion, denn diese Vorstellung von freiwilliger Arbeitslosigkeit ist an eine fundamentale Voraussetzung gebunden: Unterstellt wird die Unabhängigkeit vom Erwerbseinkommen. Freiwillig kann schließlich nur derjenige in Abhängigkeit vom Lohnsatz entscheiden, der schon über ausreichende Einkünfte aus Vermögen verfügt. Die neoliberale Theorie des Arbeitsmarktes unterstellt also in der Mehrheit Individuen, die letztlich ökonomisch nicht (mehr) vom Erwerbseinkommen abhängig sind. Das «Reich der Freiheit» (Karl Marx) wäre erreicht, wenn dies gesellschaftliche Wirklichkeit wäre, d. h. der Zwang zur Arbeit als Basis der Existenzsicherung weggefallen wäre. Dann erst käme der wohlgemeinte Liberalismus voll zur Entfaltung. Diese ökonomische Grundlage des Liberalismus gilt jedoch für die meisten Menschen nicht. Nur die reiche Schicht verfügt über genügend andere Einkünfte, um ihr Angebot an Arbeit selbst bestimmen zu können. Dazu gehört vielleicht der freie Mitarbeiter beim Fernsehen, der genügend Einkünfte aus der Vermietung seiner ererbten Immobilien erzielt und deshalb über die Realisierung eines Filmbeitrags nach dem Lustprinzip entscheiden kann. Hinzuzuzählen ist auch der superreiche Rentier, der seine Biographie als alternder «Playboy» nicht zur Einkommenserzielung, sondern im Zweifelsfall aus Geltungssucht schreibt.

Die ökonomische Voraussetzung des sich selbst bestimmenden Liberalen gilt also (leider) nur für wenige in dieser Gesellschaft. Die große Mehrheit ist existentiell abhängig vom Angebot einer Beschäftigung durch das gewinnoptimierende Unternehmen. An dieser Abhängigkeit hat sich auch in der glitzernden High-Tech-Moderne grundlegend nicht viel geändert. Zwar hat die Vermögensbildung der Lohn- und Gehaltsempfänger zugenommen. Die daraus sprießenden Einkünfte reichen jedoch bei weitem nicht aus, um auf Erwerbsarbeit verzichten zu können. Wie sonst ist der unaufhaltsame Abstieg in die Armut bei Verlust des Arbeitsplatzes und Einschränkung sozialer Unterstützung zu erklären? Im Gegenteil hat mit den vielfältigen Kürzungen bei den Löhnen und Gehältern die Abhängigkeit eher zugenommen. Vom Arbeitsplatz existentiell Abhängige müssen zu jedem ihnen vorgegebenen Lohnsatz Arbeit anbieten. Die Nachfrage nach Arbeit ist also gegenüber dem Lohnsatz völlig elastisch. Hier wirkt gerade auch die anhaltend hohe Massenarbeitslosigkeit als lohnpolitisches Disziplinierungsinstrument. Unter dem Druck der Beschäftigungskrise wird die Bereitschaft erzwungen – wie viele Beispiele der letzten Jahre belegen –, zu weniger Lohn gar noch länger zu arbeiten. Diesen «stummen Zwang der Verhältnisse» als freiwillige Entscheidung durch die betroffenen Abhängigen darstellen zu wollen, grenzt an Zynismus. Gerade auch die verzweifelten Kämpfe von Belegschaften um den Erhalt ihrer teils schwer belastenden Arbeit (etwa im Kohlebergbau) sind Ausdruck dieser Abhängigkeit.

Die Identifikation mit Arbeit hat einen weiteren, weit über die ökonomischen Fragen hinausgehenden Grund. Sozialwissenschaftliche Untersuchungen zeigen, daß die Erwerbsarbeit über die Entlohnung hinaus als sinnstiftende Kommunikation wirkt und dadurch wichtige soziale Kontakte gehalten werden können. Wer seine Arbeit verliert, verliert auch den sozialen Zusammenhalt.

Auf dem Arbeitsmarkt herrscht also – wie es der ansonsten marktoptimistische Wirtschaftswissenschaftler Wolfgang Stützel bereits vor vielen Jahren zutreffend formuliert hat – eine «fundamentale Einflußasymmetrie». Beim Angebot der Arbeitskräfte gilt das sogenannte «Konkurrenzparadoxon». Auf die Senkung des Stundenlohnsatzes kann nicht mit einer Einschränkung des Angebots (wie am Teppich- oder Finanzmarkt) reagiert werden. Im Gegenteil zwingen rückläufige Lohnsätze zur Ausweitung der Erwerbsarbeit, um das bisherige Einkommen zu erzielen. Dieser Anpassungszwang ist im Niedriglohnsektor längst Realität. Wegen unzureichendem Arbeitseinkommen werden weitere (billige) Jobs aufgenommen. Der moderne Mehrfachtagelöhner gewinnt an Bedeutung. Die Höhe des Preises der Ware Arbeitskraft entscheidet über das Auskommen der Beschäftigten. Deshalb kann, wie Stützel formulierte, die «gängige Lehre von den stets segensreichen Wirkungen des freien Spiels aller Einzelpreise» nicht «ohne jegliche Modifikation» in Richtung «menschenwürdigen Ausgleichs» auf den Arbeitsmarkt übertragen werden.[7]

Um die strukturelle Abhängigkeit der Arbeit vom Kapital einzugrenzen, ist in einem langen historischen Prozeß ein System des Mindestschutzes aufgebaut worden. Das Tarifvertragssystem erspart dem einzelnen abhängigen Arbeitnehmer, die Entlohnungs- und Arbeitsbedingungen individuell mit dem Arbeitnehmer aushandeln zu müssen. Denn hierbei wäre er heillos unterlegen und damit schutzlos der Ausbeutung übereignet. Die verfassungsrechtliche Grundlage bildet die Koalitionsfreiheit zusammen mit der Garantie des Tarifvertragssystems (Art. 9 III GG). Im tarifgebundenen Gebiet untersagt das Betriebsverfassungsgesetz (§ 77 Abs. 3) den Unternehmen, auf betrieblicher Ebene Arbeitsverträge mit den Mitarbeitern abzuschließen. Vielmehr schreibt das Tarifvertragsgesetz das Günstigkeitsprinzip fest. Danach darf der Arbeitgeber vom Tarifvertrag nur nach oben abweichen. Hinzu kommt die Möglichkeit, in Branchen mit vielen kleinen tariflich nicht gebundenen Unternehmen Tarifverträge als allgemeinverbindlich erklären zu können, um Schmutzkonkurrenz auszuschließen. Dieses Tarifvertragssystem funktioniert allerdings nur auf der Basis verhandlungsfähiger Vertragsparteien, also Arbeitgeberverbände und Gewerkschaften.

Die real existierende Abhängigkeit vom Arbeitsplatz wegdefinieren zu wollen, erzeugt das Urübel des Neoliberalismus: den Versuch, Arbeitslosigkeit als rationales Ergebnis freiwilliger Disposition des Betroffenen darzustellen. Neoliberale Erklärungen im

7 W. Stützel, Marktpreis und Menschenwürde, 2. Aufl., Stuttgart 1982, S. 75 f.

Kontext der «Sucharbeitslosigkeit» (job search approach) werden damit schlicht absurd. Denn Arbeitslosigkeit entsteht vorwiegend durch Entlassungen; sie resultiert nicht aus der Abwägung des Nutzens (besserer Job) gegenüber den Kosten (Einkommensverluste). Verweigerung von Arbeit wird vielmehr als brutales Zwangsverhältnis erlebt. Der neoliberale «homo oeconomicus», der mit der materiellen Voraussetzung ausgestattet ist, auch effektiv selbstbestimmt über die Annahme von Arbeit entscheiden zu können, erweist sich in der Wirklichkeit für die meisten Menschen als Fiktion. Abhängig Beschäftigte sind als einzelne dem mit dem Investitionsmonopol ausgestatteten Arbeitsplatzanbieter bei Verhandlungen über den Lohn und die Arbeitsbedingungen strukturell völlig unterlegen. Um also die individuellen Lebensbedingungen abhängig Beschäftigter zu verbessern, bedarf es eines politisch regulierten Mindestschutzes gegen Ausbeutung. Dazu dienen bisher das verfassungsrechtlich abgesicherte Tarifvertragssystem mit handlungsfähigen Gewerkschaften und sozial regulierende Politik. Die Polarisierung zwischen Arbeit und Kapital wird erst durch politisch regulierten Mindestschutz eingeschränkt.

Durch Flexibilisierung der Arbeit erhöht sich letztlich die Abhängigkeit vom Unternehmenskalkül. Was die Unternehmen an Verfügungsmacht gewinnen, verlieren die Arbeitnehmer an Gestaltungsmöglichkeiten. Insoweit ist klar: Der Neoliberalismus steht im Widerspruch zum klassisch-emanzipatorischen Liberalismus. Letzter gilt dem Ziel, die bürgerlichen Freiheiten und damit die Chancen zur Selbstbestimmung ökonomisch für alle Menschen abzusichern. Hingegen zielt die wirtschaftsliberalistische Restauration auf eine Stärkung des unternehmerischen Investitionsmonopols. Machtgewinn und darüber auch Einkommenszuwächse fallen den Unternehmen zu, während sich die Abhängigkeit der auf Arbeitsplätze Angewiesenen ausweitet. Statt individueller Emanzipation von Abhängigkeit nimmt mit dem Einsatz teils subtilerer Instrumente die Ausbeutung in der neoliberalistischen Postmoderne zu. Insoweit kündigt dieses Paradigma der Marktverherrlichung die sozialökonomische Gestaltung des Wirtschaftens auf.

Diese Deregulierungspolitik steht auch im fundamentalen Widerspruch zur Sozialen Marktwirtschaft unter dem Ziel, Unternehmensautonomie zugunsten sozialen Mindestschutzes einzugrenzen. Die mit dem Neoliberalismus gewollte Entfesselung der Marktkräfte nutzt letztlich Armut und Abhängigkeit als Instrument ökonomischer Ordnungspolitik. Zu dieser darwinistischen Ausleseökonomie gehört der konkurrenzgetriebene, «eindimensionale» Mensch, wie ihn Herbert Marcuse in seiner Kapitalismuskritik skizziert hat. Das ökonomische Maximierungsprinzip wird die alles bestimmende Methode. Dieser «Methodenimperialismus» (K. Boulding) subsumiert Politik, Kultur, Bildung und intersubjektiven Umgang unter eine entsolidarisierende ökonomische Rationalität. Mit der neoliberalen Deregulierung der Märkte beginnt der «Terror der Ökonomie» (Viviane Forrester) alle Lebensbereiche zu beherrschen.

1.2. Neoliberale Blindheit: zum unterschlagenen Einfluß der Gewinnmaximierer auf Arbeitslosigkeit

Die hier entwickelte Kritik an der neoklassischen Erklärung und Therapierung der Massenarbeitslosigkeit konzentriert sich auf die sozialen und gesellschaftlichen Folgen. Neoliberalistische Entfesselung der Marktkräfte – so der Nachweis – steht im Widerspruch zum klassisch-emanzipatorischen Liberalismus. Anstatt die individuellen Lebensbedingungen der abhängig Beschäftigten zu verbessern, bewirkt er soziale Spaltung.

Die Umverteilung von Einkommen und Macht infolge der neoliberalen Deregulierungspolitik ist gewiß. Gewiß ist allerdings auch, daß der Versuch, die Arbeitslosigkeit durch Lohnverzichte bekämpfen zu wollen, fehlschlagen muß. Indem der Neoliberalismus die Ursachen der Arbeitslosigkeit letztlich auf ein Fehlverhalten der institutionellen Akteure am Arbeitsmarkt, Gewerkschaften und Staat, reduziert, wird das (Fehl-)Verhalten der Unternehmen völlig ausgeblendet.

Die Wirklichkeit lehrt, daß über die Höhe und die Struktur der Beschäftigung nicht maßgeblich auf den Arbeitsmärkten entschieden wird. Vielmehr werden unternehmerische Investitionen nach den Erwartungen auf Waren- und Kapitalmärkten entschieden. Ob eine Sachinvestition getätigt wird oder nicht hängt einerseits von den Absatzchancen ab und andererseits von den Renditen, die bei alternativer Anlage auf den Kapitalmärkten erwartet werden. Durch die Eingrenzung der Suche nach den Ursachen der Arbeitslosigkeit auf die Arbeitsmärkte wird so getan, als ob die Gewinne der Unternehmen gleichsam automatisch immer in die Finanzierung von Sachinvestitionen gelenkt würden. Diese Annahme ist jedoch höchst zweifelhaft, wie die Entwicklung der letzten Jahre zeigt: Unternehmen setzten die eigenen Finanzierungsmittel (Gewinne nach Steuern, Abschreibungen, Rückstellungen) in abnehmendem Maß für Sachinvestitionen ein. Was aber geschieht dann mit den nicht für Sachinvestitionen genutzten Mitteln der Unternehmen? Ein Teil geht in Rationalisierungsinvestitionen. Damit werden Arbeitsplätze abgebaut. Überraschend ist der Anteil der Gewinne, der irgendwo in der Welt renditeträchtig angelegt wird. Auch deutsche Produktionsunternehmen begehren lieber Plätze an den Spieltischen des – wie erstmals von John Maynard Keynes tituliert – «Kasinokapitalismus» (zu den Daten vgl. Kapitel III/7).

Was einzelwirtschaftlich völlig rational erscheint, kippt gesamtwirtschaftlich in eine Belastung um: Gewinne, hinter denen Produktion steht, finden immer weniger, zumindest jedoch nur stark verzögert den Weg in die Finanzierung gesamtwirtschaftlicher Ausgaben. Gegenüber dem Angebot öffnet sich eine Nachfragelücke, die künftige Produktion und Beschäftigung einschränkt. Einkommen, die mit der Produktion entstehen, werden nur unzureichend in volkswirtschaftliche Ausgaben transformiert. Was also einzelwirtschaftlich rational ist, muß noch lange nicht gesamtwirtschaftlich vernünftig sein. Diese Rationalitätsfalle vermag der Neoliberalismus durch die Ausblendung gesamtwirtschaftlicher Zusammenhänge nicht zu erkennen. Sie wird mit der Fiktion überdeckt, nach der es der Gesamtwirtschaft immer dann auch gutgeht, wenn sich die Gewinnerwartungen der einzelnen Unternehmen erfüllen. Einem Automatismus vergleichbar wird unterstellt: Steigende Gewinne durch Lohnsenkungen werden zur Ausweitung der Produktion genutzt. Für diesen Automatismus gibt es in einer kapitalistischen Ökonomie jedoch überhaupt keine Garantie.

Die vielfach gehegte und gepflegte Lehrbuchweisheit von den heutigen Gewinnen, die morgen zu Investitionen und übermorgen zu Arbeitsplätzen führen, läßt sich schon lange nicht mehr beobachten. Weil produktionswirtschaftlich erzielte Gewinne keine Garantie für wachsende Beschäftigung sind, nimmt die Arbeitslosigkeit auch bei steigenden Gewinnen zu. Die ökonomischen Ursachen unzureichender Umsetzung von Gewinnen in beschäftigungsförderliche Investitionen lassen sich also nur erfassen, wenn die alternativen Verwendungen untersucht werden und dazu die Güter- und Kapitalmärkte ins Blickfeld gerückt werden. Die Beschäftigungskrise läßt sich ursächlich nicht auf den Arbeitsmärkten identifizieren, weil die Märkte hierarchisch gegliedert sind.[8] An der Spitze stehen die Güter- und Kapitalmärkte. Die unter den dortigen Bedingungen getroffenen Investitionsentscheidungen schlagen auf die nachgeordneten Arbeitsmärkte durch. Werden also die Ursachen der Arbeitslosigkeit auf die Arbeitsmärkte reduziert, dann bleiben die unternehmerischen Investitionsentscheidungen unter Abschätzung der Renditeerwartungen auf den Gütermärkten gegenüber alternativen Renditen auf den Kapitalmärkten ausgeblendet. Fehlentwicklungen infolge abnehmender Nutzung der Gewinne für Sachinvestitionen lassen sich auf den Arbeitsmärkten nun einmal nicht erkennen. Die neoliberale Arbeitsmarktfixierung muß sich durch die Ausblendung der Investitionsmotive daher in Widersprüche verstricken: Selbst wenn die Unternehmen bei hohen Gewinnen und Gewinnerwartungen beispielsweise wegen günstiger Renditen auf den Kapitalmärkten un-

8 Vgl. Rudolf Hickel, Ein neuer Typ der Akkumulation? Anatomie des ökonomischen Strukturwandels – Kritik der Marktorthodoxie, Hamburg 1987

zureichend Arbeitsplätze schaffen, kann die Neoklassik diese Fehlentwicklung immer wieder nur auf zu hohe Löhne zurückführen. Ein Erklärungsmuster, das sich damit als Tautologie entpuppt.

Derartige aus der Einfalt der reinen Marktlehre resultierende Tautologien kennzeichnen die Jahresgutachten des «Sachverständigenrates zur Begutachtung der gesamtwirtschaftlichen Entwicklung», seit behauptet wird, die Arbeitslosigkeit sei ausschließlich auf das Fehlverhalten der Institutionen zurückzuführen, die marktinkonforme Hochlöhne auf den Arbeitsmärkten durchsetzen. Im Jahresgutachten 1997/98 wird dies auf die Spitze getrieben.[9] Der sogenannte «Rat der Fünf Weisen» lobt einerseits die Lohnzurückhaltung seit der letzten großen Rezession 1993. Üppig steigende Nettogewinne infolge moderater Lohnpolitik, aber auch wegen zurückgeschraubter Unternehmenssteuern, lassen sich ernsthaft nicht bestreiten. 1997 erreichte die Zahl der Beschäftigten seit dem Beginn der deutschen Einigung dennoch einen Tiefstand, Arbeitsplätze sind massiv abgebaut worden. Man sollte erwarten, daß diese unübersehbare Diskrepanz zwischen Theorie und Praxis zum Anlaß für eine grundlegende Überprüfung der Angebotslehre genommen wird. Davon findet sich nichts in diesem Jahresgutachten. Im Gegenteil, letztlich wird die bekannte Tautologie wiederholt: Die Gewerkschaften müßten eben erst überzeugt werden, daß diese Lohnzurückhaltung auch in den nächsten Jahren beibehalten wird. Mit solch lohnpolitischer Rechthaberei verliert ökonomische Beratung ihre wissenschaftlich seriösen Grundlagen. Unter den Tisch fällt die Frage, ob nicht die Rendite- statt der Lohnansprüche zu hoch sind und dadurch Investitionen sowie Beschäftigung verhindert werden. Durch diese Methodik wird der Einfluß der unternehmerischen Gewinnverwendung auf die Arbeitslosigkeit tabuisiert. Wie auch immer die Unternehmen ihre Gewinne verwenden, an die Stelle wissen-

9 Sachverständigenrat zur Begutachtung der gesamtwirtschaftlichen Entwicklung, Jahresgutachten 1997/98, Ziff. 292ff.

schaftlicher Untersuchung titt die Heiligsprechung der Profitlogik.

Dabei legen die Verdrängungen und Widersprüche der Angebotslehre nahe, die Neoklassik auf den Kopf zu stellen: Nicht zu hohe Lohnsätze führen zur Arbeitslosigkeit, sondern umgekehrt wird diese als gewalttätiges Instrument zur Durchsetzung von Lohnverzichten genutzt. Gewinner sind die Unternehmen, die aus der Jobkrise durch den Einsatz der Arbeitslosigkeit zur Disziplinierung in den Betrieben und der Politik Nutzen ziehen können. Erklärt diese These nicht viel besser die hartnäckige Arbeitslosigkeit?

Michael Kalecki war es, der in einem Aufsatz schon Anfang der vierziger Jahre auf die grundlegende Unvereinbarkeit von Vollbeschäftigung und Kapitalismus hinwies. Er betonte, daß es immer wieder Arbeitslosigkeit geben müsse, um die in Phasen der Vollbeschäftigung durchgesetzten Lohn- und Reformansprüche zurückschneiden zu können.[10] Kaleckis politisch-ökonomischer Zyklus zwischen Vollbeschäftigung einerseits und hoher Arbeitslosigkeit andererseits erklärt die politisch-ökonomische Entwicklung Westdeutschlands recht gut: Leergefegte Arbeitsmärkte Anfang der siebziger Jahre bildeten in der Kanzlerära Willy Brandts den ökonomischen Humus für fortschrittliche Reformen weit über die Verbesserung der Arbeitsverhältnisse hinaus. Dagegen wurden im Zuge der stufenförmig ansteigenden Arbeitslosigkeit sozial orientierte Reformen Schritt für Schritt rückgängig gemacht. Auch die abgeschmolzene Lohnquote – Maß der Einkommensverteilung zwischen Kapital und Arbeit – zeigt, wie gegenüber den abhängig Beschäftigten und ihren Gewerkschaften Lohnverzichte erzwungen wurden.

Auch die großartige englische Ökonomin Joan Robinson, die maßgeblich zur Theorie gesamtwirtschaftlichen Märkteversagens unter den Zielen Einkommensverteilung und Beschäftigungssicherung beigetragen hat, führt die Arbeitslosigkeit auf das Interesse

10 Michael Kalecki, Politische Aspekte der Vollbeschäftigung; in: Werksauswahl, Neuwied 1976 (ursprünglich in englischer Sprache 1943)

zurück, abhängig Beschäftigte unter dem Regime der Massenarbeitslosigkeit bändigen zu können.[11] Die machtpolitische Dimension bei der Bekämpfung der Arbeitslosigkeit wird damit klar. Die ernsthafte Bekämpfung der Jobkrise geriete in Widerspruch zu den Interessen der Wirtschaft an Lohndisziplin.

Die simple Sicht der Löhne als reiner Kostenfaktor treibt die neoliberale Theorie und Politik in die Sackgasse. Löhne und Gehälter sind eben nicht nur Kosten. Sie speisen in bedeutendem Ausmaß immer noch die gesamtwirtschaftliche Nachfrage. Die Zusammenhänge lassen sich an der bereits eingeführten Abbildung zum «neoklassischen Arbeitsmarkt» demonstrieren (siehe S. 42). Folgendes «Sachverständigen»-Szenario wird angenommen: Beim bisherigen markträumenden Lohnsatz (W/P^{*1}) sei die strukturelle Arbeitslosigkeit immer noch sehr groß. Vorgeschlagen wird deshalb vom «Rat der Fünf Weisen», den Lohnsatz zu senken (auf W/P^{*2}). Die übersehene Folge wäre jedoch, daß sich die Nachfragekurve nach Arbeitskräften nach unten verschiebt, weil durch den Rückgang der Lohnsumme die absetzbare Produktion (realisierbares Grenzprodukt) zurückgeht. Lohnsenkungen bewirken also hinter dem Rücken der einzelwirtschaftlichen Kostenminimierer rückläufige Beschäftigung. Die neoklassische Theorie der Arbeitsmärkte blendet auch derartige gesamtwirtschaftliche Rückwirkungen aus. Versuche, den Arbeitsmarkt zu deregulieren, bewirken zwar einen Machtgewinn der Unternehmen; sie belasten jedoch letztlich die gesamtwirtschaftliche Entwicklung. Gegenüber der neoliberalen Verbetrieblichung müssen gesamtwirtschaftliche Wirkungszusammenhänge wieder in den Vordergrund gerückt werden. Systematisches Marktversagen mit Marktentfesselung bekämpfen zu wollen, gleicht dem Versuch, den Teufel mit dem Belzebub austreiben zu wollen.

11 Joan Robinson, Das Problem der Vollbeschäftigung, Köln 1949 (ursprünglich in englischer Sprache 1943)

1.3. *Statt Verbetrieblichung der Lohnpolitik: vom Nutzen des Flächentarifvertrags*

Der Flächentarifvertrag auf der Basis der Autonomie der Tarifvertragsparteien gewährleistet bisher in bezug auf Lohnsätze und die Arbeitsbedingungen betriebsübergreifenden Mindestschutz für die abhängig Beschäftigten gegenüber den strukturell überlegenen Arbeitgebern. Dieses kollektive System der Lohnfindung dient bewußt dem Ziel, die Verfügungsrechte der Unternehmen im Bereich der Arbeitsbedingungen abhängig Beschäftigter einzuschränken. Arbeitsmärkte müssen politisch reguliert werden. Solche Regulierungen richten sich mittlerweile zum Beispiel weltweit gegen Kinderarbeit und Geschlechterdiskriminierung. Im engeren Sinne zählt zum betriebsübergreifenden Mindestschutz auf den Arbeitsmärkten das bereits erwähnte Verbot für tarifgebundene Unternehmen, auf betrieblicher Basis Lohnkontrakte durchzusetzen (§ 778 Abs. 3 Betriebsverfassungsgesetz). Es gelten vielmehr das Günstigkeitsprinzip sowie die Möglichkeit, Tarifverträge als allgemeinverbindlich erklären zu können. Demnach darf von der Norm der Tarifverträge nur zugunsten des Beschäftigten – also nach oben – abgewichen werden. Um Schmutzkonkurrenz auszuschalten, kann eine Kommission beim Bundesarbeitsministerium in Branchen mit kleinen und vielen nicht tariflich gebundenen Unternehmen Tarifverträge für verbindlich erklären. Diesen Mindestschutz zugunsten der strukturell Unterlegenen am Arbeitsmarkt brandmarken Protagonisten neoliberaler Marktentfesselung als Kollektivismus, der letztlich zur Arbeitslosigkeit führe. Daher seien diese institutionalisierten Regulierungen rigoros abzubauen. Abschaffung des Flächentarifvertrags zugunsten betriebsbezogener Lohnfindung, Flexibilisierung der Arbeitszeit durch Entkoppelung der menschlichen Arbeitszeit von Betriebszeiten, Demontage sozialer Sicherung für Arbeitslose und schließlich Abschaffung aktiver Beschäftigungspolitik, das heißt Privatisierung des Beschäftigungsrisikos, sind die Instrumente dieser Deregulierungspolitik. Diese soziale Demontage führt dazu, den ohnehin fragilen Machtausgleich zwischen Kapital und Arbeit zu Lasten der Gewerkschaften zu verschieben. Denn zum funktionsfähigen Flächentarifvertrag gehören handlungsfähige starke Gewerkschaften. Wird der Flächentarifvertrag Zug um Zug aufgedröselt, so wird den Gewerkschaften ein zentrales Aufgabengebiet entrissen und ihr Einfluß nachhaltig geschwächt.

Um es provokant zuzuspitzen: Auf Flächentarife, ja auf Gewerkschaften im Zentrum der Lohnfindung könnte sofort, allerdings nur unter einer Bedingung verzichtet werden: Die ökonomische Abhängigkeit der meisten Menschen vom Arbeitseinkommen müßte verschwinden. Verfügten die bisher vom Arbeitsplatz existentiell Abhängigen über ausreichende Vermögenseinkünfte, so wären sie die Ketten los, die sie an das Unternehmenskalkül binden. Die ökonomische Voraussetzung, über Ausmaß und Bedingungen des Arbeitseinsatzes wirklich individuell entscheiden zu können, wäre dann gegeben. Solange aber Abhängigkeit dominiert, bedarf es starker kollektiver Interessenvertretung durch demokratische Gewerkschaften. Nur so kann ökonomisch genügend Spielraum für die individuelle Lebensgestaltung abhängig Beschäftigter gewonnen werden. Deshalb konzentrieren sich viele Versuche der Anhänger des Neoliberalismus darauf, nachzuweisen, daß die ökonomische Abhängigkeit von fremdbestimmter Arbeit deutlich abnehme, die Vermögenseinkünfte groß genug seien, um auf Erwerbsarbeit verzichten zu können. So hat sich die «Deregulierungskommission» beim Bundeswirtschaftsminister, die eingesetzt wurde, um nicht nur am Arbeitsmarkt Überregulierungen nachzuweisen, in ihrem Abschlußbericht von 1991 auf die Aussage versteift, kollektiver Mindestschutz erübrige sich am Arbeitsmarkt, weil die Abhängigkeit der Beschäftigten vom Arbeitseinkommen über wachsende Vermögenseinkünfte ausreichend zurückgegangen sei.[12] Im Abschlußbericht der «Kommission für Zukunftsfragen der Freistaaten Bayern und Sachsen»

12 Deregulierungskommission, Marktöffnung und Wettbewerb, Berichte 1990/1991, Stuttgart 1991, Ziff. 564

hingegen wird nur die Tendenz zur Entkoppelung der Erwerbseinkommen durch wachsende Vermögenseinkommen für Beschäftigtenhaushalte konstatiert.[13] Da jedoch die Vermögenseinkünfte noch nicht ausreichen, wird die Verbreiterung der Vermögensbildung politisch gefordert.

Nach wie vor gilt jedoch: Auch in Zukunft werden die meisten Menschen existentiell maßgeblich vom Arbeitseinkommen abhängig sein. Ja, unter dem Druck der Massenarbeitslosigkeit und damit wachsender sozialer Armut nimmt diese Abhängigkeit – durchaus über subtile Formen der Flexibilisierung der Arbeit – zu. Deshalb gilt der Grundsatz: Solange die Erwerbsarbeit maßgeblich vom Kapital abhängig ist, bedarf es sozialen Mindestschutzes, kommt starken Gewerkschaften eine herausragende Rolle zu.

Die Vorteile des Flächentarifvertrages reichen weit über den Schutz der abhängig Beschäftigten vor Ausbeutung hinaus. Mindestschutz am Arbeitsmarkt trägt dazu bei, die Produktivität zu steigern und den Strukturwandel zu erleichtern. Was der Neoliberalismus nicht zu begreifen vermag: Soziale Stabilität durch Flächentarifverträge ist eine wichtige Produktivkraft. Die Alternative heißt also nicht *freiheitlicher Neoliberalismus* oder *freiheitsraubender Kollektivismus*. Die Zukunft des Standortes Deutschland liegt vielmehr in der sinnvollen Kombination ökonomischer Freiheiten und sozialer Absicherung. Daher ist die Soziale Marktwirtschaft, die auf soziale Bändigung des Kapitalismus zielt, auch der Schlüssel für die Zukunft. Gegenüber dem neoliberalen Credo total deregulierter Arbeitsmärkte gilt es, die Vorteile des Flächentarifvertrags wieder zu entdecken:

► Der Flächentarif ist die adäquate Antwort auf die strukturelle Unterlegenheit abhängig Beschäftigter gegenüber dem einzelwirt-

13 Kommission für Zukunftsfragen der Freistaaten Bayern und Sachsen, Erwerbstätigkeit und Arbeitslosigkeit in Deutschland – Entwicklung, Ursachen und Maßnahmen; Teil III: Maßnahmen zur Verbesserung der Beschäftigungslage, Bonn (November 1997)

schaftlichen Investitionsmonopol. Damit werden betriebsübergreifende Mindeststandards gewährleistet.

► Dem betriebsübergreifend ausgerichteten Tarifvertragssystem kommt eine sozial ordnende Funktion zu. Es wirkt friedens- und stabilitätsstiftend. Grundsätzlich werden Lohnkonflikte aus den Betrieben herausgehalten.

Die Flächentarife bieten letztlich auch für die einzelnen Unternehmen Vorteile:[14]

► Reduziert werden die Informations- und Transaktionskosten, die entstehen, wenn Betriebe mit jedem Beschäftigten einzelne Tarifverträge aushandeln müßten. Betriebsübergreifend geltende Mindeststandards sichern einen verläßlichen Sozial- und Kostenrahmen.

► Verhindert wird die auch einzelne Unternehmen belastende (ruinöse) Schmutzkonkurrenz um Arbeitskräfte. Käme es zum Unterbietungswettbewerb, drohten qualifizierte durch billige Arbeitskräfte verdrängt und Ausbildungsplätze abgebaut zu werden.

► Während die Neoklassik, die den Arbeitsmarkt analog zum Bananen-, Teppich-, Finanzdienstleistungsmarkt usw. zu behandeln versucht, nur die Kosten der Arbeit betont, kommt es darauf an, die Funktion der Löhne bzw. die der allgemeinen Arbeitsbedingungen für die Arbeitsmotivation und damit die Effizienz der Produktion zu berücksichtigen. Erst bei guter Bezahlung und stabilen Arbeitsbedingungen werden die Motivation des Beschäftigten und seine Identifikation mit den Unternehmenszielen hergestellt. Zwischen dem Kauf einer Banane und einer Arbeitskraft gibt es eben einen fundamentalen Unterschied: Wird der Kaufpreis einer Banane bezahlt, dann steht damit die Qualität des erworbenen Produktes einigermaßen fest. Ob dagegen mit dem Kauf der Arbeitskraft auch die daran geknüpften Erwartungen des Arbeitgebers in Erfüllung gehen, hängt maßgeblich von den Löhnen und Arbeitsbedingungen

14 Vgl. die Ausführungen in: R. Bispinck, WSI-Tarifhandbuch 1996, Köln 1996

ab. In Deutschland kaum wahrgenommen, beschäftigt sich die Arbeitsmarktforschung in den USA unter dem Titel «Lohneffizienztheorien» mit den positiven Einflüssen von Lohn und Arbeitsbedingungen auf das faktische Arbeitsverhalten eines Beschäftigten. Auf dieser Grundlage werden dem Arbeitsmarktmodell Deutschland beste Noten ausgestellt, während die Botschaft aus den USA hier auf die Behauptung reduziert wird, mit der Flexibilisierung der Arbeitsmärkte müßten diese Vorteile abgebaut werden.

► Einheitlicher Mindestschutz für die Beschäftigten setzt die Betriebe unter gleichgerichteten Innovations- und Produktionszwang. Maßgeblich hat also der Flächentarifvertrag dazu beigetragen, daß sich das zwischenbetriebliche Innovationsgefälle nicht allzu stark auseinanderentwickelt hat. Dagegen zeigt sich in den USA und Großbritannien eher eine Patchwork-Situation. Innovationsgrad und Effizienz der Betriebe weichen zum Teil extrem voneinander ab.

Der Flächentarifvertrag als System des Mindestschutzes für Beschäftigte fördert also eine homogenere Wettbewerbsentwicklung in Branchen und Wirtschaftszweigen. Die ökonomische Verfassung der Unternehmen fällt nicht so stark auseinander wie etwa unter den Bedingungen der betriebsbezogenen Lohnfindung in Japan. So hat in Deutschland das System des Flächentarifvertrags innerhalb der Branchen und Zweige zu einer Annäherung der Wettbewerbsbedingungen geführt. Das Tarifvertragssystem, das heute schon über viele Flexibilitätsreserven verfügt, stellt ein Suchsystem der Lohnfindung dar, in dem branchenbezogene Bedingungen sowie gesamtwirtschaftliche Anforderungen berücksichtigt werden können. Dazu gehören beispielsweise die Lage auf den Arbeitsmärkten sowie die Kaufkraftwirkung der Lohnpolitik.

Unübersehbar ist dennoch das System des Flächentarifvertrags unter erheblichen Druck geraten: Unternehmen entziehen sich der Tarifbindung durch Austritt aus dem jeweiligen Arbeitgeberverband. Dabei ist jedoch zu erkennen, daß sich die wachsende Zahl nicht tariflich gebundener Unternehmen gleichwohl am Tarifvertragssystem orientiert. Damit verschafft sich der Bedarf an betriebsübergreifender Orientierung dennoch Geltung. Die größte Bedrohung geht jedoch von der Atomisierung der Beschäftigung aus. Während 1970 noch 84 Prozent der Beschäftigten im Normalarbeitsverhältnis standen, waren es 1995 nur noch 68 Prozent. Spiegelbildlich dazu haben also die minderen, zum Teil prekären Arbeitsverhältnisse (Scheinselbständigkeit, 620-DM-Jobs, Leiharbeit, schlecht bezahlte Kurzzeitjobs, die zur Mehrfacharbeit zwingen) zugenommen. Mit der voranschreitenden Deregulierung wächst dieser Bereich. Am Ende der Ergebniskette marktradikaler Beschäftigungspolitik steht der sogenannte Mehrfachtagelöhner, der zu mehreren Jobs ohne tarifliche Absicherung täglich gezwungen ist. Es wird darauf ankommen, diese neuen Beschäftigungsverhältnisse soweit wie möglich in die Tarifpolitik einzubinden.

Das Flächentarifvertragssystem, mit dem sich heute schon über 300 verschiedene Abschlüsse verbinden, läßt sich nur aufrechterhalten, wenn unter dem Druck objektiver Veränderungen Reformen, allerdings zu seiner Stärkung, durchgesetzt werden. So ist der heutige Lohn- und Gehaltsrahmen, der aus den sechziger bzw. siebziger Jahren stammt, völlig überaltert. Auch gilt es, die Modernisierung des Arbeits- und Produktionssystems tarifpolitisch zu begleiten. Für die Reformfähigkeit des Flächentarifsystems gibt es viele Beispiele. So haben sich die Tarifparteien in der Metall- und Elektroindustrie auf «beschäftigungssichernde Tarifverträge» geeinigt: Betriebe, die sich in einer tiefen, jedoch grundsätzlich überwindbaren Krise befinden, haben die Möglichkeit, verkürzte Arbeitszeiten ohne Lohnausgleich zu nutzen. Dem gegenüber steht die verbindliche Zusage, während der befristeten Laufzeit keine Kündigungen vorzunehmen.

In der Metall- und Elektroindustrie in den ostdeutschen Ländern können seit 1993 besonders krisenbelastete Unternehmen mit dem Instrument der Härtefallregel zeitlich befristet nach unten vom Tarifvertrag abweichen. Härtefallregelungen, die allerdings in der Verantwortung der Tarifparteien liegen, sind jedoch dann nur sinnvoll, wenn sie in ein umfassendes Sanierungspaket eingebunden werden.[15] Die stark differenzierte Lage der Betriebe im Prozeß der ökonomischen Transformation Ostdeutschlands erzwingt diese Ausnahmeregelung. Weichen die Kapitalrenditen extrem voneinander ab – etwa zwischen +15 % und –15 % –, dann wird es schwierig, den durchschnittlichen Mindestschutz zu definieren. Liegt er zu niedrig, so profitieren die renditestarken Unternehmen; liegt er zu hoch, droht die Zahl der Grenzbetriebe, die ausscheiden müssen, zuzunehmen.

Bei all den bereits praktizierten Differenzierungen und Öffnungen der Flächentarifverträge ist entscheidend, daß sie auf der Ebene der Tarifvertragsparteien vereinbart und kontrolliert werden. Eine Vielzahl von Vorschlägen der Arbeitgeberverbände läuft hingegen darauf hinaus, die Lohnfindung und andere Regelungen auf die betriebliche Ebene zu verlagern. Dahinter steht die Spekulation, in der Auseinandersetzung mit den Betriebsräten Unternehmensforderungen problemloser durchsetzen zu können. Mit einer solchen Verbetrieblichung der Lohnpolitik würden jedoch die vielen Vorteile des Flächentarifvertrags wegfallen. Die Amerikanisierung der Arbeitsmärkte wäre die Folge. Die Folgen für die Produktivität wären katastrophal.

Ohne Flächentarifvertrag wären die Gewerkschaften gezwungen, den überbetrieblichen Mindestschutz von Betrieb zu Betrieb durchsetzen zu müssen. Bei den Unternehmen entstünden im «Häuserkampf» ökonomisch belastende neue Risiken und Konflikte. Das Flächentarifvertragssystem sollte daher als Produktivitätsressource auch unter dem Druck der Europäisierung und Globalisierung der Produktion grundsätzlich beibehalten werden. Stabile Arbeitsverhältnisse erhöhen Arbeitsmotivation und Innovationsfähigkeit, und sie verschaffen den Unternehmen höhere Planungssicherheit.

15 Die durchaus erfolgreiche Praxis der Härtefallregelung wurde untersucht durch R. Hickel/W. Kurtzke, Tarifliche Lohnpolitik unter Nutzung der Härtefallregelung, erschienen in der Schriftenreihe Otto-Brenner-Stiftung, Band 67, Köln 1997

2. «*Hochlohnland Deutschland*» – *die gewinnbringende Mär von der geschrumpften internationalen Wettbewerbsfähigkeit durch zu hohe Arbeitskosten*

Würde heute eine repräsentative Umfrage über die Chancen Deutschlands im internationalen Wettbewerb durchgeführt, so ließe sich ein Ergebnis ziemlich treffsicher prognostizieren: Eine große Mehrheit würde wohl zu hohe Arbeitskosten als massive Belastung des Standorts Deutschland reklamieren. Denn das jahrelange Trommelfeuer der Wirtschaftsverbände sowie der ähnlich argumentierenden Politik und Wirtschaftswissenschaft zeigt seine Wirkung. Die zentrale Standortbelastung wird mit dem Begriff «Hochlohnland» umschrieben. Um den Anschluß an die Spitze im internationalen Wettbewerb nicht zu verlieren, müßten die Arbeitskosten – Löhne und/oder Lohnnebenkosten – massiv reduziert werden. Am Ende werde der Verzicht durch beschäftigungsschaffende Investitionen belohnt. Das geradezu allgegenwärtige Lamento über das Hochlohnland Deutschland einschließlich der prophezeiten bitteren Folgen für die Beschäftigung bedarf dringend einer vorurteilsfreien kritischen Bewertung. Dazu sollen uns zwei Fragen interessieren:

1. Ist ein Vergleich der absoluten Arbeitskosten aussagefähig bzw. welches ist der zutreffende Indikator zum Vergleich der internationalen Wettbewerbsfähigkeit?

2. Wenn Deutschland durchaus wettbewerbsfähig ist – inwieweit sind neben den viel zitierten Vorteilen aus der starken Exportabhängigkeit der deutschen Wirtschaft mittelfristig kaum beherrschbare Risiken und belastende Folgen für die Binnenwirtschaft herangewachsen? Wäre angesichts der gespaltenen Entwicklung – Exportboom bei binnenwirtschaftlicher Stagnation – der allmähliche Entzug von der Exportdroge durch eine Konversion zugunsten der Binnenwirtschaft und öffentlichen Infrastruktur vordringlich?

Die Daten zu den Arbeitskosten scheinen die These vom Hochlohnland klar zu belegen. Absolut liegen die Arbeitskosten, in

D-Mark ausgedrückt, weit über dem Ausland. Das Institut der deutschen Wirtschaft (IW) berechnete für einen westdeutschen Industriearbeiter im Durchschnitt die Arbeitskosten 1995 mit 45,52 DM pro Stunde. In den fünf großen Industrieländern liegen die absoluten Arbeitskosten deutlich darunter. Werden die deutschen Arbeitskosten je Stunde für 1995 gleich 100 gesetzt, so erreichen Frankreich 64, Großbritannien 46, USA 55 und Japan 78 Prozent davon. Um dieses Gefälle zu ermitteln, mußten die ausländischen Werte über den jeweiligen Außenwert der DM umgerechnet werden. Die Wechselkursentwicklung hat also Einfluß auf das Gefälle, und die krassen Unterschiede erklären sich zum Teil auch durch die aufgewertete, harte Mark. Dazu ein Beispiel: Wenn die Mark aufwertet, so sinken die Arbeitskosten in den USA – ausschließlich wegen der Abwertung des Dollars gegenüber der Mark. 1996 stiegen die Arbeitskosten pro Stunde auf 47,23 DM (Stundenlohn 25,96 DM; Personalzusatzkosten 21,32 DM).[16]

Jedoch wird nicht nur die Hochlohnposition als massiver Wettbewerbsnachteil der deutschen Wirtschaft betont. Im internationalen Vergleich verzeichnet Deutschland zudem die niedrigsten Arbeitszeiten und die kürzesten Maschinenlaufzeiten. Die tarifliche Wochenarbeitszeit für Arbeiter im Verarbeitenden Gewerbe erreichte 1993–1994 mit 36,4 Stunden gegenüber den Vergleichsländern den niedrigsten Stand (Japan und die USA liegen bei 40 Stunden). Bei den arbeitsfreien Tagen liegt Deutschland ebenfalls an der Spitze. Schließlich rangiert auch bei der effektiven Jahresarbeitszeit – Fehlzeiten und Überstunden berücksichtigt – Deutschland vor den Vergleichsländern. Gegenüber der längsten Jahresarbeitszeit eines Industriearbeiters in den USA mit 1912 Stunden (von 1986 bis 1996 Ausweitung um 14%) betrug 1996 die Jahres-Soll-Arbeitszeit eines deutschen Industriearbeiters 1579 Stunden.

Solche Daten zu den (absoluten) Arbeitskosten und den Arbeitszeiten im internationalen Vergleich verleiten verständlicher-

16 Informationsdienst des Instituts der deutschen Wirtschaft, 27/1997, S. 3

weise zu einer schnellen Erklärung der Standortkrise. Diese doppelte Last Deutschlands als Hochlohnland und «Freizeitpark» (Bundeskanzler Helmut Kohl) beeinträchtige die internationale Konkurrenzfähigkeit. Die Rezeptur zur Stärkung des Standorts scheint bei dieser Diagnosebasis auf der Hand zu liegen: Massive Senkung der Lohn- und Lohnnebenkosten pro Arbeitsstunde und Verlängerung stark flexibilisierter Arbeitszeiten. Nur wenige wagen es, dieser so selbstverständlich klingenden Diagnose und Therapie zu widersprechen. Jedoch: Die reale Entwicklung der Warenexporte erzwingt diesen Widerspruch geradezu. Denn wenn durch die viel zu teuren und freizeitgierigen Beschäftigten wirklich die internationale Wettbewerbsfähigkeit schwer eingeschränkt sein sollte, dann müßten die Warenexporte in den letzten Jahren zurückgegangen, müßte die deutsche Weltmarktposition geschmolzen sein.

Die Entwicklung der Exporte verlief ganz anders. Seit der Rezession 1993, aus der die Standortdebatte gleichsam wie ein Gespenst aus dem Krisenmorast emporstieg, hat die Ausfuhr an Waren und Dienstleistungen die Führungsrolle in der gesamtwirtschaftlichen Entwicklung übernommen. Nach einer Zuwachsrate von 4,5 Prozent 1996 sprang 1997 die Wachstumsrate der Auslandsnachfrage auf 11,1 Prozent. Auch 1998 wird wieder mit einer zweistelligen Zuwachsrate gerechnet. Völlig im Widerspruch zum Szenario *Hochlohnland/Niedrigarbeitszeitland* konnte die deutsche Wirtschaft Zugewinne am Weltmarkt verbuchen. Der Welthandel wuchs langsamer, als die deutsche Exportwirtschaft expandierte. Das deutsche Stück vom Kuchen des Welthandels wurde größer.

Wie ist dieser Widerspruch zu erklären? Die Auflösung ergibt sich aus der Antwort auf die Frage nach dem zutreffenden Konzept, die internationale Wettbewerbsfähigkeit einer Region bzw. eines Landes zu erfassen. Internationale Vergleiche der absoluten Arbeitskosten und Arbeitszeiten allein eignen sich nämlich nicht, die internationale Wettbewerbsfähigkeit zu erfassen. Vielmehr müssen die stundendurchschnittlichen Arbeitskosten der *Arbeits-*

produktivität gegenübergestellt werden. Dabei beschreibt die Arbeitsproduktivität (Leistungsfähigkeit der Arbeit) jenen Beitrag, den ein Beschäftigter – bzw. eine gearbeitete Stunde – zur Wertschöpfung hinzufügt. Die Arbeitsproduktivität, die vorrangig durch die technologische Qualität des Kapitalstocks, Innovationsfähigkeit sowie die Stabilität der Arbeitsbeziehungen bestimmt wird, definiert den frei von inflationärer Verspannung geltenden, verteilungsneutralen Spielraum der Lohnpolitik. Für den Vergleich der internationalen Wettbewerbsfähigkeit sind also die Arbeitskosten im Verhältnis zur Arbeitsproduktivität entscheidend (= Lohnstückkosten). Ist die Produktivität hoch, so können die Arbeitskosten entsprechend höher ausfallen, ohne daß die Wettbewerbsfähigkeit belastet wird. Wenn in einem Land die Arbeitskosten pro Stunde doppelt so hoch sind wie in einem anderen, für die Arbeitsproduktivität jedoch dasselbe gilt, so folgt daraus kein Nachteil in der internationalen Konkurrenz. Die doppelten Arbeitskosten werden durch die doppelte Produktivität verdient. Bleibt die Produktivität im Land mit den doppelten Arbeitskosten jedoch unter dem doppelten Wert des Vergleichslandes (mit der Hälfte der Arbeitskosten), so wären Exportverluste unvermeidbar. Ein auf der Vergleichsbasis der absoluten Arbeitskosten sogenanntes *Hochlohnland* verfügt gar über *Standortvorteile*, wenn die Arbeitsproduktivität höher ausfällt, als zum Ausgleich mit dem Niedriglohnland erforderlich.

Allein die Lohnstückkosten geben also seriös Auskunft über die internationale Wettbewerbsfähigkeit zwischen Regionen und Ländern. Um sie zu ermitteln, werden die gesamten Arbeitskosten in laufenden Preisen je Arbeitnehmer oder Arbeitsstunde der Arbeitsproduktivität gegenübergestellt. Die um die Inflationsrate bereinigte Produktion je Arbeitnehmer oder Arbeitsstunde beschreibt die Arbeitsproduktivität. Üblicherweise wird die Entwicklung der Lohnstückkosten (LStK) folgendermaßen spezifiziert:

LStK = (AK/A)/(BIP*/E)

AK = im Inland entstandene Bruttoeinkommen aus unselbständiger Arbeit, die die gesamten Arbeitskosten erfassen; A = beschäftigte Arbeitnehmer; BIP* = reales Bruttoinlandsprodukt, also das um die Inflationsrate bereinigte nominale Bruttoinlandsprodukt; E = Erwerbstätige (beschäftigte Arbeitnehmer und Selbständige).

Die Messung der internationalen Konkurrenzfähigkeit mit den Lohnstückkosten ist im Prinzip unstrittig. Strittig ist allerdings die genaue Spezifikation dieses Konzepts. An dieser Stelle kann auf die Unterschiede und deren Folgen nicht detailliert eingegangen werden. Wichtig ist jedoch zu wissen, daß durch die Wahl unterschiedlicher Größen stark voneinander abweichende Aussagen zustande kommen. Aus diesem Grunde werden hier die drei wichtigsten Streitpunkte kurz angesprochen:

- Sinn macht die Nutzung der Lohnstückkosten als Indikator für den Grad internationaler Wettbewerbsfähigkeit nur, wenn die gesamten Arbeitskosten je Arbeitnehmer/Arbeitsstunde auf die (reale) Produktivität bezogen werden. Nur so wird die effektive Leistungsfähigkeit, also auch die Innovationskraft berücksichtigt. Wird an Stelle der Arbeitsproduktivität das nominale Bruttoinlandsprodukt je Erwerbstätigen herangezogen, dann entsteht ein allerdings wenig sinnvolles Verteilungsmaß. Es gibt Auskunft über den Anteil der gesamten Arbeitskosten am Verteilungskuchen Bruttoinlandsprodukt. Werden die Arbeitskosten durch die Bruttolöhne und -gehälter sowie das Bruttoinlandsprodukt durch das Volkseinkommen ersetzt, dann ergibt sich nichts anderes als die Lohnquote. Sie ist für Verteilungsanalysen wichtig weil sie die Möglichkeit der Unternehmen erfaßt, Lohnsteigerungen (zum Teil) über Preise zu überwälzen. Bei der Messung der internationalen Wettbewerbsfähigkeit geht es jedoch nicht um die Einkommensverteilung innerhalb der Gesamtwirtschaft. Die Basis bildet die Arbeitsproduktivität, die die Leistungskraft erfaßt.

► Gestritten wird über die Frage, ob zum internationalen Vergleich die Lohnstückkosten nur für das Verarbeitende Gewerbe oder die Gesamtwirtschaft zu berechnen sind. Zugunsten des Verarbeitenden Gewerbes wird behauptet, es erfasse doch die gesamte Palette der Warenexporte. Diese Argumentation greift zu kurz, denn die Vorleistungen für das Verarbeitende Gewerbe werden nicht erfaßt. Nach einer Schätzung der Deutschen Bundesbank bezieht das Verarbeitende Gewerbe zu etwa 20 Prozent Vorleistungen aus anderen Wirtschaftszweigen, und damit ist die dortige Lohnstückkostenentwicklung für den internationalen Vergleich nicht unerheblich. Deshalb ist es sinnvoll, die Gesamtwirtschaft zu betrachten.[17]

► Lohnstückkosten werden im internationalen Vergleich zum einen auf der Basis der jeweiligen Landeswährung ausgewiesen. Die Abbildung 2 (s. S. 70) zum Beispiel zeigt im linken Schaubild die Veränderungsraten der in D-Mark berechneten Lohnstückkosten Westdeutschlands sowie die Lohnstückkosten in den jeweiligen Landeswährungen der per Gewichtung zusammengefaßten 18 weiteren wichtigsten Industrieländer.[18] Zum anderen gibt es Berechnungen, bei denen die Lohnstückkosten verschiedener Länder auf eine einzige Referenzwährung – etwa den US-Dollar – umgerechnet werden. Abbildung 2 macht den Unterschied deutlich: Aus deutscher Sicht fällt auf, daß auf der Basis jeweiliger Landeswährungen die Lohnstückkosten seit Anfang der siebziger Jahre erheblich geringer als bei den wichtigsten Exportländern gestiegen sind. Werden dagegen die Lohnstückkosten auf US-Dollar umge-

17 Das Deutsche Institut für Wirtschaftsforschung (DIW) begründet den Bezug auf die Gesamtwirtschaft statt auf das Verarbeitende Gewerbe mit einem weiteren Argument: Nur für die Gesamtwirtschaft zeigt sich, daß die im internationalen Vergleich günstigere Entwicklung der deutschen Lohnstückkosten durch Wechselkursänderugnen ausgeglichen wird.
Vgl. Arbeitskreis Konjunktur, Grundlinien der Wirtschaftspolitik; in DIW-Wochenbericht 1–2/98, S. 34

18 Bei diesen Vergleichen wird nur Westdeutschland berücksichtigt, da wegen der Sonderentwicklung in Ostdeutschland dort eine vergleichbare internationale Wettbewerbsfähigkeit noch nicht hergestellt ist.

rechnet, so entwickeln sich diese für Westdeutschland nahezu parallel mit den für die 18 wichtigsten Industrieländer zusammengefaßten Lohnstückkosten (Abb. 2, rechtes Schaubild). Auf der Berechnungsbasis der Landeswährungen ergeben sich also satte Standortvorteile. Bei der Umrechnung auf US-Dollar verschwinden allerdings diese Standortvorteile wieder.

Der Vergleich der Lohnstückkosten durch Umrechnung in eine Drittwährung (US-Dollar) ist für die Bewertung der internationalen Wettbewerbsfähigkeit eines Landes völlig untauglich. Denn dadurch wird eine für die deutsche Wirtschaft zentrale Kompensationswirkung zwischen den Lohnstückkosten und den Wechselkursen übersehen: Geringere Zuwächse der Lohnstückkosten in Westdeutschland im Vergleich mit wichtigen Handelspartnern verbessern die internationale Wettbewerbsfähigkeit. Also steigen die Exporte. Damit nimmt aber auch die Nachfrage nach DM-Devisen zu. Die Folge ist eine Aufwertung der Mark im Ausmaß des Lohnstückkostenvorteils. Diese macht die Preisvorteile aus den günstigeren Lohnstückkosten wieder zunichte. Durch die DM-Aufwertung werden auch die westdeutschen Lohnstückkosten im internationalen Vergleich aufgewertet. Den Zusammenhang zwischen preislichen Vorteilen aus niedrigeren Lohnstückkosten Westdeutschlands und preislichen Belastungen durch die nachfolgende Aufwertung der DM gilt es aber gerade offenzulegen. Vergleiche der Lohnstückkosten auf der Basis einer einheitlichen Währung taugen also deshalb nicht, weil dieser Zusammenhang zwischen Lohnkostenvorteilen und Aufwertungsnachteilen verdeckt wird.

Diese Überlegungen führen zu einer plausiblen Messung der internationalen Wettbewerbsfähigkeit Westdeutschlands gegenüber den 18 wichtigsten Handelspartnern mit folgendem Konzept der Lohnstückkosten: Die Gesamtheit der (nominalen) Arbeitskosten je abhängig Beschäftigtem wird dem Bruttoinlandsprodukt zu Preisen von 1991 je Erwerbstätigem in Inlandswährung gegenübergestellt. Dabei werden die gesamten Arbeitskosten durch die Bruttoeinkommen aus unselbständiger Arbeit erfaßt, das heißt,

Abbildung 2: Lohnstückkosten[1] in Westdeutschland und in 18 Industrieländern[2]

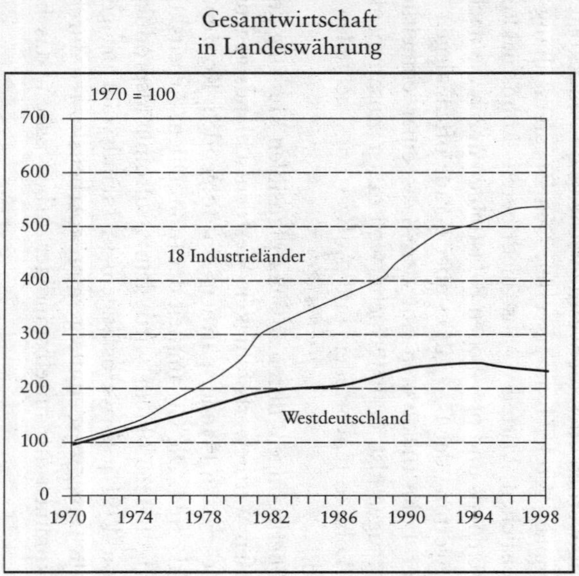

1 Bruttoeinkommen aus unselbständiger Arbeit in Relation zu realem BIP.
2 Geometrisch gewichtet mit Handelsanteilen gemäß Deutscher Bundesbank.

Quelle: DIW-Wochenbericht 1–2/1998, S. 35

alle Lohnnebenkosten der Unternehmen und Beschäftigten werden berücksichtigt. Die Entwicklung der Produktivität berücksichtigt zudem die international unterschiedlichen Arbeitszeiten.

Diese Lohnstückkosten sind seit Anfang der achtziger Jahre im Vergleich zu den 18 Industrieländern erheblich weniger gestiegen (vgl. Abb. 2, linkes Schaubild). 1995 hat dieser Index in Westdeutschland den Wert 250 erreicht, während im gewichteten Durchschnitt die 18 wichtigsten Handelspartner die Spitzenmarke von 481 erreichten. Auch seit 1980 lagen die Wachstumsraten der Lohnstückkosten, die in den betrachteten Ländern im Trend zurückgegangen sind, in Westdeutschland immer unter denen der USA und Frankreichs. Gegenüber dem Indexwert 100 in 1991 fallen die Lohnstückkosten 1998 auf voraussichtlich 93,3 zurück.

Diese Fakten strafen all jene Lügen, die behaupten, der Standort Deutschland hätte wegen zu hoher Löhne massiv an internationaler Konkurrenzfähigkeit eingebüßt. Das Menetekel vom Absturz des «*Hochlohnlandes im Freizeitpark*» in das Bermudadreieck der internationalen Konkurrenz hat nichts mit den wirklichen Verhältnissen zu tun. Westdeutschland ist eben nicht nur ein *Hochlohnland*, sondern auch ein *Hochproduktivitätsland*. Bisher hat die Innovationskraft ausgereicht, diese substantiell bessere Konkurrenzposition zu halten. Vorteile bei der Produktivität im internationalen Vergleich schaffen Spielraum für höhere Löhne und Gehälter sowie kürzere Arbeitszeiten, ohne Verluste bei der internationalen Wettbewerbsfähigkeit hinnehmen zu müssen.

Damit wird ein weiterer *Grundirrtum* der angebotsorientierten Politik offengelegt. Die Behauptung, der Standort Deutschland verliere durch Hochlohn- und Niedrigarbeitszeitpolitik an Attraktivität, ist schlicht falsch. Im Gegenteil hat Westdeutschland mit seinem effektiv organisierten Lohn- und Arbeitsregime die internationale Konkurrenzfähigkeit verbessern können. Auf dieser überprallen Wettbewerbsbasis die Löhne und Gehälter senken sowie die Arbeitszeiten verlängern zu wollen, ist töricht, vor allem aber gefährlich. Die Folgen einer Politik, die sich auf die Senkung der Arbeitskosten konzentriert, liegen auf der Hand: Dadurch geraten Fehler in der Organisation der Betriebe und im Management aus dem Blickfeld. Um die Wettbewerbsfähigkeit zu sichern, kommt es jedoch darauf an, die Innovationskraft von Wirtschaft und Gesellschaft zu stärken. Dieses Fundamentalziel moderner Ökonomien wird durch einäugige Kostenorientierung verfehlt. Noch nie sind aus schlichtem «Cost Cutting» in den Unternehmen nachhaltige Wachstums- und Innovationschancen hervorgegangen. Das belegt eine Vielzahl von Untersuchungen auf betrieblicher und gesamtwirtschaftlicher Ebene. Dort, wo auf Unternehmenskrisen mit Entlassungen bis hin zur Schließung von Forschungsabteilungen und Lohnsenkungen reagiert worden ist, konnten kaum neue Produktlinien entwickelt und damit Marktchancen aufgebaut werden.

Unternehmen und Politik müssen sich von der phantasielosen Schrumpfstrategie gegenüber der Arbeit verabschieden und sich auf die Durchsetzung von Produkt- und Prozeßinnovationen konzentrieren. In diesem Kontext ist die menschliche Arbeit eben nicht nur ein Kostenfaktor, sondern eine wesentliche Produktivitätsressource. Löhne und Arbeitsbedingungen entscheiden maßgeblich über die Bereitschaft zu hoch motivierter und damit effizienzsteigender Arbeit (vgl. Kapitel II. 2.). Die Politik muß die Innovationsbedingungen verbessern. Betriebliche Strukturen müssen umgebaut, hierarchische Strukturen abgeflacht und die Produktivkraft Arbeit durch Gruppenarbeit und Mitbestimmung ausgeschöpft werden. Aber auch die staatlichen Herausforderungen werden erkennbar: Bildungs-, Ausbildungs- und Forschungspolitik müssen unter diesem Ziel in der staatlichen Agenda wieder an vorderste Stelle gerückt werden.

Die bisherige Politik der Kostensenkung beim Faktor Arbeit verpaßt nicht nur diese zukunftsweisenden Innovationsaufgaben. Die damit angestrebte andauernde Expansion der Exporte produziert eigene Grenzen und belastet den Standort. Sicher lassen sich durch nationalen Lohnverzicht in einer ersten Phase Exportgewinne erzielen. Die Anhänger der These vom Hochlohnland spekulieren mit ihrer Strategie schrumpfender Arbeitskosten allerdings auf immerwährende Exporterfolge. Und diese Spekulation kann nicht aufgehen. Ja, diese Strategie belastet den Standort mittelfristig: Das Land, das die niedrigsten Lohnstückkosten aufweist, muß immer mit der Aufwertung seiner Währung rechnen. Diese Rückwirkung aggressiver Exportpolitik prägt seit Jahren die Entwicklung Deutschlands. Im Zuge der Exportexpansion wird die D-Mark nachgefragt, und damit steigt ihr Wechselkurs. Die Lohnkostenvorteile wurden seit 1970 durch nominale Aufwertungen der Mark nahezu kompensiert. Auch diesen Zusammenhang zeigen die beiden Darstellungen im Schaubild 2: Seit 1970 sind die Lohnstückkosten nach der hier begründeten Definition in Westdeutschland erheblich langsamer gestiegen als in den 18 wichtigsten Industrieländern. Dieser Wettbewerbsvorteil ist unübersehbar. Jedoch folgten Schritt für Schritt nominale Aufwertungen der Mark – hier gegenüber dem US-Dollar. Der Preisvorteil durch günstigere Lohnstückkosten wurde praktisch vollständig aufgezehrt, wie ihr nahezu gleichförmiger Verlauf im rechten Schaubild von Abbildung 2 zeigt.

Um es nochmals anzumerken: Die Preisvorteile im internationalen Wettbewerb durch nationale Lohnverzichte fallen effektiv nur in der kurzen Phase an, in der der nominale Wechselkurs unverändert bleibt. Im Ausmaß des Lohnkostengefälles kommt es jedoch mittelfristig zur realen Abwertung der D-Mark.[19]

19 Nominale Wechselkurse werden an den Devisenmärkten notiert. Der Wechselkurs wird definiert als die Zahl der ausländischen Währungseinheiten, die für eine Einheit inländischer Währung zu erzielen sind. Im langfristigen Trend hat der (nominale) Wechselkurs der DM gegenüber dem US-$ aufgewertet, d. h. eine DM bringt heute mehr Dollars als etwa Ende der sechziger Jahre. (Beispiel zur Auf-/Abwertung: Devisenkurs 1 $ = 2,– DM; Wechselkurs: 1 DM = 0,50 $; Aufwertung der DM = Abwertung des $: Devisenkurs 1 $ = 1,50 DM; Wechselkurs: 1 DM = 0,666 $). Der reale Wechselkurs (etwa DM gegenüber $) ist eine rechnerische Größe; er wird also nicht notiert. Berücksichtigt wird das Inflations- bzw. Lohnstückkostengefälle. Dazu wird der nominale Wechselkurs durch das Preis- oder Lohnstückkostengefälle «Ausland gegenüber dem Inland» dividiert. Sind die Lohnstückkosten in inländischer Währung in Deutschland niedriger als in den USA, dann handelt es sich um eine reale Abwer-

Diese Ausgleichsfunktion von Wechselkursänderungen gegenüber dem Lohnkostengefälle blenden die Anhänger der Angebotslehre aus. Wie aber reagiert die Angebotslehre auf die Tatsache, daß Vorteile aus niedrigeren Lohnstückkosten mittelfristig über exportausgelöste Wechselkursanpassungen verlorengehen? Man ahnt die neoliberale Rechthaberei: Wenn preisliche Vorteile im internationalen Wettbewerb durch die Mark-Aufwertung wieder verlorengehen, dann müssen eben in diesem Ausmaß die Löhne weiter gesenkt werden. Eine Spiralenbewegung – Lohnsenkung, Aufwertung, erneute Lohnsenkung, anschließende Aufwertung und so fort – droht in Gang gesetzt zu werden. Sukzessive und letztlich für die Exportwirtschaft erfolglose Lohnsenkungen belasten die binnenwirtschaftliche Entwicklung. Produktion und Beschäftigung zahlen den Preis dieser Exportstrategie. Diese Politik dauerhafter Vorteilssuche im internationalen Wettbewerb stößt auch bei den importierenden Ländern auf Grenzen. Derartige Versuche einer «Beggar-my-neighbour»-Strategie, das heißt, der Verdrängung inländischer Produktion in den Importländern, kann nicht aufgehen. Aufwertungen der Währung des aggressiven Exportlandes bei freien Wechselkursen wirken wie eine eingebaute Begrenzung der Auslandsnachfrage. Die Exportbäume wachsen eben nicht in den Himmel. Im schlimmsten Fall sehen sich die durch Importe überschwemmten Länder zu Gegenreaktionen bis zu Handelsbeschränkungen gezwungen. So kann ein auf den nationalstaatlichen Vorteil ausgerichteter Handelsliberalismus ins Dickicht des Protektionismus führen.

Politik zur Stärkung des nationalen Standorts im internationa-

tung (bei gegebenem nominalem Wechselkurs). Für deutsche Exporteure wirkt der Lohnstückkostenvorteil wie eine nominale Abwertung der DM. Wie das Schaubild 2 zeigt, ist im Trend die reale Abwertung der DM aufgrund von Wettbewerbsvorteilen durch eine Zunahme des nominalen Wechselkurses nahezu in selbem Ausmaß kompensiert worden. Anders ausgedrückt: Die die Exportwirtschaft zuerst belastende starke nominale Aufwertung der DM im langfristigen Trend konnte über reale Abwertungen infolge höherer Preisstabilität bzw. günstigerer Lohnstückkosten aufgefangen werden. Dies ist die entscheidende Erklärung für die Stabilität der Waren- und Dienstleistungsexporte.

len Wettbewerb muß angesichts dieser Wirkungen grundsätzlich in Frage gestellt werden. Über nationale Lohnverzichte die Exportchancen verbessern zu wollen kann zu schwerwiegenden Fehlentwicklungen führen. Zum einen werden die kurzfristigen Vorteile mittelfristig entweder durch D-Mark-Aufwertungen verschluckt, oder es kommt zu Gegenreaktionen in den importierenden Ländern. Dadurch verspielte Vorteile auf den Weltmärkten drohen durch weitergehende Lohnverzichte kompensiert zu werden. Zum anderen führt die Befriedigung dieser Sucht nach andauernden Wettbewerbsvorteilen mit den Instrumenten der Lohn- und Finanzpolitik zur sträflichen Vernachlässigung der Binnenwirtschaft. Löhne und Gehälter sind nun einmal nicht nur ein Kostenfaktor. Sie leisten einen wichtigen Beitrag zur Kaufkraft und damit der binnenwirtschaftlichen Konsumnachfrage (und bieten alternativ auch die Chance zu sparen). Lohnkürzungen und verschlechterte Arbeitsbedingungen lösen wiederum – wie erwähnt – Effizienzverluste aus. Schließlich gehen durch Steuersenkungen als Morgengabe an die internationale Wettbewerbsstärkung staatliche Einnahmen für die Infrastruktur im materiellen Bereich sowie für das Sozialsystem und das Humankapital verloren.

Deutschland braucht endlich eine Politik, die die binnenwirtschaftlichen Entwicklungsmöglichkeiten nicht einer aggressiv-feindseligen Exportsucht opfert. Die Schwerpunktverlagerung aus der Export- in die Binnenwirtschaft ist ein zentrales Reformprojekt, das einen weiteren Aufschub nicht verträgt. Der Entzug der Exportdroge fällt schwer, ist jedoch unvermeidbar. Innerhalb der europäischen Währungsunion – wenn also die nominalen Wechselkurse weggefallen sind – verbietet sich ohnehin eine Politik nationalen Lohnverzichts, um nationalstaatlich borniert die Exportchancen in den Mitgliedsländern zu erhöhen. Wer Binnenmarkt und Währungsunion in der EU zum Gelingen bringen will, der kann nicht gleichzeitig eine nationalistische Beggar-my-neighbour-policy über Lohnverzichte gegenüber den Partnerländern exekutieren. Im Klima nationalstaatlicher Konkurrenz würden die Chancen eines Aufschwungs für alle verspielt.

Nicht durch nationalstaatlichen Lohnverzicht, sondern durch Innovationen und stabile Arbeitsbedingungen erzeugte Wettbewerbsunterschiede vermeiden Fehlentwicklungen aggressiver Konkurrenz in der Europäischen Gemeinschaft. Vergleichbar mit der Entwicklung in den Regionen Deutschlands, ist in der EU die Angleichung – auch in Richtung eines hohen Niveaus der Produktivität – unter den Zielen ökologisch angemessenen Wirtschaftswachstums, hoher Beschäftigungsstand und Geldwertstabilität anzustreben. Nationalstaatliche Lohnverzichte im Dienste aggressiver Wettbewerbsvorteile gegenüber den Mitgliedsländern müßten die ohnehin derzeit schon starke Zerklüftung der ökonomischen Landschaft der EU verstärken und deshalb desintegrierend wirken.

3. «Hochsteuerland Deutschland» – staatliche Reichtumspflege ohne positive Beschäftigungseffekte

Die Krise des Standorts Deutschland innerhalb der internationalen Konkurrenz wird mit einer doppelten Belastung der Unternehmen begründet. Es seien nicht nur die zu hohen Löhne, sondern auch die erdrückenden Unternehmersteuern, die zu Wettbewerbsnachteilen auf den Weltmärkten führten. Im vorangegangenen Abschnitt wurde gezeigt, daß das Lamento über das Hochlohnland Deutschland nichts mit der Wirklichkeit zu tun hat; es nutzt eher der weiteren Umverteilung der Einkommen von unten nach oben. Nachdem die These von der zu hohen Lohnbelastung widerlegt ist, geht es jetzt um die Frage, welche Bedeutung der deutschen Besteuerung der Unternehmen für deren internationale Wettbewerbsfähigkeit zukommt. Die herrschende Politik, die sie beratende Wirtschaftswissenschaft und die Unternehmen halten eine wenig überraschende Antwort parat: Die Belastung der Gewinne mit Steuern sei zu hoch und müsse deshalb entschieden zurückgeführt werden. Dazu reichen die bereits durchgeführten Steuerrechtsänderungen zugunsten der Unternehmen nicht aus.

Im Mittelpunkt auch der Steuerpolitik steht die neoliberale Angebotsdoktrin. Danach mußte der Staat die einzelwirtschaftliche Gewinnentwicklung stärken. Wenn die Angebotsseite stimmt, so weiter, dann werden daraus genügend Einkommen und gesamtwirtschaftliche Nachfrage sowie schließlich Beschäftigung erzeugt. Die Steuerpolitik müsse der Verbesserung der Nettogewinne bzw. Nettorendite – also nach Abzug der Unternehmenssteuern – dienen. Wer Kapitalflucht aus dem Standort vermeiden und den Zufluß ausländischen Kapitals stärken will, der müsse die Steuern der Unternehmen deutlich senken. Damit verbindet sich die Erwartung auf steigende Investitionen und schließlich Beschäftigung im Inland. Bei den Empfehlungen dieser Politik fällt erneut auf, daß Steuern einseitig nur als Belastung der Unternehmen betrachtet werden. Die Funktion der Steuern als Finanzquelle öffentlicher Aufgaben, die auch den Unternehmen zugute kommen, wird ausgeblendet. Politik, die am einzelwirtschaftlichen Kalkül ansetzt, verbaut sich die Fähigkeit, gesamtwirtschaftliche Rückwirkungen zu untersuchen.

Wiederum stellt sich für den internationalen Vergleich die Frage nach einem tragfähigen Indikator zur Erfassung der tatsächlichen Steuerbelastung. Die hierzu erforderliche Sorgfalt wird freilich von all denen, die über das «Hochsteuerland» jammern, nicht einmal ansatzweise aufgebracht. Bei den regierungsoffiziell gehandelten, aber auch in der Finanzwissenschaft diskutierten Vergleich zur Belastung der Unternehmen mit Steuern in der internationalen Konkurrenz wird mit folgenreichen Halbwahrheiten hantiert. Aufklärung über das tatsächliche Ausmaß unternehmerischer Steuerbelastung ist dringend erforderlich.

3.1. Fakten, Fakten, Fakten ...: sinkende Steuerlast der Unternehmen und der Einkommensmillionäre

Beschränkt sich der international vergleichende Blick ausschließlich auf die Steuersätze, so ist Deutschland in der Tat ein Hochsteuerland. Die nachfolgende Antwort auf die Frage nach der Steuerbelastung der Unternehmen im internationalen Vergleich konzentriert sich auf Kapitalgesellschaften, die sich ihr Kapital auf den Aktienmärkten besorgen. In der Tat lag 1995 der Steuersatz für einbehaltene Gewinne der Kapitalgesellschaften in Deutschland gegenüber der ausländischen Konkurrenz am höchsten. Wird von einer durchschnittlichen Gewerbesteuerbelastung ausgegangen, so mußten für eine zusätzlich zu versteuernde Mark 55,1 Pfennig an den Fiskus abgeführt werden. Darin berücksichtigt sind unter anderem die Körperschaftsteuer für einbehaltene Gewinne mit 45 v.H. – der Steuersatz wurde durch das «Standortsicherungsgesetz» vom September 1993 von 50 v.H. um 5 Prozentpunkte gesenkt – sowie der Solidaritätszuschlag über 7,5 v.H. auf die Körperschaftsteuerschuld. Demgegenüber fiel im selben Vergleichsjahr die Grenzbelastung im Vereinigten Königreich mit 33 v.H. deutlich niedriger aus. Die USA und Frankreich lagen mit 39,3 bzw. 43,3 v.H. im Mittelfeld und damit deutlich unter Deutschland. Lediglich Japan erreichte eine mit Deutschland vergleichbare Grenzbelastung. Dabei fällt bei allen Industrieländern auf, daß in den achtziger Jahren die Gewinnsteuersätze für Kapitalgesellschaften zurückgeführt worden sind.

Reicht es aus, die Steuerbelastung im internationalen Vergleich lediglich an Hand der Grenzsteuersätze zu vermessen? Bevor diese Frage beantwortet wird, ist die Besteuerung der einkommensteuerpflichtigen Personenunternehmen und Selbständigen gegenüber den Kapitalgesellschaften zu unterscheiden. Der Spitzensteuersatz bei der Einkommensteuer beträgt derzeit normalerweise 53 v.H. Seit dem «Standortsicherungsgesetz» vom September 1993 ist allerdings der Spitzensatz für gewerbliche Einkünfte auf 47 v.H. gesenkt worden. Diese Spreizung des Spitzensteuersatzes ist umstritten, da dadurch die Wahl der Unternehmensform beeinflußt wird. Auch mit Blick auf die Personenunternehmen sowie Selbständigen (Ärzte, Rechtsanwälte etc.) wird im internationalen Vergleich der Spitzensteuersatz von 53 v.H. bzw. 47 v.H. als viel zu hoch bewertet. Dabei zeigt sich hier im internationalen Vergleich eine günstigere Situation aus deutscher Sicht. In Großbritannien liegt zwar der höchste Steuersatz nur bei 40 v. H. In Frankreich beträgt er jedoch 54 v. H., und in den Niederlanden – die immer wieder als Modelland für geringe Arbeitslosigkeit gelobt werden – gelten 60 vom Hundert.

Eine geradezu hektische Unterbietungskonkurrenz der meisten Parteien im Deutschen Bundestag um die Senkung der Körperschaftsteuersätze sowie des Spitzensteuersatzes bei der Einkommensteuer kennzeichnet die steuerpolitische Debatte. Die Bundesregierung wollte mit ihren Petersberger Beschlüssen von Anfang 1997 ab 1999 den höchsten Grenzsteuersatz bei der Einkommensteuer von 53 auf 39 v. H. ab einem zu versteuernden Einkommen von 90 000/180 000 DM (Alleinstehende/Verheiratete) senken und den Satz für die gewerblichen Einkünfte von 47 auf 35 v. H. reduzieren. Die einbehaltenen Gewinne der Kapitalgesellschaften sollen nach diesen Plänen nur noch mit einem Grenzsteuersatz von 35 v. H. (statt bisher 45) und die ausgeschütteten Gewinne von 25 v. H. (statt 30) belastet werden.

Diese politische Zuspitzung auf die Senkung der Grenzsteuersätze resultiert aus einer für die Unternehmen komfortablen *Blickverengung*. Verglichen werden nur die Steuersätze. Steuerbelastungen der Unternehmen lassen sich jedoch international nur seriös gegenüberstellen, wenn nicht nur die Tarife, sondern auch die Bemessungsgrundlagen berücksichtigt werden. Denn die effektive Steuerbelastung ergibt sich aus den Steuersätzen und dem zu versteuernden Einkommen. Die Bemessungsgrundlage, also jenes Einkommen, auf das der Steuertarif anzuwenden ist, wird durch die Steuerpolitik in den einzelnen Ländern sehr unterschiedlich definiert. Beim isolierten Vergleich der Steuersätze bleiben deshalb wichtige, steuerpolitisch gewollte Einflußfaktoren auf die effektive Steuerbelastung ausgeblendet. Aus deutscher Sicht gilt es festzuhalten: Durch die Blickverengung der Belastungsvergleiche auf die Spitzensteuersätze wird die unbestreitbare Tatsache, daß das deutsche Steuerrecht den Unternehmen mit die besten Möglichkeiten bietet, das zu versteuernde Einkommen zu reduzieren, schlichtweg unterschlagen. So gewährt der deutsche Gesetzgeber im Vergleich mit den USA und Großbritannien üppige Möglichkeiten, Abschreibungen zu nutzen. Die Folge sind Zinsvorteile für Unternehmen, die den in Deutschland höheren Steuersatz ausgleichen. Weitere steuerpolitisch gewollte Möglichkeiten, die Unternehmenseinkünfte zu kürzen, um schließlich die Bemessungsgrundlage zu erreichen, sind: unbeschränkte Verlustvorträge zur Verrechnung mit laufenden Gewinnen, großzügige Bildung von Rückstellungen durch Wertberichtigungen sowie niedrigere Wertansätze beim Anlagevermögen und den Vorräten, Verlustzuweisungen aus Beteiligungsprojekten (etwa Immobilien, Schiffs- und Flugzeugbeteiligungen) und konzerninterne Verrechnungsstrategien zwischen in- und ausländischen Töchtern (billiger Verkauf ins Ausland, teuerer Einkauf aus dem Ausland). Daneben gibt es viele weitere steuerliche Vergünstigungen, die in anderen Ländern in diesem Ausmaß nicht zur Verfügung stehen. Diese Steuerprivilegien sorgen dafür, daß die effektive Steuerlast weit unterhalb der vom Tarifverlauf gewollten Spitzensteuersätze liegen.

Angesichts der im internationalen Vergleich niedrigen effektiven Steuerlast der Unternehmen in Deutschland enttarnt sich das Gespenst einer konfiskatorischen Besteuerung der Spitzenverdiener und Unternehmen als billiger Spuk. Die effektive Steuerbelastung in Deutschland, die im Vergleich zum Ausland ausgesprochen günstig ist, kann also kein Grund für «Kapitalflucht» oder die viel beschworene mangelnde Bereitschaft ausländischer Investoren sein, sich in Deutschland zu engagieren.

Die nachfolgenden Berechnungen belegen, daß angesichts der effektiven Steuerbelastung der Unternehmen weder im nationalen noch im internationalen Maßstab die penetrant geforderte Senkung der Steuersätze für Kapitalgesellschaften sowie des Spitzensteuersatzes bei der Einkommensteuer gerechtfertigt ist.

Entlastungen von der unternehmerischen Steuerlast

Ein Vergleich der Effektivbesteuerung in Deutschland, Großbritannien, Frankreich, den USA und Japan zeigt, daß von einem

Hochsteuerland Deutschland und damit einer steuerpolitischen Benachteiligung deutscher Kapitalgesellschaften gegenüber den Konkurrenzländern ernsthaft nicht gesprochen werden kann. Das Ifo-Institut hat dies in einer großangelegten Studie empirisch fundiert nachgewiesen. Ausgangspunkt bildete die Frage, wie hoch die Rendite vor Steuern (Jahresüberschuß vor Steuern im Verhältnis zum eingesetzten Kapital) ausfallen muß, um nach Abzug der Steuern eine effektive Rendite über 5 Prozent zu erreichen.[20] Die Zielgröße 5 vom Hundert ist aus Untersuchungen zu Kapitalgesellschaften in den USA übernommen worden. Bei der Berechnung der Mindestrenditen, die vor der Besteuerung erreicht werden müssen, um nach Steuern 5 v. H. zu sichern, wurde einerseits zwischen den Investitionen in Ausrüstungen und Bauten, andererseits nach der Art der Finanzierung des Unternehmens (aus einbehaltenen Gewinnen, neuer Aktienausgabe, Darlehen) unterschieden. Hier gibt es zwischen den betrachteten Ländern große Unterschiede. So ist der Anteil der Fremdfinanzierung in Deutschland traditionell erheblich höher als bei den Kapitalgesellschaften in den USA, die sich vorrangig über Aktienemissionen finanzieren.

Die Ergebnisse, die für die Jahre 1991 und 1995 ausgewiesen wurden, sind verblüffend. In beiden Jahren genügte aus deutscher Sicht eine niedrigere Vorsteuerrendite als in den Vergleichsländern, Frankreich ausgenommen, um nach Steuern auf die Normrendite von 5 Prozent zu kommen. Der Grund ist offensichtlich: Die effektive Steuerbelastung der Kapitalgesellschaften ist in den USA und Japan höher. Wird von der landesspezifischen Kapitalstruktur ausgegangen, so liegt Deutschland nach Frankreich günstiger als Großbritannien, die USA und Japan. Das gilt auch für 1995, der Abstand zu den anderen Ländern verringerte sich zwar, der zweite Platz wurde jedoch gehalten. Sowohl 1991 als auch 1995 liegen die Vorsteuerrenditen mit 4,8 bzw. 4,3 v. H. sogar

20 Vgl. R. Köddermann/M. Wilhelm, Umfang und Bestimmungsgründe einfließender und ausfließender Direktinvestitionen ausgewählter Industrieländer – Entwicklung und Perspektiven; in: Ifo-Studien zur Strukturforschung Nr. 34/1996

unter der 5-Prozent-Zielrendite nach Steuern. Dieses scheinbar paradoxe Ergebnis läßt sich erklären. Es besagt, daß durch die Steuerpolitik die Kapitalgesellschaften nicht be-, sondern entlastet wurden. Ein entscheidender Grund dafür: Traditionell ist bei den deutschen Kapitalgesellschaften die Kreditfinanzierung hoch (50 Prozent der Investitionsfinanzierung). Der Einsatz von Krediten zur Investitionsfinanzierung ist steuerpolitisch der Eigenfinanzierung überlegen, denn die Darlehenszinsen sind als Kosten steuerlich abzugsfähig. Mit wachsender Fremdfinanzierung nehmen die Steuervorteile zu. Sogar die vergleichsweise höheren Steuersätze geraten dann noch zum Vorteil. Denn die Steuerersparnis durch den Zinsabzug fällt bei höheren Steuersätzen üppiger aus. So bringen auch die im Verhältnis zu den USA günstigen Abschreibungsmöglichkeiten in Deutschland durch die höheren Steuersätze attraktive Steuerersparnisse.

Festzuhalten ist: Unter Berücksichtigung der effektiven Steuerbelastung – und die allein zählt – ist Deutschland kein Hochsteuerland. Aus der Steuerpraxis ergeben sich somit auch keine Nachteile im internationalen Wettbewerb. Das Land mit den zum Teil höchsten Grenzsteuersätzen bietet zugleich die größten Vorteile bei der legalen Reduktion der Steuerbemessungsgrundlage. Dennoch hält sich hartnäckig die Vorstellung, die Steuersätze müßten zugunsten der Unternehmen weiter deutlich gesenkt werden. Mit Blick auf die Anwerbung ausländischer Investoren wird oft behauptet, diese würden ihre Standortentscheidung nun einmal nur von den Grenzsteuersätzen abhängig machen. Die Möglichkeit der Steuervermeidung seien kaum durchschaubar und unsicher. Ein Argument, das kaum dazu taugt, die derzeit betriebene Politik sinkender Sätze bei der Unternehmensbesteuerung zu rechtfertigen. Schließlich sind ausländische Investoren daran gewöhnt, internationale Steuerberatungspraxen einzusetzen, um weltweit Steuervorteile zu nutzen. Deutschland ist aus der Sicht der Unternehmen kein Hochsteuerland.

Auch andere Untersuchungen bestätigen, daß die effektive Steuerbelastung der Unternehmen am Standort Deutschland weit unter der mit dem Tarif angestrebten Spitzenbesteuerung liegt. In den vergangenen Jahren ist die effektive Durchschnittsbelastung der 30 größten Aktiengesellschaften, die im Börsenindex DAX zusammengefaßt sind, zurückgegangen.[21] 1994 lag ihre relative Steuerlast bei 31,4 Prozent (Steuern bezogen auf die veröffentlichten, handelsrechtlichen Vorsteuergewinne). 1989 waren es im Durchschnitt noch 54 Prozent. Eine weitere Untersuchung gibt im Jahr 1995 die durchschnittliche Steuerquote der Unternehmen mit 39,4 Prozent an. Interessanterweise lag die Steuerquote für kleine und mittlere Unternehmen 1995 mit 43,2 Prozent höher als bei den Großunternehmen. Das weist auf die besseren Möglichkeiten der Großunternehmen hin, Steuervorteile zu nutzen. Schließlich belegt die regelmäßige Untersuchung der «Ertragslage und Finanzierungsverhältnisse westdeutscher Unternehmen» durch die Deutsche Bundesbank: Der Anteil der Steuern auf Einkommen und Ertrag am Jahresüberschuß lag nach einer Hochrechnung für das produzierende Gewerbe, den Handel und den Verkehr 1996 bei 36,68 gegenüber 34,65 Prozent 1995.[22] Bei weitem werden also der Spitzensteuersatz von 53 Prozent (Einkommensteuer) sowie der Steuersatz auf einbehaltene Gewinne bei Körperschaften mit 50 Prozent bis 1993 und 45 Prozent ab 1994 unterschritten.

Dabei nimmt die Zahl der Unternehmen zu, die es immer wieder schaffen, kaum oder gar keine Steuern zu bezahlen. Bekannte Beispiele:

► Die Siemens AG erhielt 1995 trotz hoher Inlandsgewinne bezogen auf die Inlandsumsätze Steuern erstattet. Möglich wurde dies durch eine kleine, aber wirkungsvolle Regelung im «Standortsicherungsgesetz» vom September 1993. 1994/95 bezahlte die Siemens AG die Dividende nicht aus dem laufenden Ergebnis, sondern aus dem zuvor mit 50 Prozent versteuerten Eigenkapital. Die zwanzigprozentige Differenz zum niedrigen Satz auf Dividenden

21 O. H. Jacobs/Ch. Sprengel, Entwicklung der Steuerbelastung der DAX-Unternehmen von 1989 bis 1994, Mannheim (Manuskript vom 21. 4. 1997)

22 Deutsche Bundesbank, Monatsbericht 11/1997, S. 34

(30 %) mußte nach dieser Gesetzesänderung vom Fiskus zurückbezahlt werden.

► Bei BMW sank zwischen 1988 und 1992 der Inlandsanteil am Ertragsteueraufwand von 88 auf magere 5 Prozent. 1993 kassierte BMW sogar Ertragsteuererstattungen über 32 Millionen Mark wegen der verrechneten Verluste der BMW-Rolls-Royce GmbH.

► Daimler-Benz konnte 1996 seine Ertragssteueraufwendungen von 745 Millionen Mark auf das Vorsteuerergebnis von 3,4 Milliarden Mark ins Ausland verlagern und somit diese dem deutschen Fiskus entziehen. Übrigens kündigte die Daimler-Benz AG – gleichsam als Unternehmensphilosophie – an, bis zum Ende dieses Jahrtausends im Inland keine Ertragssteuern mehr zu bezahlen.

Der offensichtliche Widerspruch nährt eine tiefgreifende Akzeptanzkrise der deutschen Steuerpolitik: Während die Lohnsteuerzahler streng kontrolliert dem Fiskus ihren Obolus ohne steuerliche Gestaltungsmöglichkeiten zuführen, gibt es Großunternehmen, die trotz hoher Gewinne keine Steuern bezahlen, ja auf Erstattungen durch die Finanzämter rechnen können. In den USA haben sich gegen die auch dort jahrelang geltende Ungerechtigkeit Bürgerinitiativen gegründet. Maßgeblich durch die Washingtoner «Citizens for Tax Justice» sah sich die Reagan-Administration gezwungen, eine Mindeststeuer einzuführen. Auch Deutschland braucht solche Bürgerinitiativen gegen Steuerungerechtigkeit dringend – und eine Mindeststeuer nach amerikanischem Vorbild.

Steuergeiz der Einkommensmillionäre

Steuerentlastungen können jedoch nicht nur die Kapitalgesellschaften verbuchen. Auch die Einkommensmillionäre leisten Spitzenarbeit bei der Vermeidung von Steuern. Dabei sollte der Widerspruch zwischen der Beanspruchung des Staats für den Eigentumsschutz einerseits und die mangelnde «Opfer»-Bereitschaft andererseits nicht übersehen werden. Einkommensmillionäre und Großvermögensbesitzer benötigen vergleichsweise mehr Schutz durch den Staat als Einkommensschwache und Besitzlose. Anstatt nach dem

Prinzip der angemessenen Äquivalenz von Leistung und Gegenleistung einen ordentlichen Obolus abzuführen, prägt schlichter Geiz ihr Steuerverhalten. Zu ihrer Ehrenrettung muß jedoch hinzugefügt werden, daß es der Staat selbst ist, der die Fülle legaler Möglichkeiten bietet, den Steuerbeitrag zu senken. Vielfältige Methoden der legalen Steuervermeidung, deren Nutzung mit wachsendem Einkommen steigt, werden immer wieder in der Öffentlichkeit angeprangert. Abhängig Beschäftigten, deren Lohnbesteuerung streng geregelt ist, kann es angesichts dieser Menge an Steuertricks nur die Sprache verschlagen.

Man muß eben reich sein, um vom Steuersystem zu profitieren.

Eine Denkschrift des sicherlich nicht vom Neid auf Spitzenverdiener und Einkommensmillionäre getriebenen Rechnungshofs von Baden-Württemberg hat 1997 anhand von Beispielsrechnungen gezeigt, wie Einkommensmillionäre es verstehen, Steuern in gigantischem Ausmaß zu vermeiden. Der viel zitierte, noch geltende Spitzensteuersatz von 53 Prozent bei der Einkommensbesteuerung hat mit wachsenden Einkommensmillionen längst seine Orientierungsfunktion verloren. Die durchschnittliche Besteuerung liegt weit darunter.[23] Da stellt sich die Frage, was die offizielle Steuerpolitik mit ihrem Ziel, den Spitzensteuersatz von 53 auf 39 Prozent zu senken, antreibt. Werden nicht zugleich die Möglichkeiten der Steuervermeidung verändert, so bleibt nichts als staatliche Reichtumspflege übrig. Leistung müsse sich wieder lohnen, heißt es zur Begründung. Die Leistungen der abhängig Beschäftigten, des Handwerks sowie kleiner Unternehmen indessen finden steuerpolitisch kaum Anerkennung. Da nicht nachgewiesen werden kann, was eigentlich leistungsgerechte Entlohnung ist, verkehrt sich die Rechtfertigung in schlichte Reichtumspflege nach dem Motto: Wer viel verdient, der leistet viel. Also leistet er noch mehr, wenn der Staat seine Nettoeinkünfte steigert. Das ist die ideologische Basis einer auf wachsende Ungerechtigkeit setzen-

23 Rechnungshof Baden-Württemberg, Denkschrift 1997: Die effektive Steuerbelastung von Beziehern hoher Einkünfte; Stuttgart 1997

den Steuerpolitik: Die Entlastungen gelten den staatlich gepflegten Einkommensstarken, während die Besitzer von Masseneinkommen als Lastesel staatlicher Finanzierung noch mehr aufgebürdet bekommen.

Zurück zur Studie des Rechnungshofs von Baden-Württemberg. Untersucht wurden ausschließlich die deklarierten Einkünfte, das heißt, illegale Praktiken der Steuerhinterziehung sind nicht berücksichtigt worden. Einbezogen wurden 870 Bezieher von Einkünften über 250 000 Mark in einem der Jahre zwischen 1990 und 1994. Den positiven Einkünften etwa aus der gewöhnlichen Aktivität eines Einzelunternehmens oder eines Selbständigen wurden die negativen Einkünfte gegenübergestellt, die zur Steuerreduktion legal eingesetzt werden. Sie ergeben sich aus den Möglichkeiten, steuertechnische Verluste produzieren zu können. Das läßt sich beispielsweise mit folgenden Instrumenten erreichen: Verluste aus Vermietung und Verpachtung von Grundstükken und Gebäuden; Beteiligungen an Immobilienfonds sowie Fonds zur Finanzierung von Schiffen und Flugzeugen. Die Ergebnisse belegen in erschreckender Weise den Rückzug der Einkommensmillionäre aus der Steuerfinanzierung öffentlicher Aufgaben:

► Je höher die positiven Einkünfte ausfallen, desto mehr werden steuertechnische Verluste in Anspruch genommen.

► Zwischen 1990 und 1994 stagnieren die deklarierten Einkünfte, während die deklarierten Verluste steigen. 1994 waren die deklarierten Verluste mehr als dreimal so hoch wie 1990. Dabei überrascht die Stagnation der deklarierten Einkünfte in den Jahren 1990 bis 1994. Die wirtschaftliche Entwicklung Baden-Württembergs verlief vor allem in der Phase des Einigungsbooms von 1991/92 für die Unternehmen ausgesprochen gut. Verweist die Diskrepanz zwischen sprudelnden Gewinnen und unveränderten Einkünften, die gegenüber dem Finanzamt deklariert wurden, auf eine wachsende Lust auf illegale Praktiken der Steuervermeidung?

► Die durchschnittliche Belastung des zu versteuernden Einkommens hat in keinem der fünf Jahre und bei keiner Einkommensgruppe die 50-Prozent-Marke überschritten. Bei der Gruppe mit über zwei Millionen Mark Jahreseinkünften betrug die höchste feststellbare Durchschnittsbelastung 47 Prozent.

- Bei den Gruppen zwischen einer und zwei Millionen bzw. sowie über zwei Millionen liegt die durchschnittliche Steuerlast bei 42 bzw. 44 Prozent. Werden die durch die Verrechnung der steuerlich produzierten negativen Einkünfte niedrigeren Steuern nur auf das positive Einkommen (also ohne Berücksichtigung der Verluste) bezogen, so liegt die durchschnittliche Steuerlast mit 32 (1 bis unter 2 Mio. DM) bzw. 35 Prozent (ab 2 Mio. DM) deutlich niedriger.
- Die meisten der Spitzenverdiener fallen unter den Grenzsteuersatz von 53 Prozent. Aber der Anteil derjenigen, die tatsächlich an 53 Prozent herankommen, ist infolge vieler Steuergeschenke in den letzten Jahren von 70 auf 56 Prozent zurückgegangen.

Das Fazit zur erheblich niedrigeren effektiven Steuerbelastung der Einkommensmillionäre gegenüber dem Tarifverlauf durch diese Denkschrift fällt nüchtern aus: «Die Untersuchung zeigt, daß die effektive (durchschnittliche) Steuerbelastung der positiven Einkünfte erheblich niedriger ist, als die jeweiligen Spitzensteuersätze erwarten lassen. (…) Die fast unüberschaubar gewordene Fülle von Abschreibungsmöglichkeiten und sonstigen Vergünstigungen kann mit höchstmöglicher finanzieller Auswirkung nur von Steuerpflichtigen mit hohen positiven Einkünften genutzt werden. Die Gestaltungsfreiheit führt zu einer erstaunlichen Vielfalt von Gestaltungen, die zuweilen bis an die Grenzen des Zulässigen gehen. (…) Das Finanzministerium (von Baden-Württemberg, C. S.) hat keine Einwendungen gegen diesen Beitrag erhoben.»[24]

Die wachsende Grauzone zwischen legaler und illegaler Steuervermeidung, die diese Studie betont, soll in einer Nachfolgestudie genauer untersucht werden. Die Gier nach extremer Nutzung le-

24 zitiert nach C. Schäfer, Verteilungspolitik: Chronik eines angekündigten politischen Selbstmords; in: WSI-Mitteilungen 10/1997, S. 687

galer Steuervorteile kann durchaus auch als Indiz für eine wachsende Bereitschaft zur Steuerhinterziehung gedeutet werden.

Ein doppeltes Fazit läßt sich ziehen: *Erstens* wird die These vom Hochsteuerland, die die weitere Senkung der Unternehmenssteuern begründen soll, durch die Daten zum internationalen Vergleich der Steuerlast widerlegt. Deutschland ist weder ein Hochsteuerland noch ein Hochlohnland. Bei einer seriösen Suche nach den Ursachen anhaltender Massenarbeitslosigkeit macht es keinen Sinn, die unternehmerische Steuer- und Lohnlast in den Mittelpunkt zu rücken. *Zweitens* ist in den letzten Jahren mit der angebotsorientierten Steuerpolitik das Prinzip der Besteuerung nach der ökonomischen Leistungsfähigkeit, die mit wachsenden Einkommen und Vermögen steigt, Zug um Zug demontiert worden. Staatliche Reichtumspflege steht im Vordergrund. Diese Politik müßte, wenn sie zu arbeitsplatzschaffenden Investitionen beitragen würde, ernsthaft diskutiert werden. Wie aber die wirtschaftliche Entwicklung zeigt, schlägt diese Pflege der Nettogewinne nicht auf arbeitsplatzschaffende Investitionen durch.

3.2. Skandal Steuerpolitik: Schlupflöcher, Fluchtwege, Hinterziehung

Von einem zielorientiert geordneten Steuersystem kann in Deutschland schon lange nicht mehr die Rede sein. Eine kaum noch überschaubare Zahl von Instrumenten der Steuervermeidung, vielfältige Steuerschlupflöcher, die mittlerweile das Ausmaß von «Scheunentoren» (D. Vesper) annehmen, Fluchtwege in Steueroasen, die auch noch einige Mitgliedsländer der Europäischen Union anbieten, sowie illegale Methoden der Steuerhinterziehung haben mittlerweile das Steuersystem nachhaltig deformiert. Wichtigste Folge dieser Besteuerung nach dem Muster eines Schweizer Käses ist die sinkende Erzeugung von Steuereinnahmen im Zuge des Wirtschaftswachstums. Die Bundesbank konstatiert für die letzten Jahre zu Recht, daß sich der «Zusammenhang zwischen Wirtschaftswachstum und der Entwicklung der Steuererträge» gelockt habe.[25] In den Jahren 1993 bis 1996 sind die durchschnittlichen Steuereinnahmen nur noch um 2,25 v. H. gewachsen, während das (nominale) Bruttoinlandsprodukt um 3,5 v. H. zunahm. In den Jahren vor den massiven Steuergeschenken an die Unternehmen und Selbständigen bewirkte ein Prozent Wirtschaftswachstum noch einen Zuwachs an Steuern um ca. 1,8 v. H. Infolge dieser relativen Entkoppelung von Wirtschaftswachstum und Steuereinnahmen sank die volkswirtschaftliche Steuerquote unter 22 Prozent (vgl. Abbildung S. 90). Während der Tiefstwert von 1990 noch auf gezielte Maßnahmen zur Senkung der Einkommen- und Lohnsteuer (3. Stufe der Reform) zurückzuführen ist, wird das neue Tief von 1997 durch die stürmische Nutzung all der Möglichkeiten der Steuervermeidung verursacht.

Ein neuer Begriff macht die Runde und hat mittlerweile in die finanzpolitischen Dokumente der Bundesregierung Eingang gefunden: Beklagt wird die «Erosion der Besteuerungsbasis» und damit der Einnahmen der öffentlichen Haushalte auf allen Ebenen der Gebietskörperschaften. Die Ursachen sind bekannt. Die Deutsche Bundesbank weist im bereits zitierten Monatsbericht unmißverständlich darauf hin: Es führt die «starke Nutzung spezieller steuerlicher Vergünstigungen und Gestaltungsmöglichkeiten zu einer Erosion der Steuerbasis».[26] Dabei klingt der Begriff Steuererosion angesichts der realen Zerklüftung des Steuerwesens in Deutschland noch recht harmlos. Von einem zielorientierten Steuersystem kann schon lange nicht mehr die Rede sein. Die Steuereinnahmen sind unkalkulierbar geworden und damit auch nicht mehr prognostizierbar. So erklärt es sich, daß der «Arbeitskreis Steuerschätzung», der im Frühjahr und Herbst jeweils die Steuereinnahmen für alle Gebietskörperschaften prognostiziert, deren Entwicklung überschätzt hat. Allein im Jahr 1997 mußte die Steuerschätzung des Bundesministeriums für Finanzen für den Bund, die Länder und

25 Deutsche Bundesbank, Monatsbericht 8/1997, S. 83
26 ebenda, S. 83

Abbildung 3: Entwicklung der Steuerquote und der Abgabenquote

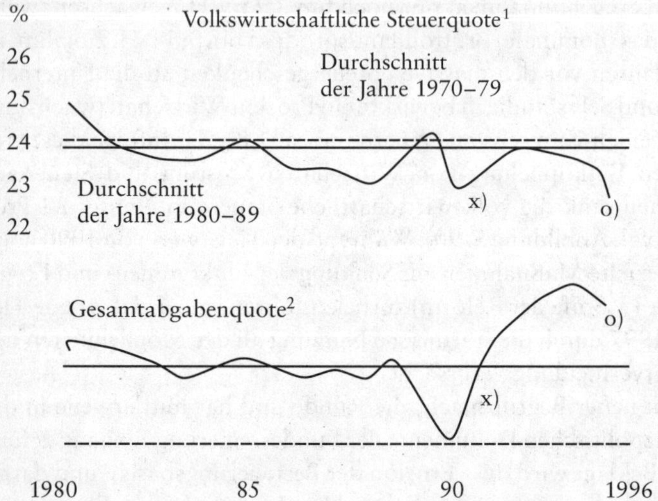

1 Steueraufkommen in Prozent des nominalen Bruttoinlandsprodukts.
2 Aufkommen an Steuern und Sozialversicherungsbeiträgen in Prozent des nominalen Bruttoinlandsprodukts.
x Ab 1991 neuer Gebietsstand.
o Von dem Rückgang im Jahre 1996 entfällt gut ein halber Prozentpunkt auf die Umstellung bei der Buchung des Kindergeldes.
Quelle: Deutsche Bundesbank

Gemeinden um 113 Milliarden Mark nach unten korrigiert werden. Da ist eine seriöse Haushaltsplanung nicht mehr möglich. Nachtragshaushalte mit der Aufgabe, die Haushaltslöcher zu stopfen, gewinnen an Bedeutung. Einerseits liegt eine Ursache in der prognostischen Überschätzung des Wirtschaftswachstums. Andererseits ist diese Fehlentwicklung auf die Fülle von Steuerrechtsveränderungen zurückzuführen. Die darauf bezogenen Reaktionen, vor allem das Ausmaß der Steuervermeidung, sind kaum noch abschätzbar. Haushaltspolitische Planbarkeit einerseits und die gerechtere Verteilung der Steuerlast andererseits lassen sich nur durch einen rigorosen Abbau der Steuerprivilegien zurückgewinnen.

An der dramatischen rückläufigen Entwicklung der veranlagten Einkommensteuer sowie der Körperschaftsteuer läßt sich die Aushöhlung der tariflich gewollten Besteuerung durch die Nutzung von Steuerprivilegien erkennen:

Einkommen- und Körperschaftsteuer – versiegende Quellen
Die *veranlagte Einkommensteuer* ist vom Spitzenwert der neunziger Jahre mit 41,532 Milliarden auf 11,6 Milliarden Mark 1996 zurückgefallen. Dabei muß freilich das kassenbezogene Aufkommen vom Bruttoaufkommen unterschieden werden. Investitionszulagen, Erstattungen im Rahmen des Lohnsteuerausgleichs (§ 46 EStG), die Eigenheimzulage sowie Erstattungen an das Bundesamt für Finanzen mindern das Bruttoaufkommen. Dennoch zeigt sich, daß die öffentlichen Haushalte kaum noch aus der Einkommensteuer gespeist werden. So mußten die Finanzämter in den ersten sieben Monaten 1997 fast eine Milliarde Mark mehr an die Einkommensteuerpflichtigen leisten, als sie an Vorauszahlungen und Nachzahlungen eingenommen hatten. Hier fügt sich die Beobachtung ein, daß etwa in der Millionärsgemeinde Königstein im Taunus die Finanzämter wegen der Beanspruchung von Verlustzuweisungen mehr an Geldern auszahlen mußten als sie einnahmen. Seit 1994 sind die Kasseneinnahmen in den Vorauszahlungsmonaten März und Juni von Jahr zu Jahr geringer ausgefallen. Die schrumpfende Einkommensteuer muß ein Dorn im Auge gerechter Steuerpolitik sein. Maßgeblich ist das Problem durch die Nutzung legaler Instrumente der Steuervermeidung entstanden. Aber auch illegale Praktiken haben Einfluß, wie die wachsende Zahl staatsanwaltschaftlicher Ermittlungen wegen Steuerhinterziehung gegen Wirtschaftsbosse zeigt.

Auch die *Körperschaftsteuer* hat als öffentliche Finanzierungsquelle an Bedeutung verloren. Sie ist von 51,715 Milliarden 1991 bis 1995 auf den Tiefstwert von 18,136 Milliarden Mark zurückgegangen. Ursächlich dafür waren zwei Maßnahmen des 1994 in Kraft getretenen «Standortsicherungsgesetzes». Zum einen wurden die Sätze auf die einbehaltenen Gewinne der Aktiengesellschaften um fünf auf 45 Prozent gesenkt. Zum anderen wurde für

1994/95 die Möglichkeit geboten, die Dividende aus dem bisher gebildeten Eigenkapital zu bedienen. Da das zuvor aus thessaurierten Gewinnen gespeiste Eigenkapital mit 50 Prozent besteuert worden war, erstattete der Fiskus die zwanzigprozentige Differenz zu dem niedrigen Steuersatz auf Dividenden (30 v. H.; vgl. das erwähnte Beispiel Siemens AG). Allein die durch diesen Vorgang ausgelösten Einnahmeausfälle aus der Körperschaftsteuer werden mit acht Milliarden Mark angegeben. 1996 ist das Aufkommen aus der Körperschaftsteuer wieder auf knapp 30 Milliarden Mark angestiegen. Mit einem erneuten Aderlaß bei der Körperschaftsteuer ist jedoch in Zukunft zu rechnen. Die Ursachen werden massive Verlustvorträge und vor allem die Verlagerung der Besteuerung von Kapitalgesellschaften in ausländische Steueroasen sein.

Getarnte Privilegien im Steuerdschungel

Ein flächendeckender Überblick über alle Maßnahmen zur Steuervermeidung für Unternehmen, Selbständige und Einkommensmillionäre soll an dieser Stelle nicht ausgebreitet werden. Aber schon mit einigen besonders eklatanten Beispielen läßt sich der dringende Bedarf an einer Steuerreform unterstreichen; die dazu führt, die effektive Belastung wieder an den Tarifverläufen auszurichten, um die Finanzierung öffentlicher Aufgaben zu sichern und die Steuerlast gerecht zu verteilen. Dazu müssen solche Waffen zur Steuervermeidung schnell eingeschmolzen werden:

► Seit 1990 können Unternehmen unbeschränkt Verlustvorträge beanspruchen, die mit laufenden Gewinnen verrechnet werden. Hinzu kommt die allerdings im Umfang auf zehn Millionen Mark pro Jahr und insgesamt auf zwei Jahre beschränkte Möglichkeit, Verluste in die Vergangenheit zu übertragen (Verlustrücktrag). So wird es möglich, daß im Zuge von Umstrukturierungen die Übernahme von Firmen mit hohen Verlustvorträgen die eigenen Gewinne derart schmälern, daß die Steuerersparnisse größer als die finanziellen Belastungen durch die Unternehmensübernahme sind. Das Instrument des Verlustvortrags ist es, das maßgeblich den Zusammenhang zwischen Ertragsentwicklung und Körperschaftsteuer gelockert hat. Die leider schon etwas zurückliegende, jedoch letzte Statistik zur Körperschaftsteuer für 1992 zeigt, daß Ende 1991 Verlustvorträge im Umfang von 160 Milliarden Mark beansprucht worden sind. Der kumulierte Verlustvortrag belief sich auf 251 Milliarden Mark. Unbegrenzte Verlustvorträge lassen sich volkswirtschaftlich nicht rechtfertigen; sie sind im Sinne der Gleichbehandlung zumindest auf das Maß der Verlustrückträge zu beschränken.

► Das Steuerrecht bietet den Unternehmen eine Fülle von Bewertungsmöglichkeiten und Gewinnverwendungen, die das Steueraufkommen schmälern. Dazu gehören das Niederstwertprinzip, durch das stille Reserven entstehen; Risiko- und Pensionsrückstellungen aus Gewinnen, die weit über den Ansätzen im Ausland liegen und ebenfalls zur Bildung stiller Reserven beitragen können; das Wertaufholungsgebot (außerplanmäßige Abschreibungen vermindern den Gewinn, ohne daß nach Wegfall des Abschreibungsgrunds die steuersenkende Wertminderung wieder rückgängig gemacht wird); Verzicht auf Verzinsungsgebot der Rückstellungen; realistische Bewertung der Schadensrückstellungen. All diese Steuervorteile müssen ökonomisch überprüft und schließlich korrigiert werden.

► Banken, die sich seit Jahren in erheblichem Umfang mit Darlehen bei Schuldnern in bestimmten wirtschaftsschwachen Staaten engagiert haben, verfügen über die Möglichkeit, über die effektiven Länderrisiken hinaus auf diese Forderungen Wertberichtigungen vorzunehmen. Im Ausmaß dieser Wertberichtigungen wird der zu versteuernde Gewinn verringert. Der Steuerstaat beteiligt sich also an den Risiken, die die Banken mit ihren Darlehensengagement eingehen. Darüber hinaus nutzen die Banken gewinnmindernde, sogenannte pauschalierte Einzelwertberichtigungen auf Auslandsforderungen. Durch die Bewertung nach Ländergruppen werden zum Teil die einzelnen Länderrisiken weit überzeichnet. Die letzte Schätzung des Bundesministerium für Finanzen, die

1987 vorgelegt wurde, bezifferte die dadurch bedingten Steuermindereinnahmen auf vier Milliarden Mark bei einem Gesamtumfang problemhafter Kreditforderungen für das Jahr 1986 von 90 Milliarden Mark gegenüber den fünf größten Schuldnerländern.

Der Bundesrechnungshof hat zuletzt 1996 diese willkürlichen Wertberichtigungen in seinen «Bemerkungen zur Haushalts- und Wirtschaftsführung» kritisiert. In diesem Bericht wird festgehalten: «Große und ertragsstarke Banken setzen erhöhte Wertberichtigungen als Mittel der Bilanzstrategie ein, um angefallene Gewinne zumindest zeitweise der Besteuerung zu entziehen und Zinsvorteile zu erzielen, indem sie diese uneinheitlichen Wertansätze ihrer Handelsbilanzen in der Regel auch für die steuerliche Gewinnermittlung übernahmen.»[27] Der Bundesrechnungshof wandte sich erneut gegen zu lasche Vorschläge des Bundesfinanzministers, diese skandalöse Praxis der Banken zur Steuerminderung zu unterbinden. Die Stellungnahme des Bundesministeriums für Finanzen wurde durch den Rechnungshof wiederum kritisiert. Der durch das Bundesfinanzministerium geplante Einsatz einer Arbeitsgruppe drohe nur, dringliche Anpassungen zu verzögern. Den weiteren Vorschlag, steuerliche Abwertungssätze für die Auslandsforderungen aus Mittelwerten der handelsrechtlich gebildeten Abwertungen der dreißig größten inländischen Kreditinstitute abzuleiten, hält der Bundesrechnungshof «für äußerst bedenklich».[28]

► Überhöhte Abschreibungen – etwa durch degressive Abschreibungen, sehr kurze Nutzungsdauern und eine Vielzahl von Sonderabschreibungen – führen zu satten Zinsvorteilen. Derart üppige Abschreibungsmodalitäten kennt das Ausland nicht. So wurden interessanterweise in den USA zur Gegenfinanzierung der Einnahmeverluste aus gesenkten Steuersätzen die steuerliche Nutzungsdauer der Anlagen verlängert. Hinzu kam in den USA die Abschaf-

27 Bundestagsdrucksache 13/5700, S. 120
28 ebenda, S. 122

fung einer generellen zehnprozentigen Investitionszulage (Investment Tax Credit). In Großbritannien wurde auf die «First Allowance» verzichtet, die vorsah, Investitionen im ersten Jahr voll abzuschreiben. Für Ausrüstungen und Bauten ergeben sich aus der Sicht deutscher Unternehmen deutlich bessere Möglichkeiten, durch Abschreibungen die Steuerbasis zu reduzieren. Nach einem ersten kleinen Schritt zum Abbau der Abschreibungsmodalitäten ab 1997 müssen die derzeit immer noch viel zu üppigen Möglichkeiten weiter überprüft werden. Die Ablösung der Sonderabschreibungen für Ostdeutschland zugunsten einer direkten Investitionsförderung ab 1998 ist begrüßenswert, zumal Unternehmen in der Verlustzone daraus keine Steuervorteile erzielen konnten.

► International tätige Konzerne nutzen die Möglichkeit, über konzerninterne Verrechnungspreise Gewinne ins Ausland abzuschieben. Dafür gibt es viele Belege. So hat vor Jahrzehnten bereits die Firma Agfa-Gevaert Filme billig an ihre südamerikanische Tochter geliefert und dadurch ihre Gewinne in Deutschland geschmälert. Das Unternehmen Salamander (Kornwestheim/Stuttgart) verfuhr ähnlich. Fehlerhafte Schuhe wurden an die portugiesische Tochter zur Nachbesserung verschickt. Die Siemens AG rühmt sich in ihrem Geschäftsbericht 1994/95, Steuerersparnisse durch teure Einkäufe bei den Auslandstöchtern und billige Verkäufe an die Auslandstöchter erzielt zu haben. Die Zurechnung von Planungs-, Verwaltungs-, Steuerungs-, Lizenz- und Forschungskosten zwischen den Konzernunternehmen bietet kaum nachprüfbare Chancen, die Steuerbelastung in Deutschland zu senken.

► Deutsche Konzerne nutzen vor allem die innerhalb der EU existierenden Steueroasen ohne Skrupel. Die Steuerflucht konzentriert sich auf den europäischen Binnenmarkt. Die EU-Mütter-Töchter-Richtlinie macht es möglich, Verluste von EU-Auslandstöchtern nach Deutschland zu verschieben. Mittlerweile nutzen immer mehr

Unternehmen die Steuervorteile in anderen EU-Ländern, indem sie dort ihre Finanzzentren gründen. Daraus läßt sich in doppelter Weise Honig saugen: Die Gewinne der deutschen Töchter werden in das Land mit niedrigen Körperschaftsteuern gelenkt. Darüber hinaus werden von dort Kredite an die deutschen Unternehmen vergeben, denn die darauf entfallenden Zinsen können in Deutschland steuermindernd geltend gemacht werden. Möglichkeiten zur Gewinnverschiebung bieten vor allem Belgien mit seinen «Coordination Centers», die Niederlande unter Nutzung der Antillen sowie Irland. So sind in den Hafenanlagen von Dublin Finanz- und Dienstleistungszentren aufgebaut worden («International Financial Service Centre»), über die deutsche Kapitalgesellschaften die Versteuerung ihrer Gewinne auf zehn Prozent herunterschleusen können.

► Wie bereits anhand der Denkschrift des Landesrechnungshofs Baden-Württemberg gezeigt wurde, stehen Einkommensmillionären viele Instrumente zur Verfügung, um die effektive Steuerbelastung zu senken. Als wichtigste Möglichkeiten der Verlustproduktion galten 1990 bis 1994: Verluste aus Vermietung/Verpachtung von Grundstücken/Gebäuden, Beteiligungen an Fonds für Immobilien sowie zur Finanzierung von Schiffen und Flugzeugen. Zur Erzeugung steuertechnischer Verluste wurden vorrangig auch die Anlagemöglichkeiten in den neuen Bundesländern nach dem «Fördergebietsgesetz» genutzt.

Rezepte: Steueroasen austrocknen, gegen Wirtschaftskriminalität vorgehen, eine Mindeststeuer einführen

Bisher sind lediglich die legalen Möglichkeiten der Steuervermeidung beschrieben worden. Hinzu kommen massive Einnahmeverluste des Staats durch wachsende Wirtschaftskriminalität und Steuerhinterziehung. Ihr gesamtes Ausmaß ist empirisch kaum zu schätzen, da sich diese Kriminalität bekanntermaßen jenseits der statistischen Erfaßbarkeit vollzieht. Es gibt jedoch durchaus ernst zu nehmende Hinweise auf den Umfang derartiger Steuerverluste:

Durch die Steuerflucht über die nationalen Grenzen sollen nach einer neueren Schätzung jährlich 50 Milliarden Mark öffentliche Einnahmen verlorengehen.[29]

Ein anderes Beispiel der Steuerhinterziehung zeigt sich bei der Zinsertragsbesteuerung. Bekanntlich müssen in Deutschland die Zinserträge im Rahmen der Einkommensteuer bei allerdings hohen Freigrenzen (6000 DM Ledige/12 000 DM Verheiratete) und einem Abschlag von 30 Prozent an der Quelle versteuert werden. In Luxemburg dagegen sind die Zinserträge steuerfrei. Zum Teil mit Unterstützung der Geschäftsbanken ist deutschen Kunden die Möglichkeit geboten worden, durch Anlagen in Luxemburg die Zinsbesteuerung zu umgehen. Diese Flucht aus der deutschen Besteuerung ist illegal. In welchem Ausmaß von dieser Umgehung Gebrauch gemacht wird, deutet eine Gegenüberstellung des Bundesministerums für Finanzen an: Von 1993 bis 1995 wurden 86 Milliarden Mark Steuereinnahmen aus der Zinsbesteuerung in den Haushalten eingeplant. Eingegangen sind in diesem Zeitraum jedoch nur 37 Milliarden. Selbst die Bundesregierung führt diese Diskrepanz «wohl auch auf Ausweichreaktionen der Steuerpflichtigen» zurück.[30] Das gesamte Ausmaß der volkswirtschaftlichien Schäden durch Wirtschaftskriminalität wurde vor Jahren vorsichtig auf 150 Milliarden Mark geschätzt. Ein Indiz für wachsende Steuerkriminalität sind die zunehmenden staatsanwaltschaftlichen Verfahren. Berichte über Ermittlungen gegen mutmaßliche Steuersünder in den Chefetagen der Wirtschaft sind inzwischen an der Tagesordnung.

Um erstens der Erosion der Steuerbasis, zweitens der Flucht in die Steueroasen vor allem in europäischen Nachbarländern und drittens der Steuerkriminalität zu begegnen, müssen folgende Maßnahmen ergriffen werden:

29 H.-G. Grigat, Verlagerung von Unternehmensgewinnen in das Ausland und Steuerdumping; in: WSI-Mitteilungen 6/1997
30 Bundestagsdrucksache 13/8261

Erstens muß zur massiven Einschränkung der vielfältigen Steuerprivilegien schlicht eine *Mindeststeuer* eingeführt werden. So könnte unmittelbar gehandelt und der langwierige Prozeß, der zum Abbau der Steuervorteile gebraucht wird, überbrückt werden. Diese Mindeststeuer gibt es bereits in den USA. Sie wurde dort der Administration durch den Druck der erwähnten Bürgerinitiativen zur Steuergerechtigkeit abgerungen. Komitees für Steuergerechtigkeit prangerten Großunternehmen an, die bei hohen Gewinnen praktisch keine Steuern zahlten, während die Lohnbezieher ihren gesetzlich definierten Obolus auf Heller und Pfennig abführen mußten. Die Basis dieser Mindeststeuer bildet das Einkommen ohne Nutzen der Steuerprivilegien (Ertrag abzüglich der Kosten und der Wertminderung auf Gebäude und Maschinen). Auf das so ermittelte Einkommen werden in jedem Fall mindestens 25 v. H. versteuert, soweit dieses den Freibetrag von umgerechnet etwa 100 000 DM übersteigt. Die Beiträge zu den sozialen Sicherungssystemen können angerechnet werden. Steuertechnische Verluste, die der Steuerersparnis dienen, lassen sich erst auf das zu versteuernde Einkommen anrechnen, das über die Mindestbesteuerung hinausgeht. In jedem Fall wird die Steuer von 25 v. H. auf das Bruttoeinkommen bezahlt. Dann erst wird die Reststeuer nach der bisherigen Methode, also unter Berücksichtigung aller Steuerprivilegien, errechnet. Nur für diese Reststeuer also lassen sich die Steuervorteile nutzen. Daß diese Mindeststeuer erfolgreich praktizierbar ist, zeigen die Erfahrungen in den USA. Nach ihrer Einführung zahlten 1987 die vorher vierzehn größten Steuervermeider-Unternehmen immerhin wieder drei Milliarden US-Dollar an Steuern.

Zweitens müssen in der EU schleunigst die *Steueroasen* abgebaut werden. Ein einheitlicher Binnenmarkt, der die Freizügigkeit von Waren, Dienstleistungen, Kapital und Arbeitskräften garantiert, verträgt sich nicht mit dem Angebot einiger lukrativer Steueroasen. Die Folge wäre ein für alle Mitgliedsländer ruinöser Wettbewerb mit den Instrumenten der Steuersenkung. Die öffentlichen

Haushalte der Mitgliedsländer drohten auszubluten. Deshalb ist die Initiative der Finanzminister der EU Ende 1997 zu begrüßen, die Steueroasen wenigstens innerhalb der EU auszutrocknen. Mit der Schaffung der Europäischen Währungsunion zum 1. 1. 1999 wird die Beseitigung steuerlicher Fluchtpunkte noch dringlicher, weil dann die bisher bremsenden Wechselkursrisiken wegfallen. Um Mißverständnissen vorzubeugen: Die in den jeweiligen Mitgliedsstaaten geltenden Regeln der Besteuerung von Einkünften müssen keineswegs umgehend harmonisiert werden. Abgeschafft werden müssen aber zum Beispiel die Möglichkeiten von Unternehmen, zwar am Standort öffentliche Leistungen zu nutzen, die Besteuerung aber über Steueroasen in anderen Mitgliedsländern nach unten zu schrauben. Die EU verfügt durchaus über Möglichkeiten, dieses Steuerdumping zu unterbinden. Dringend nötig ist in diesem Zusammenhang auch die Harmonisierung der Zinsbesteuerung. Bei völliger Freizügigkeit des Kapitalverkehrs und unter dem Dach einer Währungsunion führt die unterschiedliche Behandlung der Zinseinkünfte zu schweren Belastungen.

Drittens müssen *Steuerhinterziehung und Wirtschaftskriminalität* nachhaltig bekämpft werden. Im Zentrum der Bekämpfung der Steuerhinterziehung steht zuallererst die regelmäßige und nachhaltige Kontrolle der Besteuerung der Einkommen aus Unternehmen und Vermögen. Claus Schäfer hat auf eine spezifische «Dualität» des deutschen Steuersystems hingewiesen.[31] Während im Rahmen der Besteuerung nahezu 90 Prozent der Bruttoeinkommen aus Löhnen und Gehältern durch die Finanzämter erfaßt werden, liegt die Quote der Deklaration der Einkommen aus Unternehmertätigkeit und Vermögen bei nur 55 Prozent. Eine wichtige Möglichkeit, die Deklarationsquote zu erhöhen, sind Betriebsprüfungen, die in kürzeren Fristen durchgeführt werden müssen. Schließlich zeigt die Statistik über die durchgeführten Betriebsprüfungen, daß dem Fiskus dadurch Milliardenbeträge nachträglich

31 C. Schäfer, a. a. O., S. 682

zugeführt wurden. 1996 erfaßte die Anzahl der Betriebsprüfungen nur drei Prozent der insgesamt 5,3 Millionen Betriebe. Durch die Einstellung von neuen Betriebsprüfern wird zugleich ein sich selbst finanzierender Beitrag zur Verbesserung der Beschäftigungsentwicklung im öffentlichen Sektor geleistet. Vielfältige Maßnahmen müssen sich schließlich auf die Bekämpfung der Wirtschaftskriminalität konzentrieren. Hier ist eine internationale Koordinierung angesichts der länderübergreifend operierenden kriminellen Gruppen dringend erforderlich.

3.3. Bedeutungsverluste sozialpolitischer Grundsätze der Besteuerung

In einer langen, praxisorientierten Tradition hat die Steuerpolitik unter dem Einfluß der Finanzpolitik bei der Beantwortung der Frage, wer letztlich die Last der Steuern zu tragen habe, die der Staat mit seiner hoheitlichen Macht der privaten Wertschöpfung entzieht, das Prinzip der Gerechtigkeit und damit Gleichmäßigkeit der Besteuerung in den Mittelpunkt gerückt. Gleichmäßigkeit der Besteuerung heißt, daß Personen in gleichen oder gleichartigen Verhältnissen gleich (horizontale Gerechtigkeit), Personen in ungleichen Verhältnissen adäquat differenziert (vertikale Gerechtigkeit) zu behandeln sind. Die Verteilung der Steuerlasten erfolgt dabei nach dem Prinzip individueller ökonomischer Leistungsfähigkeit. Fritz Neumark, der Nestor der modernen Finanzwissenschaft, hat in seinem Werk «Grundsätze gerechter und ökonomisch rationaler Steuerpolitik» den Grundsatz der Leistungsfähigkeit 1970 nochmals nachhaltig betont.[32]

Das Prinzip ökonomischer Leistungsfähigkeit bei der Verteilung der Steuerlast hat in der Finanzpolitik deutlich an Bedeutung verloren, ja es scheint aufgekündigt worden zu sein. An die Stelle

32 F. Neumark, Grundsätze gerechter und ökonomisch rationaler Steuerpolitik, Tübingen 1970

gerechter Lastverteilung tritt die Angebotsdoktrin. In deren Mittelpunkt steht die Verbesserung der einzelwirtschaftlichen Renditebedingungen. Da definitionsgemäß durch Steuern die Nettogewinne der Unternehmen geschmälert werden, konzentriert sich die angebotsorientierte Politik grundsätzlich auf die Entlastung der Unternehmen. Gelegentlich wird diese Strategie auch unter dem Stichwort Effizienzprinzip präsentiert. Damit wird die Annahme ausgedrückt, diese Politik steuerlicher Pflege der Unternehmen stärke letztlich die Produktionseffizienz. Folgende Wirkungskette unterstellt die Angebotspolitik: Niedrigere Steuersätze der Unternehmen regen Investitionen an, die schließlich zu Wirtschaftswachstum und Beschäftigung führen. Damit verbindet sich also auch die Hoffnung auf eine Selbstfinanzierung dieser Steuersenkungspolitik: Öffentliche Einnahmeverluste durch Steuersenkungen sollen – so die Verheißung –, über dadurch ausgelöste wirtschaftliche Aktivitäten, schließlich dennoch zu Mehreinnahmen führen. Am Ende wird von insgesamt höheren Staatseinnahmen ausgegangen. Diese Angebotspolitik mit den Instrumenten der Steuerpolitik führt gewollt und letztlich gewiß zu einer ungerechteren Lastverteilung, denn die Unternehmensgewinne werden dadurch gestärkt. Die Behauptung, Wirtschaftswachstum und die Beschäftigung könnten gleichzeitig verbessert werden, hat sich jedoch längst als Illusion erwiesen. Derartige Beschwörungen des Wirtschaftssystems gleichen dem Voodoo-Kult, gehören also, wie es John Kenneth Galbraith formulierte, zu den Voodoo-Economics.

Zur gesamtwirtschaftlichen Steuerlast: Hervorzuheben ist die oft übersehene Tatsache, daß die gesamten Steuern (ohne Sozialversicherungsabgaben) bezogen auf das (nominale) Bruttoinlandsprodukt im längerfristigen Durchschnitt knapp unter 24 Prozent liegen. Das heißt, die öffentlichen Haushalte beanspruchen von einer Mark Wertschöpfung lediglich knapp 24 Pfennig zur Steuerfinanzierung. Die steuerliche Abschöpfung von der Wertschöpfung hat sich in den letzten Jahren nicht erhöht, wie die These vom Hochsteuerland Deutschland nahelegt. Im Gegenteil ist die Steuerquote seit 1990 deutlich zurückgegangen. Darin kommt die bereits erwähnte, durch Steuerprivilegien bewirkte Entlastung von Unternehmensteuern zum Ausdruck (vgl. Abb. S. 104). Auch im internationalen Vergleich liegt die gesamtwirtschaftliche Steuerquote Deutschlands recht günstig. 1996 betrug sie in Großbritannien 27,2, in den Niederlanden 26,6 und in den USA 22,7 Prozent; in Japan wurde mit 18,2 Prozent die niedrigste Steuerquote erreicht. Mit der steuerlichen Abschöpfung der gesamten Wertschöpfung kann eine Benachteiligung des Standorts Deutschland in der internationalen Konkurrenz also nicht belegt werden. Der angebotsorientierten Steuerpolitik geht es nicht um die insgesamt unproblematische Senkung der gesamtwirtschaftlichen Steuerlast gegenüber dem Bruttoinlandsprodukt.

Zur Umverteilung der Steuerlast: Die unternehmenspflegende Steuerpolitik konzentriert sich vielmehr, wie die Zahlen belegen, auf eine nachhaltige Umverteilung der Steuerlast: Während Unternehmen sowie Einkommens- und Vermögensstarke in den letzten Jahren von Steuern entlastet wurden, hat spiegelbildlich die Belastung der Bezieher von Masseneinkommen (Besteuerung der Löhne, der Gehälter sowie des Endverbrauchs) trotz verschiedener Entlastungen bei der Einkommensteuer zugenommen. So wurden beispielsweise die Körperschaftsteuersätze gesenkt sowie die Vermögen- und Gewerbekapitalsteuer komplett abgeschafft. Die zur Gegenfinanzierung der abgeschafften Vermögensteuer erhöhte Erbschaft- und Schenkungsteuer vermag die Lücke nicht annähernd aufzufüllen. Und trotz der Beteiligung der Kommunen an der Mehrwertsteuer als Ersatz für die abgeschaffte Gewerbekapitalsteuer kommt es auch hier zu Einnahmeverlusten. Verbesserungen bei der Einkommensteuer für Einkommensschwache, etwa durch die Erhöhung des Grundfreibetrags, die durch das Bundesverfassungsgericht erst erzwungen werden mußte, konnten den Umverteilungstrend nicht bremsen.

Der Marsch in den Lohnsteuerstaat ist unübersehbar. So lag der Beitrag der Lohnsteuer zum gesamten Steueraufkommen in den ersten fünf Jahren dieses Jahrzehnts bei knapp 34 Prozent. 1970 waren es noch 22,7 Prozent (vgl. Abb. 4, S. 104). Dagegen ist die veranlagte Einkommensteuer von 10,4 im Jahr 1970 auf 1,5 Prozent 1996 zurückgefallen. Die Körperschaftsteuer auf einbehaltene Gewinne der Kapitalgesellschaften lag 1996 bei 3,7 gegenüber 5,7 Prozent 1970. Die Mehrwertsteuer, die im Prinzip auf den Endverbrauch überwälzt wird, erreichte nach 24,7 Prozent 1970 im Jahr 1996 knapp 30 Prozent. Der Darlegung dieser Verschiebung der Steuergewichte wird oft entgegengehalten, daß die Lohnsteuer zu niedrig, die veranlagte Einkommensteuer zu hoch ausgewiesen würde. Bei der nachfolgenden Betrachtung ist jedoch die nachträgliche Erstattung der Lohnsteuer, die in der Finanzstatistik der veranlagten Einkommensteuer zugeschlagen wird, berücksichtigt worden; die Lohnsteuer wurde also im Ausmaß der Erstattungen gesenkt und die veranlagte Steuer erhöht.

Die Belastung der Wirtschaftsakteure mit Steuern wird jedoch erst sichtbar, wenn die Abführung an den Staat auf die entsprechende Einkommensquelle bezogen wird. Gesamtwirtschaftlich zu unterscheiden sind die Gewinn- und die Lohnsteuerquote. Diese Entwicklung zeigt Abbildung 5: Seit 1980 ist die Belastung der Bruttoeinkommen aus Unternehmertätigkeit und Vermögen mit Gewinnsteuern von 38 auf 24 Prozent 1997 zurückgegangen. Zu den Gewinnsteuern zählen: Veranlagte Einkommensteuer vor Abzug der Arbeitnehmererstattungen, Solidaritätszuschlag (anteilig), nicht veranlagte Steuern vom Ertrag, Zinsabschlag, Körperschaftsteuer, Vermögensteuer und Gewerbesteuer. Die Belastung der Bruttolohn und -gehaltssumme mit Lohnsteuer (einschließlich des Solidaritätszuschlags sowie abzüglich der Lohnsteuererstattung) ist dagegen zwischen 1980 und 1997 mit 15 Prozent recht konstant geblieben. Dabei haben verschiedene Maßnahmen der Einkommensteuerreform verhindert, daß sich die Lohnsteuerquote nach oben absetzen konnte. Die Gewinnsteuerquote ist dagegen nachhaltig gesunken.

Abbildung 4: Entwicklung des Steueraufkommens*
Anteil am gesamten Steueraufkommen in Prozent

Zeit	Steueraufkommen insgesamt	Direkte Steuern[1]	Darunter:			Indirekte Steuern	Darunter:		
			Lohnsteuer	Veranlagte Einkommensteuer	Körperschaftsteuer		Umsatzsteuer	sonstige überwiegend verbrauchsbezogene Steuern	Realsteuern[2]
1970	100	43,9	22,7	10,4	5,7	56,1	24,7	20,4	9,6
1975	100	48,5	29,4	11,6	4,2	51,5	22,3	18,0	10,3
1980	100	49,2	30,6	10,1	5,8	50,8	25,6	15,1	9,3
1985	100	50,3	33,8	6,5	7,3	49,7	25,1	14,8	8,7
1990	100	48,1	32,3	6,6	5,5	51,9	26,8	15,3	8,6
1991	100	48,1	32,4	6,3	4,8	51,9	27,1	16,2	7,7
1992	100	48,4	33,8	5,7	4,3	51,6	27,0	16,3	7,6
1993	100	47,0	34,4	4,4	3,7	53,0	28,9	16,1	7,2
1994	100	45,1	33,9	3,2	2,5	45,9	30,0	16,7	7,2
1995	100	46,9	34,7	1,7	2,2	53,1	28,8	16,6	6,9
1996[3]	100	44,6	31,4	1,5	3,7	55,4	29,7	17,3	7,6

* Bis einschl. 1990 altes Bundesgebiet, ab 1991 Gesamtdeutschland.
1 Lohnsteuer, veranlagte Einkommensteuer, Körperschaftsteuer, Zinsabschlag (ab 1993), nicht veranlagte Steuern vom Ertrag, Ergänzungsabgabe (1991/92 sowie ab 1995 Solidaritätszuschlag) sowie Vermögensteuer, Erbschaftsteuer und die bis Ende der siebziger Jahre erhobenen Lastenausgleichsabgaben.
2 Grundsteuer und Gerwerbesteuer (bis 1981 einschl. Lohnsummensteuer).
3 Bereinigt um die Umstellung des Kindergeldes auf einen steuermindernden Faktor belief sich der Anteil der direkten Steuern 1996 auf 46 %, darunter der der Lohnsteuer auf rund 33 %.

Durch mehrfache Erhöhungen der Mehrwertsteuer sowie einzelner Verbrauchsteuern (etwa Einführung der Versicherungsteuer, Erhöhung der Mineralölsteuer) sind die Masseneinkommen zusätzlich belastet worden. Wie man es auch dreht und wendet: Im Steuersystem hat die Umverteilung der Lasten zugunsten der Gewinnsteuer stattgefunden.

Zur Wirkung auf Wirtschaftswachstum und Beschäftigung: Zweifellos verdient die Bundesregierung dieses Kompliment: Bei der Umverteilung der Steuerlast zugunsten der Gewinneinkommen sind große Erfolge zu vermerken. Ganz nach den Zielen der Angebotsdoktrin haben sich dazu die gesamten Arbeitskosten im Verhältnis zur Arbeitsproduktivität günstig entwickelt. Längst schon hätten demnach die grellen Angebotsfunken auf die Investitionen

Abbildung 5: Gewinn- und Lohnsteuerquote[1]

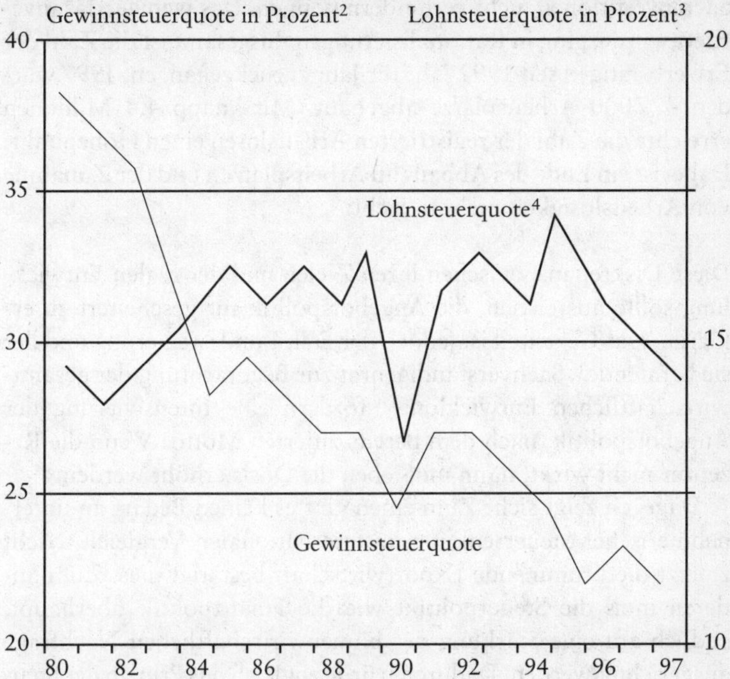

1 Gewinnsteuern: Veranlagte Einkommensteuer vor Abzug der Arbeitnehmererstattungen nach § 46 EStG, Solidaritätszuschlag (anteilig), nicht veranlagte Steuern vom Ertrag, Zinsabschlag, Körperschaftsteuer, Vermögensteuer und Gewerbesteuer. Lohnsteuer: Lohnsteuer nach Abzug der Erstattungen nach § 46 EStG.
2 In Prozent der Bruttoeinkommen aus Unternehmertätigkeit und Vermögen.
3 in Prozent der Bruttolohn- und -gehaltsumme.
4 Von 1996 an wird die Quote durch die Kindergeldreform nach unten gedrückt.

Quelle: DIW-Wochenbericht 15/1997, S. 243

und schließlich die Beschäftigung überspringen müssen. Davon war und ist jedoch nichts zu spüren. Im Gegenteil: Die real existierende Unternehmenswirtschaft hat der Angebotspolitik schlichtweg ihre Gefolgschaft verweigert. Steuerentlastungen, zurückgehende Lohnstückkosten und dazu die niedrigsten Kapitalmarktzinsen seit

Jahren haben zuerst den Rückgang und dann die Stagnation der Sachinvestitionen nicht verhindern können. Das wenige, das investiert wurde, ging in Rationalisierungen. Insgesamt ist die Zahl der Erwerbstätigen seit 1992 Jahr für Jahr zurückgegangen. 1997 wurden 477000 Arbeitsplätze abgebaut. Mit knapp 4,4 Millionen erreichte die Zahl der registrierten Arbeitslosen einen Höhepunkt. Dabei ist ein Ende des Abbaus an Arbeitsplätzen und der Zunahme von Arbeitslosigkeit nicht in Sicht.

Diese Diskrepanz zwischen ihren Zielen und der realen Entwicklung sollte ausreichen, die Angebotspolitik für gescheitert zu erklären. Das Gegenteil ist jedoch der Fall: Bundesregierung und der sie beratende «Sachverständigenrat zur Begutachtung der gesamtwirtschaftlichen Entwicklung» fordern eine Intensivierung der Angebotspolitik, nach dem bereits zitierten Motto: Wenn die Rezeptur nicht wirkt, dann muß eben die Dosis erhöht werden.[33]

Dagegen zeigt sich: Zum einen gibt es keinen Bedarf an unternehmerischer Steuersenkung im internationalen Vergleich. Nicht zuletzt die brummende Exportwirtschaft bestätigt dies. Zum anderen muß die Steuerpolitik, wie die Finanzpolitik überhaupt, endlich auf eine Stärkung der binnenwirtschaftlichen Nachfrage ausgerichtet werden. Dadurch würde zugleich das Prinzip der Steuergerechtigkeit gestärkt. Steuern und Abgaben sind in den unteren und mittleren Einkommensbereichen viel zu hoch. Hier sind Entlastungen erforderlich, die durch den Abbau unternehmerischer Steuerprivilegien gegenfinanziert werden sollten. Schließlich muß die Einäugigkeit der auf einzelwirtschaftliche Renditen ausgerichteten Angebotsdoktrin überwunden werden. Steuern belasten nicht nur die Unternehmen. Sie stellen die Basis öffentlicher Einnahmen zur Finanzierung der materiellen und immateriellen Infrastruktur dar, von der die Unternehmen am Standort Deutschland profitieren. Kommt es nicht zu einer grundlegenden Wende, dann ist eine weitere

33 Vgl. vor allem das Jahresgutachten 1997/98 des Sachverständigenrates zur Begutachtung der gesamtwirtschaftlichen Entwicklung, Ziff. 292ff.

Umverteilung mit den Instrumenten der Steuerpolitik vorprogrammiert – allerdings ohne positive Wirkungen auf die Sachinvestitionen, die Beschäftigung und die Kassenlage der öffentlichen Haushalte. Auch auf dem Feld der Steuerpolitik wird deutlich: Das Handeln unter dem Diktat der Angebotsdoktrin bedroht den Standort. In der steuerpolitisch erzeugten Not der öffentlichen Haushalte werden öffentliche Investitionen in die Zukunft des Standorts gefährdet und durch wachsende Ungerechtigkeit bei der Verteilung der Steuerlast Akzeptanzprobleme provoziert.

3.4. Drei Beispiele für den Paradigmenwechsel

Staatliche Reichtumspflege durch die Abschaffung der Vermögensteuer

Mit dem «Jahressteuergesetz '97» ist die ohnehin bereits mehrfach reduzierte Besteuerung der Vermögen der Betriebe und privaten Haushalte abgeschafft worden. Vorausgegangen war ein Urteil des Bundesverfassungsgerichts vom 22. 6. 1995, das zum einen die geltende Praxis der von den Verkehrswerten massiv nach unten abweichenden Einheitsbewertung bei der Vermögens-, Erbschafts- und Schenkungsbesteuerung zu Recht kritisierte. Die daraufhin erfolgte Anpassung der zu besteuernden Vermögen in Richtung auf deren Marktwerte war dringend erforderlich, nachdem die letzte effektive Berechnung der Einheitswerte auf die Vorkriegsjahre zurückgeht. Zum anderen wurde die Korrektur der bisherigen gesetzlichen Praxis der Vermögensbesteuerung verlangt. Im Gegensatz zu der weit verbreiteten Meinung hat das Bundesverfassungsgericht allerdings nicht die Abschaffung der Vermögensteuer verlangt. Vielmehr wurden drei Begrenzungsmarken der Besteuerung reklamiert:

1. Die steuerliche Gesamtbelastung durch Einkommen- und Vermögensteuer ist auf die Ertragsfähigkeit zu begrenzen (Verbot der Substanzbesteuerung).
2. Die steuerliche Gesamtbelastung des (Soll-)Ertrags hat in der

Nähe einer «hälftigen Teilung zwischen privater und öffentlicher Hand» zu verbleiben.

3. Der Gesetzgeber soll bei einer Neuregelung der Vermögen- und Erbschaftsteuer normales Familienvermögen (Gebrauchsvermögen) mit der Orientierung am durchschnittlichen Wert eines Einfamilienhauses freistellen.

Dieses Urteil ist sowohl rechtlich als auch ob seiner ökonomisch-steuertechnischen Mutmaßungen heftig umstritten.[34] Kritisiert wird nicht nur die starke Einmischung des Bundesverfassungsgerichts in die Gestaltung der Gesetzgebung. Auch ist nicht klar, welche übrigen Steuern auf den Ertrag in den hälftigen Teilungsgrundsatz einzubeziehen sind. Ferner wird offensichtlich auf die effektive Durchschnittsbelastung des ökonomischen Ertrags abgestellt. Damit dürfen jedoch nicht nur die tariflichen Steuersätze berücksichtigt werden, sondern die Steuerentlastungen durch Freibeträge und andere Vergünstigungen sind gegenzurechnen.

Die Argumentationsmuster zur Abschaffung der Vermögensteuer offenbaren gleichsam symptomatisch die Blickverengung angebotsorientierter Steuerpolitik. Im Mittelpunkt steht das Argument von der Doppelbesteuerung. Schließlich sei das Einkommen, aus dem Vermögen gebildet wurde, schon einmal besteuert worden. Wenn so argumentiert wird, dürften logischerweise die Gewinne – abgesehen vom Unternehmerlohn – auch nicht mehr besteuert werden, denn dahinter steht eingesetztes Kapital, das zuvor aus zu versteuernden Einkommen gebildet worden ist.[35] Bei den Arbeitseinkommen hingegen müßten die Erträge aus dem

34 R. Hickel, Staatliche Reichtumspflege – Der Entwurf zum Jahressteuergesetz '97; in: Blätter für deutsche und internationale Politik, 8/1996. Dieser Beitrag basiert auf einem Thesenpapier, das im Rahmen der Anhörung durch den Finanzausschuß des Deutschen Bundestags zum «Jahressteuergesetz '97» am 26./27. Juni 1996 vorgelegt worden ist.

35 Vgl. die ausgezeichnete Argumentation bei A. Oberhauser, Deutsches Steuersystem und Steuergerechtigkeit; in: A. Rauscher (Hg.), Steuergerechtigkeit, Köln 1995, S. 14ff.

Humankapital, das die Qualifizierung der Arbeitskräfte zum Ausdruck bringt, steuerfrei bleiben, denn dieses wurde aus zuvor besteuerten Einkommen gebildet. Der zählebige Irrtum der Doppelbesteuerung entsteht, weil zwischen Bestands- und Stromgrößen nicht unterschieden wird. Die Erträge aus Vermögen resultieren aus den irgendwann einmal gebildeten Beständen.

Die Abschaffung der Vermögensteuer wird auch damit begründet, daß nicht das Einkommen, sondern das, was sich jemand an Konsum leistet, zu besteuern sei. Sparen gilt nach dieser Logik als Konsumverzicht. Und diese «puritanische» Tugend des Verzichts darf nicht durch Besteuerung bestraft werden. Darüber hinaus bilde diese Ersparnis die Basis für die Finanzierung von wachstumstreibenden Investitionen. Beide Argumente treffen nicht zu. Zum einen sind die mit wachsendem Einkommen anteilspezifisch zunehmenden Ersparnisse nicht Ergebnis eines Konsumaufschubs, sondern Ausdruck dafür, weit über die üppige Lebenshaltung eines Wohlhabenden hinaus Vermögen bilden zu können. Das hat mit Konsumverzicht nichts zu tun. Im Gegenteil: Erst wenn das Einkommen über die Konsumtion hinauswächst, eröffnet sich die Chance zur Vermögensbildung. Zum anderen führen gesamtwirtschaftlich wachsende Ersparnisse nicht zu zusätzlichen Investitionen. Die binnenwirtschaftliche Entwicklung leidet nicht an Kapital-, sondern an Nachfragemangel. Ersparnisse fallen erst einmal als Nachfrage aus. Voraussetzung für die Sachkapitalbildung ist zusätzliche Güternachfrage, die deren Auslastung sichert. Der trotz günstiger Angebotsbedingungen nach der Rezession 1993 beobachtbare Investitionsattentismus der Unternehmen wird nicht durch unzureichende Ersparnisse, sondern im Gegenteil durch mangelnde gesamtwirtschaftliche Nachfrage infolge hohen volkswirtschaftlichen Sparens erzeugt. Die Vermögensteuer, die den Bundesländern 1996 knapp acht Milliarden Mark an Einnahmen brachte, muß für die privaten Haushalte wieder eingeführt werden. Sie dient der Steuergerechtigkeit und sorgt dafür, daß über den Staat volkswirtschaftliche Ausgaben wirksam werden. Vermögen von der Besteuerung freizustellen muß bei gleichzeitiger

Zunahme der Belastung der Masseneinkommen dazu führen, daß die Akzeptanz des Steuersystems schwindet.

Nach einer Berechnung des Deutschen Instituts für Wirtschaftsforschung beträgt die theoretische Basis der Vermögensteuer rund acht Billionen Mark (Immobilien und Geldvermögen).[36] Werden für jeden Haushalt als «Familien-Gebrauchsvermögen» 500 000 Mark steuerfrei gestellt (ohne Berücksichtigung eines Vorab-Freibetrags für die betrieblichen Vermögen), so beträgt die potentielle Steuerbasis rund 3,7 Billionen Mark. Unter Nutzung des gegenwärtigen normalen Steuersatzes für natürliche Personen von einem Prozent könnten 37 Milliarden Mark an Einnahmen für die Bundesländer mobilisiert werden.

Große Steuerreform '99: Aushöhlung des Leistungsfähigkeitsprinzips

Mit den heftig umstrittenen Vorschlägen zur «Großen Steuerreform '99» verfolgt die Bundesregierung ein doppeltes Ziel: Zum einen sollen bei der Einkommen- und Körperschaftsteuer die Tarife gesenkt werden. Zum anderen dienen Maßnahmen des Abbaus von Steuervorteilen und damit die Verbreiterung der Steuerbemessungsgrundlage dazu, zumindest einen Teil der tarifbedingten Verluste an Steuereinnahmen gegenzufinanzieren. Schließlich wird aber eine Nettoentlastung angestrebt.

Damit verbindet sich die naive Hoffnung, Wachstumsimpulse würden zu entsprechend steigenden Steuereinnahmen, also zur Selbstfinanzierung führen. Dem für 1999 geschätzten Entlastungsvolumen von 82 Milliarden stehen Mehreinnahmen aus der geplanten Verbreiterung der Bemessungsgrundlage von 38 Milliarden Mark gegenüber. Was bleibt ist ein Defizit von geschätzten 45 Milliarden Mark. Davon sollen 14 Milliarden durch eine Erhöhung des Normalsatzes der Mehrwertsteuer um einen Prozentpunkt gedeckt werden. Realistische Schätzungen zu den ein-

36 St. Bach/B. Bartholmai, Zur Neuregelung von Vermögen- und Erbschaftsteuer; in: DIW-Wochenbericht 30/1996, S. 504

nahmespezifischen Wirkungen der geplanten Maßnahmen gehen allerdings von einer höheren Deckungslücke aus: 55 Milliarden.

Um die mit der Reform bezweckten Änderung der steuerlichen Lastverteilung, die ökonomischen Folgen sowie die Auswirkungen auf die fiskalische Entwicklung der öffentlichen Haushalte abschätzen zu können, müssen die tariflichen Änderungen den geplanten Maßnahmen zum Abbau von Steuervergünstigungen gegenübergestellt werden.[37] Kernpunkt der tariflichen Änderungen ist die durchgängige Senkung des Einkommensteuertarifs (vgl. Abbildung 6, S. 112): Der Eingangssteuersatz von 15 Prozent setzt ab dem erhöhten Grundfreibetrag von 13000/26000 Mark (ledig/verheiratet) ein. Es folgt dann eine kleine Proportionalzone. Danach steigt die Besteuerung einer zusätzlich verdienten Mark konstant bis zum Spitzensteuersatz von 39 Prozent an. Der Grenzsteuersatz wächst also konstant (lineare Progression). Diese Zone trägt dem Prinzip steigender Belastung mit wachsender Leistungsfähigkeit Rechnung. Zudem wird der Beginn der Spitzenbesteuerung (obere Proportionalzone) von derzeit 120000 DM/240000 auf 90000/180000 Mark gesenkt. Der heutige Spitzensteuersatz für gewerbliche Einkünfte soll von 47 auf 35 Prozent reduziert werden. Bei der Körperschaftsteuer ist geplant, den Steuersatz für einbehaltene Gewinne von 45 auf 35 Prozent und den für ausgeschüttete Gewinne von 30 auf 25 Prozent (vor allem zugunsten der ausländischen Anleger, die eine Verrechnung über die Einkommensteuer nicht vornehmen können) zu senken.

Die Gestaltung dieses Tarifs ist steuersystematisch bedenklich. Zum einen kommt es beim Übergang von der Proportionalzone in den Bereich der linearen Progression zu einem Belastungssprung um 7,5 Prozentpunkte. Der Grenzsteuersatz bei Einkommen von

37 R. Hickel, Mehr durch weniger? Be- und Entlastungen in Waigels Steuerreformkonzept; in: Blätter für deutsche und internationale Politik 3/1997. Dieser Beitrag basiert auf einem Thesenpapier, das dem Finanzausschuß des Deutschen Bundestages zu seiner Anhörung über das Steuerreformgesetz '97 am 17. 4. 1997 vorgelegt und dort vertreten wurde.

Abbildung 6: 1997 geltender und ab 1999 geplanter Einkommensteuertarif

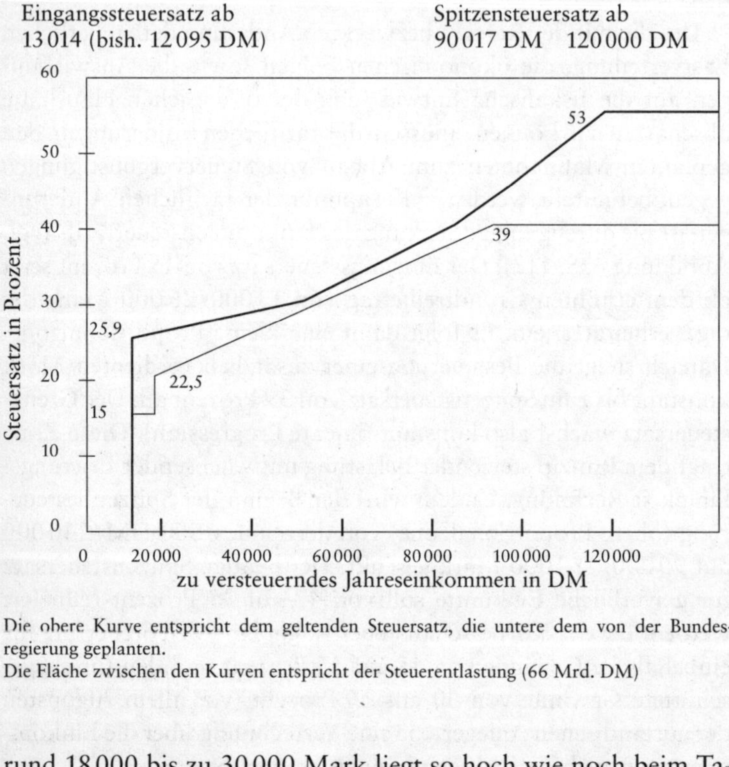

Die obere Kurve entspricht dem geltenden Steuersatz, die untere dem von der Bundesregierung geplanten.
Die Fläche zwischen den Kurven entspricht der Steuerentlastung (66 Mrd. DM)

rund 18 000 bis zu 30 000 Mark liegt so hoch wie noch beim Tarifverlauf 1990. Zum anderen widerspricht die massive Senkung des Starts in die Spitzenbesteuerung dem Prinzip ökonomisch-individueller Leistungsfähigkeit. Die maximale Grenzbesteuerung ist für einen Einkommensmillionär mit 39 Prozent ebenso hoch wie für das Einkommen eines mittleren Managers oder Handwerkers. Die Entlastungskurve allein durch die Tarifänderung – unter Berücksichtigung der geplanten Reduzierung der Arbeitnehmerpauschale von 2000 auf 1300 Mark – zeigt einen U-förmigen Verlauf, wie das Deutsche Institut für Wirtschaftsforschung errechnete.[38] Ein lediger Arbeitnehmer mit einem durchschnittlichen Einkommen von etwa 52 000 Mark brutto pro Jahr wird um 1600 Mark entlastet; das sind 16,3 Prozent. Bezieht ein lediger Arbeitnehmer nur zwei Drittel eines Durchschnittsverdieners, so führt das zu einer Entlastung von 22,3 Prozent. Liegt das Einkommen des ledigen Arbeitnehmers vielfach höher als der Durchschnitt, dann beträgt die relative Entlastung 20,3 Prozent. Die absolute und relative Entlastung nimmt schließlich mit steigendem Einkommen zu und erreicht bei einem Bruttojahreseinkommen über einer Million Mark mehr als 25 Prozent bzw. 135 000 Mark.

Es zeigt sich, daß dem oberen, verdienststarken Fünftel der Lohnsteuerpflichtigen die Hälfte der tariflichen Entlastung zufließt. Diese ungerechte Verteilungswirkung der Tarifänderung wird durch die Berücksichtigung der vorgesehenen Gegenfinanzierungsmaßnahmen im Zuge des geplanten Abbaus von Steuervorteilen verstärkt. Zwar sind durchaus mutige Maßnahmen zum Abbau unternehmerischer Steuervorteile vorgesehen: Einführung des Wertaufholungsgebotes (eine Wertminderung des Anlagevermögens durch Sonderabschreibungen muß rückgängig gemacht werden, wenn der Grund der Bevorteilung weggefallen ist), Kürzung der degressiven Abschreibung auf bewegliche Güter des Anlagevermögens und der Gebäude, Streichung der Rückstellungen für drohende Verluste aus Dauerschuldverhältnissen, Einschränkung mittelständischer Steuervorteile, Begrenzung des Verlustvortrags. Die vorgesehenen Maßnahmen zum Abbau von Steuervorteilen für Bezieher von Arbeits- und Sozialeinkommen führen jedoch zu erheblich stärkeren Verlusten: Volle Besteuerung der Nacht-, Sonn- und Feiertagsarbeit; Senkung der Arbeitnehmerpauschale sowie Verschlechterung der Entfernungspauschale bei Nutzung des PKW zwischen Wohn- und Arbeitsplatz; hälftige Besteuerung der Lohnersatzleistungen (etwa Arbeitslosenhilfe und Arbeitslosengeld) sowie der Renten und Versteuerung der Lebensversicherungen.

38 D. Teichmann/R. Zwiener, Steuerreform 1998/99: Kein Durchbruch bei der Bekämpfung der Arbeitslosigkeit; in: DIW-Wochenbericht 15/1997, S. 246

Im Ergebnis würde diese Steuerreform die Schieflage bei der Verteilung der Steuerlast zu ungunsten der Arbeitseinkommen vertiefen. Folgende Gegenüberstellung zeigt die Ungerechtigkeit beim geplanten Abbau der Steuervorteile: Zuschläge für Nacht-, Sonn- und Feiertagsarbeit sollen rigoros als Einkommensteile besteuert werden. Dabei gibt es durchaus gesamtwirtschaftliche und gesellschaftliche Gründe – etwa Notdienste – dafür, diese erschwerte, jedoch erforderliche Arbeit steuerlich gesondert zu behandeln. Naiv wäre es zu erwarten, daß die bisherigen Steuervorteile für diese erschwerte Arbeit durch höhere Löhne und Gehälter ausgeglichen würden. Damit sind Einkommensverluste vorprogrammiert.

Während bei den Arbeitseinkommen rigoros vorgegangen wird, werden die Gewinneinkommen sichtlich geschont. Nach der Logik der Besteuerung aller Einkommensteile müßten endlich die Gewinne aus der Veräußerung von Grundstücken und Wertpapieren voll besteuert werden. Dazu ringt sich der Entwurf zur Steuerreform jedoch nicht durch. Lediglich die Spekulationsfristen sollen für private Wertpapiere von derzeit sechs Monate auf ein Jahr und für Immobilien von bisher zwei auf zehn Jahre verlängert werden. Zu dieser pfleglichen Sonderbehandlung vor allem des Handels mit Wertpapieren ist es letztlich – wie das *Handelsblatt* mutmaßt – «unter dem Eindruck der mächtigen Bankenlobby» gekommen.[39]

Generelle Aussagen zur Verteilungswirkung infolge der Senkung des Einkommensteuertarifs sowie der Verbreiterung der Bemessungsgrundlage lassen sich derzeit exakt kaum treffen. Beispielrechnungen zu sozialökonomisch unterschiedlichen Typen von Einkommensbeziehern offenbaren gleichwohl die verteilungspolitische Wahrheit: Die durch die Nacht-, Sonn- und Feiertagsarbeit stark betroffene Krankenschwester zählt zu den Verlierern dieser Steuerpläne. Unter Berücksichtigung aller Veränderungen

39 H. Mundorf, Veräußerungsgewinne sollen besteuert werden; in: Handelsblatt vom 27. 1. 1997

der bisherigen Steuervorteile verliert sie als Ledige im gesamten Jahr über 1600 Mark ihres Nettoeinkommens. Der Chefarzt dagegen wird mit über 200 000 Mark entlastet; er gehört also zu den Gewinnern.

Über diese dem Prinzip der Leistungsfähigkeit widersprechende Umverteilung durch die Einkommensteuerreform hinaus muß gefragt werden, wie die Deckungslücke – auch nach Erhöhung des Normalsatzes der Mehrwertsteuer um einen Prozentpunkt – geschlossen werden soll. Denn diese Steuerreform vermag das Wirtschaftswachstum nicht anzuregen. Deshalb ist auch nicht mit der vielfach beschworenen Selbstfinanzierung der Nettoentlastungen in den öffentlichen Haushalten zu rechnen. Würde versucht, die Haushaltslöcher schließlich durch weiteren Abbau staatlicher Ausgaben aufzufangen, so käme es zur Abschwächung der wirtschaftlichen Entwicklung, zum Anstieg der Arbeitslosigkeit und schließlich zu neuen Defiziten in den öffentlichen Haushalten.

Der Entzug von öffentlichen Ausgaben führt zu einem sich vervielfachenden Ausfall an Nachfrage. Teichmann und Zwiener haben in einer vorsichtigen Abschätzung der gesamtwirtschaftlichen Wirkung der geplanten Steuerreform ’99 gezeigt: Gegenüber den derzeit geltenden Regeln würde die Zahl der Beschäftigten im ersten Jahr um 0,3 und im vierten Jahr immer noch um 0,2 Prozent zurückgehen. Dabei wird eine Gegenfinanzierung mit den Instrumenten: Erhöhung des normalen Mehrwertsteuersatzes von 15 auf 16 Prozent sowie Senkung der öffentlichen Bauinvestitionen, der Sozialausgaben und des Staatsverbrauchs (jeweils um ein Drittel der gesamten Steuerentlastung) unterstellt. Nicht vergessen werden sollte, daß die Erhöhung des Mehrwertsteuer-Normalsatzes ab April 1998 auf 16 Prozent im Rahmen der öffentlichen Finanzierung der Rentenversicherung (um den Beitragssatz von 20,3 Prozent konstant zu halten) bereits verfrühstückt ist.

Es ist unstrittig: Eine Reform der Einkommensteuer ist dringend geboten. Im Gegensatz zum Vorschlag der Bundesregierung sollte sie sich jedoch ausrichten an der Schaffung von Transparenz, der Stärkung der Massenkaufkraft im unteren Einkommensbereich, dem Abbau der Steuerprivilegien für Einkommensmillionäre sowie der einnahmebezogenen Stabilisierung der öffentlichen Haushalte.

Die geradezu manische Konzentration auf die Senkung des Spitzensteuersatzes bei der Einkommensteuer von derzeit 53 Prozent steht, wie gezeigt, im Widerspruch zu der Tatsache, daß die Spitzenverdiener wegen vielfältiger Steuerprivilegien mit ihrer durchschnittlichen Besteuerung weit unterhalb dieser Norm liegen. Der Spitzensteuersatz kann dann gesenkt werden, wenn durch den Abbau der Steuervorteile die effektive durchschnittliche Besteuerung deutlich angehoben wird. Nur so würden über die Gegenfinanzierung der Einnahmeausfälle durch die Reduktion des Spitzensteuersatzes hinaus dem Staat zusätzliche Steuereinnahmen zufließen.

Gemessen an diesen vernünftigen Zielen grenzt es an Zynismus, die Oppositionsparteien im Deutschen Bundestag, die die Vorschläge der Bundesregierung abgelehnt haben, als Standortblokkierer zu diffamieren. Wegen seiner negativen Beschäftigungs- und Verteilungswirkungen mußte dieses Projekt, das das Etikett Reform nicht verdient, verhindert werden. Es gleicht einer Legendenbildung zu suggerieren, mit der Verwirklichung der Steuerpläne der Bundesregierung wären alle Probleme auf den Arbeitsmärkten zu lösen gewesen. Das Gegenteil ist der Fall. Mit dieser Argumentation droht der ersten Regierungslüge von den «blühenden Landschaften» im Osten die zweite Lüge vom steuerpolitischen Jobwunder in Westdeutschland hinzugefügt zu werden.

Bedeutungsgewinn der indirekten Besteuerung: privater Konsum – sozial ungerechter Belastungsfaktor

Zum Paradigmawechsel vom Gerechtigkeits- zum angebotsorientierten Effizienzprinzip gehören auch die an Bedeutung gewinnenden Vorschläge, die (direkten) Steuern auf die Einkommen zugunsten der Ausweitung der (indirekten) Mehrwertsteuer zu senken. Die Mehrwertsteuer ist so konstruiert, daß sie nach dem Willen des Gesetzes durch den Vorsteuerabzug auf Lieferungen über alle Stufen des Produktionsprozesses von den Unternehmen an die Endverbraucher überwälzt werden soll. Inwieweit diese gesetzlich gewollte Überwälzung (formale Inzidenz) auch tatsächlich gelingt, hängt davon ab, ob die Marktverhältnisse die Weiterwälzung auf die jeweils nachfolgende Produktionsstufe in vollem Umfang zulassen. Die Faustregel lautet: Die Erhöhung des Normalsteuersatzes von derzeit 15 v. H. um einen Prozentpunkt führt zum Anstieg des Preisindexes für die Lebenshaltungskosten um ca. 0,6–0,8 Prozentpunkte. Der Ausbau der Mehrwertsteuer zur Senkung der direkten Steuern ist verteilungspolitisch unakzeptabel. Durch die Besteuerung des privaten Konsums wird das Prinzip der Lastverteilung nach der ökonomisch-individuellen Leistungsfähigkeit endgültig verdrängt: Je mehr jemand an Einkommen erzielt und je geringer der Anteil des privaten Konsums ausfällt, um so geringer ist dessen Steuerlast. Wer ökonomisch in der Lage ist zu sparen, der kann sich dieser Steuerlast entziehen. Die Geldvermögensbildung wird bei den privaten Haushalten steuerlich bevorteilt.

Die Behauptung, mit wachsendem Einkommen nähme der Anteil der Mehrwertbesteuerung ab, muß jedoch nach neueren empirischen Studien differenziert werden. Es läßt sich zeigen: Von einer deutlich niedrigen Belastung der geringen Einkünfte nimmt bis zu mittleren Einkünften die relative Mehrwertsteuerlast erst einmal zu. Der Grund ist klar: Die Bezieher geringer Einkommen profitieren von der Tatsache, daß bei einer sehr hohen Konsumquote der Anteil der Güter und Dienstleistungen, die nur mit 7 Prozent bzw. überhaupt nicht besteuert werden, vergleichsweise hoch ausfällt. Dieser Vorteil nimmt für mittlere Einkünfte bis zu monatlich ca. 5000 Mark langsam ab. Diese Einkommensgruppe trägt die relativ höchste Last. Der Anteil der Konsumausgaben am verfügbaren Einkommen ist vergleichsweise hoch, und die mit dem Normalsteuersatz von 15 Prozent besteuerten Güter und Dienstleistungen dominieren. Erst ab dem Monatseinkommen von etwa 5000 Mark setzt dann allerdings durchgängig die Regression, das heißt die abnehmende relative Belastung ein. Abbildung 7 (S. 119) zeigt den «bogenförmigen» Verlauf der relativen Mehrwertsteuerbelastung bei wachsendem Einkommen.[40] Nach diesem «bogenförmigen» Verlauf würden durch eine Umschichtung der Steuern von der Einkommen- zur Mehrwertsteuer die Einkommenstarken relativ entlastet und damit das auf gerechte Steuerlastverteilung ausgerichtete Leistungsfähigkeitsprinzip außer Kraft gesetzt. Deshalb sind Vorschläge, die Steuerlast über den privaten Endverbrauch vermehrt einzutreiben, abzulehnen.

3.5. Skizze zu den Anforderungen an ein modernes Steuersystem

Das derzeitige Steuersystem muß zweifellos einer grundlegenden Reform unterzogen werden. Die Transparenz der Besteuerung ist kaum noch gegeben. Alle Steuerreformen, die unter dem Ziel der Vereinfachung antraten, entpuppten sich am Ende als Beschäftigungsprogramme für Steuerberater, weil das Steuerrecht komplizierter wurde. Heute weicht, wie demonstriert, die effektive Steuerbelastung in bedrohlichem Ausmaß vom gesetzlich gewollten Spitzentarif ab. Die vielfältigen Möglichkeiten der Vermeidung und Verminderung der Besteuerung verlangen größtes Expertenwissen. Wegen dieses Dickichts an Steuervorteilen sind die Wirkungen des Steuersystems kaum noch empirisch zu erfassen. Dabei steigen mit wachsenden Einkommen die Chancen, vom Steuersystem zu profitieren. Zudem verfügen marktstarke Unternehmen mit ihrer Preispolitik ohnehin über ein Instrument, nicht nur die Kosten-, sondern auch die Gewinnsteuern zu überwälzen. Was am meisten zählt, ist die Tatsache, daß Umverteilung mit den Instrumenten der Steuerpolitik zugunsten der Gewinne nicht durch die Schaffung neuer Arbeitsplätze belohnt wird. Die Beschäftigungsentwicklung hat sich längst von den staatlich gepflegten Gewinnen entkoppelt.

40 K.-D. Bedau, Mehrwertsteuererhöhung trifft die Haushalte unterschiedlicher Einkommenshöhe annähernd gleich; in: DIW-Wochenbericht 38–39/1996

Abbildung 7: Verlauf der Mehrwertsteuerbelastung bei einer Erhöhung des Normalsteuersatzes von derzeit 15 % auf 17 % und Konstanz des ermäßigten Steuersatzes von 7 % (1994)

Mehrwertsteuerbelastung der ausgabefähigen Haushaltseinkommen und -einnahmen 1984 bei alternativen Normalsätzen[1] und real gleichbleibenden Verbrauchsausgaben

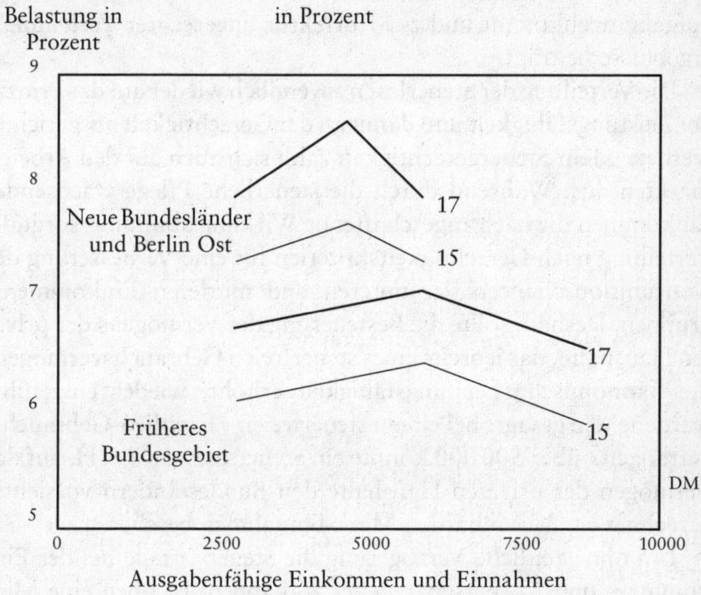

1 Es wird unterstellt, daß der ermäßigte Mehrwertsteuersatz (7 Prozent) unverändert bleibt.

Quellen: Statistisches Bundesamt; Berechnungen des DIW '96

Quellen: DIW-Wochenbericht 38–39/1996, S. 630

Eine grundlegende Reform des Steuersystems ist also dringend erforderlich. Vier Anforderungen sind dabei zu berücksichtigen:

► Das Gesamtausmaß der Besteuerung leitet sich aus den zu finanzierenden Aufgaben des öffentlichen Sektors ab. Andererseits sind gesamtwirtschaftliche und ökologische Lenkungszwecke beispielsweise durch Öko-Steuern zu berücksichtigen. Die neoklassische Marktökonomik unterliegt dem grundlegenden Irrtum, jede privatwirtschaftlich ausgegebene Mark sei ihrer öffentlichen Verwendung überlegen. Gerade im tiefgreifenden Strukturwandel müssen die Märkte durch zielgerichtete, öffentliche Politik flankiert werden. Märkte können nur funktionieren, wenn der Staat die erforderliche Infrastruktur sicherstellt, seiner Stabilisierungsaufgabe nachkommt und zur Korrektur ungerechter Verteilungsergebnisse beiträgt.

► Die Verteilung der Steuerlast muß endlich wieder auf das Prinzip der Leistungsfähigkeit und damit an der Gerechtigkeit ausgerichtet werden. Mehr Steuergerechtigkeit zahlt sich auch auf den Arbeitsmärkten aus. Während durch die steuerliche Pflege wachsender Einkommen die nachfrageschaffende Wirkung abnimmt, sorgt die Verteilung nach Gerechtigkeitskriterien für eine Verbesserung der Konsumtionschancen der unteren und mittleren Einkommensgruppen. Deshalb sollte die Besteuerung des Vermögens der privaten Haushalte, das jenseits eines steuerfreien Gebrauchsvermögens die ökonomische Leistungsfähigkeit erhöht, wieder eingeführt werden. Wie gesagt: Bei einem steuerfreien «Familien-Gebrauchsvermögen» über 500 000 könnte ein Steuersatz von 1 v. H. auf das Vermögen der privaten Haushalte den Bundesländern vorsichtig gerechnet ca. 37 Milliarden Mark Einnahmen bescheren.

► Um ohne zeitliche Verzögerung die Steuervorteile bei der Einkommen- und Körperschaftsteuer zu kappen, ist oben eine Mindeststeuer vorgeschlagen worden. Sie hat die Aufgabe, ab einem Bruttoeinkommen von 100 000 Mark eine Mindestbesteuerung von 25 v. H. zu sichern. Erst bei der darüber hinausgehenden Besteuerung dürfen die Steuerprivilegien genutzt werden.

► Zur Herstellung von mehr Verteilungsgerechtigkeit gehört auch die massive Bekämpfung der Steuerhinterziehung und Wirtschaftskriminalität. Innerhalb des Binnenmarktes der EU muß dringend die Steuersenkungskonkurrenz für Unternehmen beendet, die Steueroasen müssen also ausgetrocknet werden.

► Einen neuen Schwerpunkt der Besteuerung bildet die ökologische Steuerreform, auf die später eingegangen wird. Ökologischen Steuern kommt die Aufgabe zu, die großteils externalisierten Kosten der Umweltbelastung innerhalb einzelwirtschaftlicher Entscheidungen zu verankern. Erst dadurch lassen sich «ökologisch wahre» Preise (E. U. von Weizsäcker) innerhalb des Marktsystems herstellen.

Durch die sozialethisch begründete Gestaltung der Steuerlastverteilung sowie die ökologische Ausrichtung wird letztlich die Zukunftsfähigkeit des Lebens- und Produktionsstandorts sichergestellt.

4. Wider den Interventionsstaat – vom Elend der Marktherrschaft über die Politik

Im heftigen Streit über die Ursachen und Bekämpfung der Massenarbeitslosigkeit offenbaren sich konträre Auffassungen über die Rolle des Staates. Ein kurzer Blick auf die wirtschaftspolitischen Dokumente, die beispielsweise im Bundestag diskutiert werden, bestätigt dies. Diese Kontroverse über Staat und Markt spaltet nicht erst heute die Wirtschaftswissenschaft nahezu unversöhnlich. Seit der Durchsetzung und mit der Ausbreitung kapitalistischer Marktsysteme wird über die ökonomische Agenda des Staats heftig gestritten. Um die Extrempositionen einigermaßen verständlich zu machen, könnte folgende Interpretationshilfe dienlich sein: Im jeweiligen Staatsverständnis reproduziert sich nichts anderes als die jeweilige Auffassung über die Leistungsfähigkeit von Marktsystemen. Wird die Fähigkeit der Märkte, ökonomische Probleme aus eigener Kraft zu lösen, hoch eingeschätzt, so reduziert sich die Rolle des Staates auf die Sicherung der Ordnung. Dagegen steht der Staat, der ins ökonomische Geschehen intervenieren und ausgleichend wirken muß, soweit die Märkte Fehlentwicklungen erzeugen.

Auf das Marktversagen zielt der Interventionsstaat. Der Nachweis dafür, daß die Effizienzvorteile der Marktwirtschaften nur genutzt werden können, wenn sich gleichzeitig die Politik über die Sicherung des Ordnungsrahmens hinaus darauf ausrichtet, Fehlentwicklungen aufzufangen, steht im Mittelpunkt der keynesschen Theorie und Politik. Der große englische Ökonom John Maynard Keynes hatte unter dem Eindruck der Weltwirtschaftskrise in seiner epochalen «Allgemeinen Theorie der Beschäftigung, des Zinses und des Geldes» von 1936 gezeigt, daß Marktsysteme Wirtschaftskrisen produzieren können, die nur durch die politische Steuerung zu überwinden sind. Die heute vielfach gebrauchte Charakterisierung der Wirtschaftspolitik als *keynesianische bzw. keynessche* – gegenüber dem Neoliberalismus – stellt auf die Notwendigkeit staatlicher Politik bezogen auf das Marktversagen ab. Sie bezieht sich zielorientiert auf soziale, wachstums- und beschäftigungsbezogene sowie mittlerweile auch innovationsorientierte und ökologische Korrekturen nicht akzeptabler Ergebnisse der Marktwirtschaft. Der Katalog des Marktversagens definiert also die Agenda staatlichen Handelns gegenüber der Wirtschaft. Zwischen Ökonomie und Politik besteht kein Konkurrenz-, sondern ein Kompensationsverhältnis. Gesucht wird eine optimale Arbeitsteilung zwischen Staat und Markt.

4.1. Neoliberaler Minimalstaat – Dominanz der Konkurrenzökonomie

Gegenüber dem aus vielfältigem Marktversagen geborenen Interventionsstaat plädiert der Neoliberalismus für einen von ökonomischen Aufgaben entkleideten Minimalstaat (Robert Nozick). Die Begründung für diesen bloßen Ordnungsstaat kennen wir bereits. Sie gilt für all die unterschiedlichen Etikettierungen wie Neoliberalismus, Neoklassik, Angebotsdoktrin und Monetarismus gleichermaßen: Marktsysteme seien durchaus in der Lage, die wirtschaftlichen Wachstumsmöglichkeiten auszuschöpfen und Vollbeschäftigung zu erzeugen. Diese segensreichen Fähigkeiten entfalteten sich jedoch nur dann, wenn auch die Spielregeln eingehalten werden. Genau hier setzt die Kritik am Interventionsstaat ein. Er stelle heute ein Geflecht von politischen Regulierungen und Interventionen dar, das das freie Spiel des Wettbewerbs empfindlich behindere. Der Interventionsstaat gerät aus neoliberaler Sicht zum erdrückenden Leviathan. Daraus folgt die systemverändernde Forderung, der Staat solle sich all dieser marktkorrigierenden Eingriffe enthalten. Am Ende steht der Minimalstaat, der, allerdings machtvoll, lediglich die Spielregeln der Wettbewerbsökonomie zu sichern hat. Dieser Minimalstaat dient der Maximal-Konkurrenzökonomie. Politik reduziert sich auf die Rolle des Erfüllungsgehilfen der Marktgesetze. Diese recht abstrakte Formulierung muß auf die konkreten Akteure hin spezifiziert werden: Politik, die sich nur noch den als unerschütterlich gegebenen Wettbewerbsverhältnissen unterordnet, agiert letztlich in Abhängigkeit von Wirtschaftsmächtigen.

An die Stelle produktiver Arbeitsteilung zwischen öffentlicher Politik und Wirtschaft unter gesellschaftlich vorgegebenen Zielen tritt das neoliberale Konkurrenzparadigma. Staatliche Gestaltung belaste nur die Marktökonomie. Am Ende gebe es trotz der gut gemeinten Eingriffe in das Marktgeschehen nur Verlierer. Die unterstellte Wirkungsweise staatlicher Beschäftigungs- und Sozialpolitik gegen die Massenarbeitslosigkeit ist im Abschnitt 1 dieses Kapitels unter dem neoklassischen Krisenszenario «Mindestlohnarbeitslosigkeit» beschrieben worden: Verzicht des Staates auf Beschäftigungspolitik; Abbau sozialer Absicherung der Arbeitslosen, um den Druck der Anpassung an niedrigere Löhne wirken zu lassen; Demontage des Tarifvertragssystems und dabei vor allem Schwächung der Gewerkschaften, um den Mindestschutz für Löhne und Arbeitsbedingungen auszuhebeln. Wie auch immer differenziert, diese neoliberalen Rezepte werden im Zuge wachsender Arbeitslosigkeit jeweils noch lautstärker verkündet.

Nochmals sei daran erinnert: Die Tatsache, daß in den letzten Jahren schon große Erfolge beim Abbau staatlicher Regulierungen erreicht worden sind, die Arbeitslosigkeit jedoch gestiegen ist, vermag dieses angebotsorientierte Konzept nicht zu erschüttern. Auch hier wird die bereits beschriebene Tautologie wiederholt: Ist die Arbeitslosigkeit immer noch hoch bzw. nimmt diese gar zu, so wird dies nur als Zeichen für zu wenig Sozialabbau und Demontage des Tarifvertragssystems gedeutet. So geht die vorherrschende Wirtschaftswissenschaft zusammen mit der neoliberalen Politik von der Gewißheit aus, die politischen Regulierungen seien noch viel zu stark. Ihr weiterer Abbau diene einzig und allein der «Entfesselung der Marktkräfte».

Dabei fällt auf, daß der Neoliberalismus über kein präzises Leitbild zum Aufgabenkatalog eines Minimalstaats verfügt. Die Frage, wieviel Staat aus neoliberaler Sicht nötig sei, wird nicht beantwortet. Dafür gibt es einen guten Grund: Wenn dann doch Subventionen für Unternehmen gebraucht werden, kommt diese Unbestimmtheit sehr gelegen. Damit wird dem politischen Opportunismus Tür und Tor geöffnet. Mit Blick auf die Arbeitslosigkeit ist die Forderung nach einem weiteren Abbau sozialer Regulierungen gewiß. Jedoch wird natürlich immer wieder auch auf die Notwendigkeit einer funktionsfähigen Sozialpolitik hingewiesen. Wie stark der Staat schrumpfen soll, bleibt ungewiß. Gewißheit wird nur mit der Behauptung demonstriert, daß aus heutiger Sicht die staatlichen Einflüsse auf die Wirtschaft auf jeden Fall zu groß seien. Dadurch bleibt die Hintertür offen, angesichts der hohen Arbeitslosigkeit den noch «schlankeren Staat» zugunsten revitalisierter Marktkräfte zu fordern.

Entstaatlichung nach dem Leitbild: Minimalstaat zugunsten der Maximal-Konkurrenzökonomie bewirkt allerdings auch eine Verschiebung der Machtverhältnisse. Mit dem neoliberalen Ordnungsstaat gewinnt wirtschaftliche Macht Einfluß auf die politische Entwicklung. In den USA ist im Rahmen der Kritik der Angebotstheorie darauf hingewiesen worden, daß mit der Demontage des Wohlfahrtsstaats («welfare state») ein autoritäter Ordnungsstaat («warefare-state») heranwachsen würde. Der sozialpolitisch schwache Staat stärkt den Unternehmensstaat. Politisches Handeln reduziert sich nach dem neoliberalen Weltbild auf die ökonomischen Interessen der die Märkte bestimmenden Unternehmen. Damit wird eine weitere Lüge des Neoliberalismus sichtbar. Es geht nicht um den Abbau staatlicher Macht an sich, um die Herstellung eines zahnlosen «Nachwächterstaats». Ganz im Gegensatz zum schwachen Staat wird wehrhafte Politik gegen sozialökonomische Interessen, die die Marktmacht einzuschränken versuchen, eingesetzt. Insoweit zielt neoliberale Ordnungspolitik auch nicht auf die Befreiung der Individuen von machtvollen Abhängigkeiten. Im Gegenteil: Während die Unternehmen nach dem irreführenden Bild von den «Ketten politischer Einflußnahme» befreit werden sollen, wächst die Abhängigkeit derjenigen, die existentiell auf Arbeitsplätze angewiesen sind. Wird der Sozialstaat demontiert, so geht der Mindestschutz für abhängig Beschäftigte – vor allem auch durch die Demontage des Flächentarifvertrags – verloren. Dagegen wächst der Einfluß der Marktmacht auf die Politik.

Beim Konzept des Interventionsstaats steht dagegen ein ganz anderes Verständnis der Machtverteilung in Wirtschaft und Gesellschaft im Vordergrund. Ökonomische Marktmacht wird bewußt durch politische Gestaltung eingegrenzt, um ökonomische Fehlentwicklungen zu korrigieren. Grundsätzlich geht es um demokratisch definierte wirtschaftspolitische Ziele, die im Zusammenspiel von Staat und Wirtschaft durchgesetzt werden sollen. Der Interventionsstaat orientiert sich am politischen Ausgleich des Machtgefälles zwischen Kapital und Arbeit. Anstatt staatliches Handeln auf die wirtschaftlichen Marktinteressen zu reduzieren, stehen allgemein-wirtschaftspolitische Ziele wie die Bekämpfung der Arbeitslosigkeit und die Erhaltung der Natur im Vordergrund. Zu deren Realisierung wird nach der optimalen Arbeitsteilung zwischen Staat und Markt gesucht. Beim Neoliberalismus wird die Politik den Marktgesetzen untergeordnet. Das alternative Konzept unter dem Stichwort keynessche Wirtschaftspolitik ordnet die Wettbewerbswirtschaft politischer Gestaltung unter.

Das Ausmaß dieser neoliberalen Staatsphobie und spiegelbildlich dazu der naive Optimismus in bezug auf Leistungsfähigkeit von Wettbewerbswirtschaften ist erschreckend. Zu diesem Antietatismus hat sicherlich auch die praktizierte Politik beigetragen. Während beispielsweise die Bundesregierung Erfolge auf den Arbeitsmärkten versprochen hat, erreichte die Massenarbeitslosigkeit Rekordmarken. Da liegt es nahe, der Politik nichts mehr zuzutrauen und deshalb in der Not eben doch auf reine Marktlösungen zu setzen. Aber auch das wachsende Fehlverhalten in der Politik, die vielen Skandale und Vorteilsnahmen im politischen System haben die Akzeptanzkrise des Staates beschleunigt. In vielen Bereichen des öffentlichen Sektors lassen sich mangelnde Wirtschaftlichkeit und Effizienzverluste beobachten. Schließlich kann jeder eine Liste negativer Erfahrungen mit staatlichen Bürokratien zusammenstellen.

Naive Verallgemeinerungen nach dem Motto, die negativen Erlebnisse prägen den gesamten Staat, sind dennoch Trugschlüsse. Sicher: Allzu langsam mutiert trotz einiger vielversprechender Beispiele die öffentliche Verwaltung von einer hoheitlichen Anweisungsinstanz zu einem kundenfreundlichen Service. Die vielen frustrierenden Erfahrungen mit dem öffentlichen Sektor sollten den Ausgangspunkt einer umfassenden Reform staatlicher Politik bilden. Es wäre jedoch fatal, auf ein prinzipielles Staatsversagen zu schließen und daher auf eine Allkompetenz der Märkte zu bauen. Immer noch ist es systematisches Marktversagen, das die Notwendigkeit politischer Gestaltung erzwingt. Daß die darauf bezogene Politik eben auch zu reformieren ist, darf nicht über diesen Grundzusammenhang hinwegtäuschen. Dazu ein Beispiel aus dem Lehrbuch zur sozialen Marktwirtschaft: Effizient arbeitende Märkte produzieren das soziale Risiko der Arbeitslosigkeit. Es trifft Menschen – wie die vielen Massenentlassungen durch Unternehmen zeigen – ohne eigene Schuld, und dieses Risiko kann durch den Betroffenen allein nicht aufgefangen werden. Deshalb springt das System der Arbeitslosenversicherung zusammen mit arbeitsmarktpolitischen Maßnahmen in die Bresche. Das Beispiel zeigt: Soziale Korrekturen der Ergebnisse des Marktes sind zwingend. Der Umgang mit den Arbeitslosen durch die zuständigen Behörden verlangt allerdings jenseits von bürokratisch-hierarchischen Anweisungen neue Formen.

Deshalb ist eine Reform der öffentlichen Verwaltung unter der Zieltriade erforderlich: Sicherstellung der öffentlichen Dienstleistungen, Kundenbezug und Wirtschaftlichkeit. Wichtig ist jedoch, daß bei all den Reformen der öffentliche Auftrag nicht durch die Übernahme von Modellen aus der Privatwirtschaft verdrängt wird. Öffentliche Dienstleistungen können nun mal nicht wie Finanzdienstleistungen am Markt angeboten werden. Die Produktion dieser öffentlichen Dienstleistungen sollte jedoch nach den Prinzipien der Wirtschaftlichkeit organisiert werden.

Im Zentrum des modernen Neoliberalismus steht die Auffassung, daß letztlich einzelwirtschaftlich streng rationales Handeln über die Marktmechanismen zur gesamtwirtschaftlichen Vernunft führt. Die privaten Haushalte verfolgen ihren Eigennutz, die Unternehmen wollen ihre Profitraten optimieren. Diese Modellierung einer sich selbst optimierenden Wettbewerbsökonomie führt zu zwei Fragen, die beantwortet werden müssen: Verfügt dieses Wirtschaftssystem unter der Triebkraft einzelwirtschaftlicher Interessen noch über eine sozialethische Rechtfertigung? Gibt es eine Gewähr dafür, daß über die einzelwirtschaftliche Rationalität auch gesamtwirtschaftlich ein einigermaßen optimales Ergebnis erreicht wird?

Adam Smith konnte die erste Frage noch mit einem klaren Ja beantworten. Die Verfolgung des Eigennutzes vollzieht sich nach seiner Auffassung im Klima der Sympathie. Dazu sein berühmtes Beispiel: Beim Verkauf von Brötchen verfolgt der Bäcker das Interesse optimaler Gewinnerzielung, der Käufer sucht den optimalen Nutzen. Diesen Interessengegensatz, der jedoch nicht antagonistisch ist, löst das Regelsystem von Angebot und Nachfrage. Gefunden wird ein markträumender Preis. Soweit zur Idylle der vollkommenen Konkurrenz. In dem die Nachfrager und Anbieter sich jeweils nach ihren Rationalitätskriterien verhalten, tragen diese nach Adam Smith dazu bei, daß sich – gleichsam hinter ihrem Rücken – eine gottgewollte Ordnung («ordre naturelle») durchsetzte. Während sein epochales Werk zum «Reichtum der Nationen» («Wealth of Nations») von 1776 die Befähigung von Marktwirtschaften beschreibt, auch gesamtwirtschaftlich für eine optimale Selbstordnung zu sorgen, hat er in seinem moralphilosophischen Buch «Theorie der moralischen Gefühle» («Theory of moral sentiments») 1795 zu zeigen versucht, wie sich damit eine ethisch gerechtfertigte, gottgefällige Ordnung durchsetze.[41]

Die moralphilosophische Rechtfertigung seiner Theorie wird übersehen, wenn Adam Smith heute ausschließlich als der Schöpfer der Marktökonomie gefeiert wird. Im Zuge der Säkularisierung ist sie verlorengegangen. Übriggeblieben ist eine Ökonomie des seelenlosen Wettbewerbs. Dieses individuelle Egoismusprinzip behindert die gesellschaftliche Ordnung auf der Basis der Solidarität. Deshalb muß, wie es der Rat der Evangelischen Kirche und die Deutsche Bischofskonferenz in ihrem «Wort zur wirtschaftlichen Lage in Deutschland» formuliert haben, das Wirtschaftsystem auf «Solidarität und Gerechtigkeit» ausgerichtet werden.[42] Zusammen mit dem Marktsystem können diese Ziele nur durch eine gestaltende Politik sichergestellt werden. Der Neoliberalismus, der diese politische Gestaltungsaufgabe zur Fessel marktwirtschaftlicher Dynamik erklärt, gefährdet die sozialen Grundlagen des Wirtschaftens. Darüber können beschwichtigende Bekenntnisse zu einem Rumpfsozialstaat nicht hinwegtäuschen. Deshalb darf die sozial entleerte Marktökonomie, die die Gesellschaft durch das egoistische Eigennutzprinzip auseinanderdriften läßt, nicht die Richtschnur bleiben. Nur durch politische Gestaltung nach den Zielen der Solidarität, Gerechtigkeit und

41 A. Smith, An inquiry into the nature and causes of the wealth of nations (engl. Originalausgabe 1776, deutsche Ausgabe: Eine Untersuchung über das Wesen und Ursache des Volkswohlstandes, Jena 1923; ders., Theory of moral sentiments (engl. Originalausgabe 1759)

42 Für eine Zukunft in Solidarität und Gerechtigkeit, Wort des Rates der Evangelischen Kirche in Deutschland und der Deutschen Bischofskonferenz zur wirtschaftlichen und sozialen Lage in Deutschland, Hannover/Bonn 1997

ökologischen Nachhaltigkeit haben effiziente Marktwirtschaften eine Zukunft.

4.2. *Öffentliche Aufgaben im klug gebändigten Kapitalismus*

Die Staatsphobie des Neoliberalismus beruht auf einem schwerwiegenden Irrtum über das Verhältnis einzel- und gesamtwirtschaftlicher Rationalität. Behauptet wird, einzelwirtschaftlich rationale Entscheidungen seien politischen Festlegungen immer überlegen. Schließlich sichere individuell optimierter Eigennutz auch gesamtwirtschaftliche Rationalität. Also gilt: Wenn es der Deutschen Bank gutgeht, dann geht es auch der Gesellschaft gut. John Maynard Keynes hat in seinem lesenswerten Beitrag «Das Ende des Laissez-Faire: Ideen zur Verbindung von Privat- und Gemeinwirtschaft», der auf einer Vorlesung an der Universität Berlin 1926 beruht, richtiggestellt: «Die Welt wird von oben her nicht so regiert, daß private und allgemeine Interessen zusammenfallen ... Aus den Prinzipien der Nationalökonomie folgt nicht, daß der aufgeklärte Egoismus immer zum allgemeinen Besten wirkt.[43] Der Markt weist aus diesem Dilemma keinen Ausweg. In der Krise investiert der einzelne Unternehmer nicht, weil er danach höhere Produktionskapazitäten hätte, ohne daß die Nachfrage nach seinen Produkten gestiegen ist. Würden sich jedoch alle Unternehmen entschließen, zu investieren, könnten Produktion, Einkommen und Beschäftigung zunehmen. Dazu kommt es aber durch die monadenhafte einzelwirtschaftliche Orientierung nicht. Diese Rationalitätslücke kann nur eine außerökonomische Instanz schließen. Das ist wegen seiner strategischen Bedeutung in der Gesamtwirtschaft der Staat. Er vermag mit einer öffentlichen Nach-

43 J. M. Keynes, Das Ende des Laissez-Faire: Ideen zur Verbindung von Privat- und Gemeinwirtschaft, München/Leipzig 1926; zitiert nach R. Hickel, (Stilisiertes) Interview mit John Maynard Keynes, in: B. v. Greiff u. a. (Hg.), Der Leviathan in unserer Zeit, Opladen/Wiesbaden 1997, S. 134 f.

fragepolitik die durch die Marktwirtschaft erzeugten Illusionen über die unzureichenden Produktionsmöglichkeiten zu durchbrechen. Das Konkurrenzsystem hat also nur dann eine Überlebenschance, wenn es in kooperative Politik eingebettet wird. Erst durch die Ergänzung der Marktprozesse mit kooperativen Strategien der Gesellschaft, für die nun einmal nur der Staat zur Verfügung steht, lassen sich die gesamtwirtschaftlichen Produktions- und Beschäftigungsmöglichkeiten ausschöpfen.

Kapitalistische Marktwirtschaften sind ohne Staat nicht funktionsfähig. Zum einen müssen die allgemeinen Produktionsvoraussetzungen sichergestellt werden. Dazu gehören die Rechtsordnung sowie die Infrastrukturprojekte. Zum anderen beziehen sich Staatsfunktionen auf die Felder des Marktversagens: konjunkturelle und wachstumsbezogene Stabilisierung der Gesamtwirtschaft, regionale Ausgleichspolitik, soziale Korrektur der Marktergebnisse, ökologische Ausrichtung der Produktion und Konsumtion. Nochmals mit den Worten von J. M. Keynes: Die Staatsaufgaben «zielen auf mögliche Verbesserungen der Technik des modernen Kapitalismus durch das Mittel kollektiver Betätigung».[44] Angestrebt wird das Modell einer «mixed economy» mit den Sektoren Privatwirtschaft, Staat und jenseits davon Nonprofit-Institutionen.

Die neoliberale Theorie und Politik zerreißt den Zusammenhang zwischen ökonomiebezogenen Ausgaben und ihrer Finanzierung. Staatliche Einnahmen werden von ihr nur als eine zwangsweise hoheitliche Abschöpfung der privaten Wertschöpfung wahrgenommen. Damit wird die Tatsache verdrängt, daß die Einnahmequellen des Staates über die Finanzierung von Ausgaben auch den Unternehmen zugute kommen. Die massiven Vorschläge, zur Rettung des Standorts vor allem die Unternehmenssteuern zu senken, unterschlagen also die steuerfinanzierten Ausgaben, die in die Wirtschaft fließen.

Im internationalen Vergleich zeigt sich, daß in der Zukunft zur

44 ebenda, S. 421

Bewältigung der Strukturveränderung eher mit einem Bedeutungsgewinn statt -verlust des Staates zu rechnen ist.[45] Dabei macht es wenig Sinn, nach deterministischen «Gesetzen von der wachsenden Ausdehnung der Staatstätigkeit», wie sie etwa Adolph Wagner (1835–1917) am Ende des letzten Jahrhunderts aufgestellt hat, zu schielen. Staatsaufgaben verändern sich im gesellschaftlichen und wirtschaftlichen Wandel. Sie müssen daher immer wieder überprüft und begründet werden. So sah der als «Kathedersozialist» beschimpfte Adolph Wagner die Ursache wachsender Staatstätigkeit gegenüber der gesamtwirtschaftlichen Produktion in dem sich ausweitenden «Rechts- und Machtzweck» sowie dem «Cultur- und Wohlfahrtszweck». Der «Wohlfahrtszweck» ist heute, wie die Kürzungen im Sozialhaushalt zeigen, heftig umstritten. Da gibt es keinen Wachstumsautomatismus. Ausmaß und Struktur sozialen Ausgleichs müssen auf dem Hintergrund der Einkommensverteilung definiert werden. Den dem Staat neu zugewachsenen Aufgabenbereich vorbeugender und nachsorgender Umweltpolitik kannte Wagner noch nicht.

An dieser Stelle sollen beispielhaft einige Funktionsfelder genannt werden, die auch in Zukunft das Zusammenspiel von Staat und Markt prägen:

Erstens: Volkswirtschaftliche Produktionsressourcen muß der Staat beanspruchen, um die allgemeinen Produktionsvoraussetzungen und öffentlichen Dienste zu gewährleisten. Dazu gehören die materielle und immaterielle Infrastruktur sowie öffentliche Dienstleistungen. Es gibt eben Produktionsfelder, die marktwirtschaftlich nicht ausgeschöpft werden, auf die jedoch die Gesamtwirtschaft angewiesen ist. Diese Aufgaben stehen auf der Agenda des Staats. Denjenigen, die Adam Smith als Kronzeugen für neoliberale Entstaatlichung zugunsten der Konkurrenzwirtschaft in Anspruch nehmen, sei es aus dem Fünften Buch über den Staat in seinem Werk «Wealth of Nations» von 1776 ins Stammbuch ge-

45 M. G. Schmidt, Staat und Markt in den demokratischen Industrieländern; in: Spektrum der Wissenschaft, November 1996

schrieben: Es gibt öffentliche Arbeiten, die «auch für eine große Gesellschaft höchst vorteilhaft sind, doch niemals einen solchen Profit abwerfen, daß sie einem einzelnen oder einer kleinen Anzahl von Personen die Kosten ersetzen, und deren Einrichtung und Unterhaltung daher von keinem einzelnen und keiner kleinen Anzahl von Personen erwartet werden darf».[46] Anhand der staatlichen Aufgabe, das Bildungswesen zu organisieren, begründete Adam Smith die Theorie öffentlicher Güter. Güter, die mit externen Effekten verbunden sind, also von vielen konkurrenzlos genutzt werden können, müssen öffentlich zur Verfügung gestellt werden. Es bilden sich keine Marktpreise, weil die Nutzung nicht auf den Privateigentümer beschränkt werden kann. Dazu gehören heute Ausgaben für das Verkehrssystem, die Bildung, die Hochschulen sowie öffentliche Dienstleistungen. Werden diese Aufgaben nicht durch den Staat gesichert, so sind schwere Belastungen der Gesamtwirtschaft vorhersehbar. Das heißt jedoch nicht, daß zu ihrer Herstellung ein staatlicher Produktionssektor aufgebaut werden muß. Abgesehen von den öffentlichen Dienstleistungen gehen die Produktionsaufträge an die private Wirtschaft. Niemand kommt ernsthaft auf die Idee, zum Bau einer Universität ein staatliches Bauunternehmen zu gründen. Entscheidend ist nur, daß der Einsatz volkswirtschaftlicher Ressourcen für staatliche Aufgaben politisch entschieden und gesichert wird.

Zweitens: Die neoliberale Wirtschaftslehre spricht dem Staat die Kompetenz ab, zur Stabilisierung der Konjunktur, des Wirtschaftswachstums und der Beschäftigung einzugreifen. Im Gegenteil führen solche Interventionen aus marktradikaler Sicht nur zu Instabilität und Arbeitsplatzverlusten. Der schiefe Vergleich mit dem patriarchalisch konservativen, treu sorgenden Familienvater beherrscht diese Diskussion: Der Familienchef hat nur die Möglichkeit, auf Einkommensverluste mit der Kürzung der Ausgaben zu reagieren. Auf der Flucht in die Verschuldung würde er

46 A. Smith, Wealth of Nations; deutsche Ausgabe, a. a. O., S. 43

schnell durch die wachsende Zinslast erdrückt. Dieses Verhalten des privaten Haushalts wird linientreu auf den Staat übertragen. Auch er müsse die Ausgaben kürzen und damit auf öffentliche Kreditfinanzierung verzichten, wenn seine Einnahmen zurückgingen.

Diese Übertragung der ökonomischen Verhaltensregeln privater auf öffentliche Haushalte hat katastrophale Konsequenzen. Der Grund ist klar: Der Staat muß wegen seiner strategischen Rolle die Rückwirkungen auf den volkswirtschaftlichen Kreislauf berücksichtigen. Kürzt der Staat in der konjunkturellen Krise, die durch unzureichende Nachfrage gekennzeichnet ist, seine Ausgaben, so führt das in der ersten Runde zu Absatz- und damit Einnahmeausfällen in der Wirtschaft. Die Unternehmen der ersten Runde sehen sich wiederum veranlaßt, die Produktion zu reduzieren. Die Folge sind Einnahmeausfälle bei den Beschäftigten und schließlich sinkende Bestellungen bei den Zulieferfirmen usw. Die ursprüngliche Ausgabenkürzung des Staates vervielfältigt sich in der Gesamtwirtschaft.

Schafft der Staat in der Krise Nachfrage, dann wird eine Wirkungskette unter umgekehrten Vorzeichen ausgelöst: Produktion, Einkommen und Beschäftigung nehmen gegenüber dem ursprünglichen Nachfrageimpuls zu. Sinnvoll ist es, diesen Nachfrageimpuls über öffentliche Kreditaufnahme zu finanzieren. Denn durch eine Steuerfinanzierung würde an anderer Stelle Nachfrage verdrängt. Durch die staatliche Verschuldung werden in der Krise private Investitionen nicht verdrängt, denn dem Bild einer Fontäne folgend nimmt das Angebot an Kapitalmarktmitteln so zu, daß es nicht zum Anstieg der Zinssätze kommen muß.

Im Ergebnis ist dies die Beschreibung einer antizyklischen Fiskalpolitik. Die Bundesregierung hat sich von diesem Konzept verabschiedet. Auf Einnahmeausfälle und steigende Krisenkosten beim Staat wird nur noch mit Ausgabenkürzungen reagiert. Nicht einmal die eingebauten Stabilisatoren werden genutzt. Wächst in der Krise die Arbeitslosigkeit, so sollten entsprechende Sozialleistungen für die Betroffenen zum Einsatz kommen und darüber die konsumtive Nachfrage nicht reduziert werden. Durch massive Kürzungen im Sozialsystem hat die Bundesregierung das Gegenteil bewirkt. Das Ziel, durch Ausgabenkürzungen die öffentlichen Haushalte sanieren zu wollen, gleicht dem Rennen zwischen Igel und Hase – die steigende Neuverschuldung kommt immer zuerst an: Ausgabenkürzungen führen zu einer Verlustkaskade bei Produktion, Einkommen und Beschäftigung. Am Ende steigt die öffentliche Neuverschuldung wegen steigender Krisenkosten und weiter zurückgehender Einkünfte. Die Folgen der Politik der Bundesregierung bestätigen diese Kreislaufzusammenhänge, die von ihr allerdings immer wieder angezweifelt werden.

Dieser Teufelskreis läßt sich nur durch eine gesamtwirtschaftlich offensive Strategie durchbrechen. Schrumpfpolitik in der Krise, das lehrt auch die Brünningsche Notstandspolitik im Umfeld der Weltwirtschaftskrise 1928–1932, führt in die Abwärtsspirale. Bei einer antizyklischen und mittelfristig kompensatorischen Finanzpolitik kommt der Staatsverschuldugung eine strategisch wichtige Rolle zu. Die Behauptung, öffentliche Kreditaufnahme verdränge privatwirtschaftliche Aktivitäten in der Krise, trifft nicht zu. Zum einen werden, wie bereits erläutert, durch damit finanzierte Nachfrage Produktion und Beschäftigung ausgelöst. Dadurch nimmt auch das Angebot an Geldvermögen zu. Zum anderen schöpft der Staat die durch die Unternehmen und das Ausland nicht in Anspruch genommene Geldvermögensbildung der privaten Haushalte gleichsam als «Lückenbüßer» ab. Die Daten der Deutschen Bundesbank zu «Gesamtwirtschaftlicher Vermögensbildung, Ersparnis und Finanzierungssalden» belegen diesen saldenmechanischen Zusammenhang: Während die privaten Haushalte seit Jahren mit über 210 Milliarden Mark zur Geldvermögensbildung – nach Abzug ihrer Kreditaufnahme – beitragen, hat die Bereitschaft der Produktionsunternehmen, diese Überschüsse per Kreditaufnahme zur Investitionsfinanzierung zu absorbieren, abgenommen. Ihr Finanzierungsdefizit (Kredite minus Geldvermögensbildung) ist von 123,6 Milliarden 1991 auf knapp 30 Milliarden Mark 1996 zurückgefallen. Nachdem sich das Finanzierungsdefizit des Auslands kaum änderte, mußten also die Haushaltsdefizite des Staats auf über 134 Milliarden Mark 1996 zunehmen.[47] Die Tatsache, daß die Inanspruchnahme von Krediten durch die Unternehmen zurückgegangen ist, zwang den Staat in die Neuverschuldung. Bei einem höheren Haushaltsdefizit hätten allerdings die Gebietskörperschaften zusätzliche Nachfrage stimulieren und die Auslastung der Produktionskapazitäten verbessern können.

Diese gesamtwirtschaftlichen Zusammenhänge sind dem Blickfeld neoliberaler Finanzpolitik entglitten. Bei der gesamtwirtschaftlichen Bewertung kreditfinanzierter Ausgaben des Staates ist schließlich zu berücksichtigen, daß die damit finanzierten Ausgaben der Privatwirtschaft wieder zugute kommen. Grenzen der Staatsverschuldung ergeben sich letztlich nur in dem Ausmaß, in dem die Zinsbelastungen der öffentlichen Haushalte steigen. Seit Jahren muß beobachtet werden, daß das Wirtschaftswachstum nicht hoch genug ist, um über wachsende Staatseinnahmen auch die öffentlichen Zinsbelastungen bedienen zu können. Nur in diesem Sinne gibt es Grenzen der Staatsverschuldung. Deshalb muß überlegt werden, inwieweit die volkswirtschaftlich notwendige Kreditfinanzierung der öffentlichen Haushalte mit der Entlastung von Zinsen verbunden werden kann. Das derzeitige Bundesbankgesetz sowie das Statut des künftigen «Europäischen Systems der Zentralbanken» (ESZB) verbietet allerdings eine Notenbankfinanzierung, mit der die Zinsbelastung vermieden werden könnte.

Vielfach wird gegen die staatliche Kreditaufnahme eingewendet, sie gehe auf Kosten der künftigen Generationen. Diese Behauptung zeugt von unzureichenden volkswirtschaftlichen Kenntnissen. Denn an künftige Generationen werden nicht nur die Schulden, sondern auch die damit verbundenen Geldvermögen vererbt. Die Zinsen zahlt der Staat aus den Steuereinnahmen; sie fließen jedoch an die Eigentümer der Staatstitel. Vorteile und

47 Deutsche Bundesbank, Die gesamtwirtschaftlichen Finanzierungsströme im Jahr 1996, Monatsbericht 5/1997, S. 19

Nachteile öffentlicher Zinszahlungen lassen sich nur im jeweiligen Jahr der Produktion abschätzen. Schließlich spricht gegen dieses Argument die Tatsache, daß mit kreditfinanzierten Ausgaben für eine bessere Umwelt positive Effekte an künftige Generationen vererbt werden. Werden heute die Maßnahmen zur Gesundung von Flüssen und Wäldern mit kreditfinanzierten Infrastrukturprogrammen finanziert, dann wird kommenden Generationen ein wertvolles Erbe vermacht.

Drittens: Durch den beschleunigten Strukturwandel nimmt der Bedarf vor allem an regionaler Strukturpolitik zu. Im Zuge des Binnenmarktes ist das Ziel- und Instrumentensystem der Strukturpolitik zu Recht auf der Ebene der EU vergemeinschaftet worden. Da die regionale Zerklüftung mit der Einführung der Europäischen Währungsunion zunehmen wird, wächst der Bedarf an ausgleichender Strukturpolitik. Wird der Strukturwandel allein dem Markt überlassen, dann verschlechtern sich die Grundlagen des Standorts Deutschland. Aktive Strukturpolitik gehört also zur Gestaltung des Lebens- und Produktionsstandorts.

Viertens: Aktive Arbeitsmarktpolitik muß heute in der Agenda staatlichen Handelns eine zentrale Rolle spielen. Arbeitsplätze verschwinden; in anderen Regionen und Branchen werden vergleichsweise weniger Arbeitsplätze geschaffen. Die Arbeitsmarktpolitik muß daher diesen Strukturwandel begleiten. Dazu gehören auch differenzierte Maßnahmen der Qualifikation. Eine Gegenüberstellung der qualifikatorischen Struktur der Arbeitslosen mit den unternehmerischen Anforderungen offenbart für nahezu eine Million Betroffener ein deutliches Mißverhältnis («Mismatch-Arbeitslosigkeit»). Damit läßt sich zwar nicht maßgeblich die Arbeitslosigkeit erklären. Die aktive Arbeitsmarktpolitik erleichtert jedoch die Bekämpfung der Beschäftigungskrise.

Fünftens: Die Produktion sozialer Risiken hat auch in der jüngsten Etappe kapitalistischer Marktwirtschaften nicht abgenommen. So droht mit dem Verlust der Erwerbsarbeit – sei es durch Alter, Krankheit, Invalidität oder Arbeitslosigkeit – ohne soziale Abfederung der Abstieg in die Armut. Stabile soziale Sicherungssysteme sind auch in der Zukunft unverzichtbar. Sie bilden eine wichtige Produktivkraft. Einerseits verlieren abhängig Beschäftigte ohne eigene Schuld im Zuge der Restrukturierung der Unternehmen Arbeit. Andererseits reicht bei den meisten Betroffenen das Geldvermögen nicht einmal annähernd aus, um die Existenzsicherung zu erreichen. Es ist schlicht nicht wahr, daß sich die Abhängigkeit der Beschäftigten von der Erwerbsarbeit relativ entkoppelt habe. Wenn dem so wäre, dann würden in der Tat die sozialen Sicherungssysteme an Bedeutung einbüßen. Aber die Arbeitslosigkeit zwingt die meisten Betroffenen auf die Leiter des sozialen Abstiegs. Die Behauptung von den genügend vorhandenen Geldvermögenseinkünften derjenigen, die von Erwerbsarbeit abhängig sind, bleibt eine Fiktion. Darüber hinaus ist unter dem Druck der Arbeitslosigkeit die Entlohnung für die Noch-Beschäftigten in den Betrieben deutlich abgesenkt worden. Die Zahl der prekären Jobs und damit der Beschäftigten in Armut (working poor) nimmt allmählich auch in Deutschland zu. Unter diesen Bedingungen die Transfers aus den sozialen Systemen zu kürzen, muß zu einer Verschlechterung der Position der Betroffenen in der Verteilung führen. Sozialabbau vertieft die soziale Polarisierung zwischen Arm und Reich – wie im Abschnitt 5 dieses Kapitels gezeigt wird.

Sechstens: Als dichtbesiedeltes und industriekonzentriertes Land ist der Standort Deutschland existentiell auf den ökologischen Umbau der Wirtschaft angewiesen. Diese Politik nachhaltiger Zukunftssicherung dient jedoch nicht nur der Vermeidung von Umweltbelastungen beim Produzieren und Konsumieren. Damit wird zugleich ein heilsamer Druck in Richtung auf ökologisch rationale Innovationen erzeugt. Dazu ein Beispiel: Erst eine drastische Erhöhung der Mineralölsteuer auf einem verbindlich festgelegten Anpassungspfad erhöht den Druck auf die Automobilhersteller, ihre Produkte zu revolutionieren. Im 6. Abschnitt dieses Kapitels wird auf den ökologischen Umsteuerungsbedarf als wichtige Staatsaufgabe eingegangen werden.

4.3. Folgen neoliberaler «Verschlankung des Staates»

Irrtum: Restriktive Finanzpolitik zur Haushaltskonsolidierung
Die Finanzpolitik ist in den letzten Jahren der neoliberalen Doktrin gefolgt. Sie bewegte sich auf Restriktionskurs, das heißt, die Ausgabenzuwächse sind gegenüber den Raten des Wirtschaftswachstums zurückgehalten worden. Auch 1998 wird das Plus an Ausgaben aller Gebietskörperschaften mit 1,5 Prozent nur den Vorjahreszuwachs erreichen. Ziel dieser neoliberalen Finanzpolitik war es immer schon, durch stark abgeschmolzene Ausgabenzuwächse die öffentliche Kreditaufnahme zurückzuführen. Diese Schuldendeckelung wird durch die Eintrittsbedingungen zur Teilnahme an der Europäischen Währungsunion nach dem Maastrichter Vertrag von 1992 noch verstärkt. Dort heißt es, daß nur Länder teilnehmen dürfen, die neben anderen Konvergenzkriterien die Neuverschuldung gegenüber dem Bruttoinlandsprodukt im Jahr 1997 auf maximal drei Prozent (bei maximal 60 % Gesamtschulden zum Bruttoinlandsprodukt) reduziert haben. Als Mitglied der Währungsunion soll sich später die Normalverschuldung gar nur noch um null Prozent bewegen. Weicht ein Land von dieser Norm ohne akzeptierte Gründe nach oben ab, werden am Ende Geldstrafen verhängt.

Mit diesen Konvergenzmarken verbindet sich die Auffassung, durch ungezügelte Neuverschuldung des Staats erhielte die Geldentwertung öffentliche Nahrung. Wissenschaftlich und empirisch läßt sich dieser Zusammenhang zwischen öffentlicher Verschuldung und Inflationsentwicklung nicht nachweisen. In der Bundesrepublik sank im Durchschnitt der neunziger Jahre die Inflationsrate auf Tiefstniveau, während die Neuverschuldungsquote deutlich über drei Prozent lag. Die Bundesregierung nutzt allerdings diese Eintrittsmarke für die Euro-Mitgliedschaft gerne, um ihre restriktive Finanzpolitik durchzusetzen. Nach der Konvention des Europäischen Systems der Volkswirtschaftlichen Gesamtrechnung (ESVG) ist unter Einschluß einiger kosmetischer Operationen im Jahr der Konvergenzberichte 1997 eine Neuverschuldungsquote von 2,7 Prozent zu verzeichnen.

Für diese Punktlandung mußte jedoch ein hoher Preis bezahlt werden. Die restriktive Finanzpolitik hat die ohnehin labile binnenwirtschaftliche Konjunktur belastet. Die schädlichen Wirkungen auf die gesamte Wachstumskonjunktur sind in den letzten Jahren durch hohe Exportzuwächse überdeckt worden. Nach den gesamtwirtschaftlichen Hinweisen sollte es nicht überraschen, daß sich die restriktive Politik *nicht* in einem stärkeren Rückgang der Defizite aller öffentlichen Haushalte niedergeschlagen hat. Die Finanzpolitik wirkte immer noch prozyklisch, das heißt, über sinkende Ausgabenzuwächse kam es zu ansonsten vermeidbaren Produktions- und Einkommensverlusten. Die Folge waren konjunkturbedingt sinkende Einnahmen. Hinzu kamen Steuerausfälle, die auf die höhere Inanspruchnahme üblicher Steuervergünstigungen in vorangegangenen Jahren (Veranlagungs-Lag) zurückzuführen sind. Die Staatsverschuldung mußte als Lückenbüßer dieser Politik eingesetzt werden. Deshalb wurde die weitergehende Konsolidierung öffentlicher Haushalte verfehlt. Die Arbeitslosigkeit stieg weiter, gerade auch, weil der Staat mit seiner Schrumpfpolitik die gesamtwirtschaftliche Nachfrage zurückgehalten hat. Die Folge sind binnenwirtschaftliche Wachstumsschwäche und Beschäftigungsverluste.

Aus den Erfahrungen mit der restriktiven Finanzpolitik folgt die Notwendigkeit, mit den öffentlichen Haushalten die Konjunktur zu stärken und die Beschäftigung auszuweiten. Denn nicht das ohnehin überreichliche Sparen forciert die Investitionen, sondern nur bei absehbarer Nachfrage lohnt sich die Ausweitung des Sachkapitals. Sparen ist erst einmal Nachfrageentzug. Der Staat ist die einzige Instanz, die in der Krise über vorfinanzierte Nachfrage Investitionen anregen und die Beschäftigungslage verbessern kann.

Irrtum: Dämonisierung der Staatsquote

Die Kritik am Interventionsstaat aus neoliberaler Sicht kulminiert in dem Lamento einer viel zu hohen Staatsquote. Auf den ersten Blick scheint es so zu sein, als ob der Staat 1996 mit seinen Ausgaben 50,2 Prozent des Bruttoinlandsprodukts beansprucht habe, also ungefähr 50 Pfennig von einer Mark (vgl. zu den Daten Abbildung 8). Marktoptimisten werden nicht müde, den damit beschrittenen Weg in die «sozialistische Knechtschaft» zu geißeln. Auch im internationalen Vergleich scheint sich diese Transformation in ein anderes Wirtschaftssystem zu bestätigen.

Abildung 8: Einnahmen und Ausgaben des Staates[1] in Prozent des Bruttoinlandsprodukts

	1991	1992	1993	1994	1995	1996
Einnahmen	45,6	46,8	47,2	47,6	47,3	46,4
Steuern	24,2	24,5	24,5	24,4	24,3	23,2
direkte Steuern	12,6	12,7	13,0	13,4	12,9	12,8
indirekte Steuern	11,6	11,9	11,5	11,1	11,3	10,4
Sozialbeiträge	18,0	18,3	18,9	19,3	19,4	19,8
Sonstige	3,4	3,9	3,8	3,9	3,6	3,4
Ausgaben	48,9	49,6	50,6	50,1	50,6	50,2
Staatsverbrauch	19,5	20,0	20,1	19,6	19,5	19,7
Bruttoinvestitionen	2,6	2,8	2,8	2,7	2,5	2,3
Übertragungen	24,1	23,4	24,5	24,4	24,9[2]	24,6
darunter Soziale Leistungen	16,4	17,0	18,1	18,2	18,6	18,6
Zinsausgaben	2,7	3,3	3,3	3,4	3,7	3,8
Finanzierungssaldo	–3,3	–2,8	–3,5	–2,4	–3,4	–3,8

1 Gebietskörperschaften und Sozialversicherung. In der Abgrenzung der volkswirtschaftlichen Gesamtrechnung.

2 Ohne Übernahme der Schulden von der Treuhandanstalt und der ostdeutschen Wohnungswirtschaft (234,58 Mrd. DM).

Quelle: DIW-Wochenbericht 36/1997.

Dazu gilt es zweierlei anzumerken: Erstens gibt diese 50-Prozent-Quote keine Auskunft darüber, in welchem Maße der Staat durch politische Entscheidungen Produktionsressourcen beansprucht.

Denn diese «unechte» Quote enthält neben den Ausgaben für den Staatsverbrauch, die Bruttoinvestitionen und Zinsausgaben auch die sozialen Leistungen. Soziale Leistungen sind jedoch ausschließlich das Ergebnis einer Umverteilung; sie dürfen nicht mit der Entstehung des Bruttoinlandsprodukts vermischt werden. Der größte Teil wird durch Sozialversicherungsabgaben finanziert, und diese werden verwendungsorientiert im Prinzip zur Hälfte durch die Arbeitgeber und Arbeitnehmer (Ausnahme: Pflegeversicherung) aufgebracht. Die Staatsquote in den USA muß – etwa mit 33,1 Prozent im Jahre 1998 – zwangsläufig deutlich niedriger liegen, da dort eine solidarische Finanzierung gesetzlicher Sozialversicherungen im vergleichbaren Ausmaß nicht existiert. Produktionsressourcen wurden 1996 durch den Staat für Bruttoinvestitionen und Endverbrauch nur im Ausmaß von 33 Prozent des Bruttoinlandsprodukts beansprucht. Dazu kamen 3,7 Prozent für Zinsausgaben (vgl. Abbildung 8). Die echte (allokative) Staatsquote kann sich im internationalen Vergleich durchaus sehen lassen. Sie ist in der längeren Frist kaum gestiegen.

Die Expansion der immer wieder zitierten «unechten» Staatsquote ist nahezu ausschließlich auf den Anstieg der Quote sozialer Leistungen (von 1991 mit 16,4 auf 18,6 Prozent 1996) zurückzuführen. Der Grund liegt auf der Hand: Aus den Beiträgen zur Sozialversicherung ist der Aufbau der ostdeutschen sozialen Sicherungssysteme fremdfinanziert worden. Die angestiegene Staatsquote hat also ausschließlich die Bundesregierung zu verantworten, die den Mut nicht aufgebracht hat, diese gesellschaftliche Aufgabe im Zuge der deutschen Einigung über Steuern nach dem Gleichheitsprinzip zu finanzieren. Vielmehr wurde diese versicherungsfremde Last zum großen Teil auf die sozialversicherungspflichtige Arbeit abgewälzt. Dies hat auch die Lohnnebenkosten nach oben getrieben.

Die Beanspruchung von Produktionsressourcen für staatlichen Endverbrauch und Investitionen durch die Gebietskörperschaften hält sich auch im internationalen Vergleich im üblichen Rahmen.

Beim Umgang mit Staatsquoten ist also Aufklärung erforderlich. Es ist unverantwortlich zu behaupten, der Staat entziehe der Privatwirtschaft die Hälfte der Produktionsressourcen. Einer der Nestoren der Finanzwirtschaft, Konrad Littmann, hat in seinem Gutachten 1975 bereits darauf hingewiesen. In seinen Worten ausgedrückt stellt die heutige 50-Prozent-Saga nur den «größtmöglichen Ausdruck der quantifizierbaren Aktivität des Staates im Verhältnis zum Sozialprodukt» dar.[48] Dabei enthält diese Quote durch die Vermengung von Entstehung und Umverteilung auch noch Doppelzählungen.

Anhand der Bilanzgleichung des Staates läßt sich die bisherige Finanzpolitik zusammenfassen. Sie lautet:

$$A = T + SV + sE + D$$

A = Staatsausgaben, T = Steuern, SV = Sozialversicherungsbeiträge, sE = sonstige Einnahmen, D = Neuverschuldung

Werden die absoluten Zahlen durch das Bruttoinlandsprodukt (Y) dividiert, so ergeben sich entsprechende Quoten:

$$A/Y = T/Y + SV/Y + sE/Y + D/Y$$

Nach den Werten aus Abbildung 8 zeigt sich: Die «unechte» Staatsquote ist seit 1991 maßgeblich wegen der gewachsenen sozialen Leistungen für Ostdeutschland gestiegen. Auf der Finanzierungsseite ist die gesamtwirtschaftliche Steuerquote zuletzt zurückgegangen. Dafür ist die Sozialbeitragsquote gestiegen. Die Neuverschuldungsquote lag mit 3,8 Prozent nach der deutschen volkswirtschaftlichen Gesamtrechnung im Jahr 1996 über dem Maastricht-Kriterium. Hier zeigt sich, daß Finanzpolitik, die auszieht, die Defizite durch Kürzungen der Staatsausgaben zu sen-

48 K. Littmann, Definition und Entwicklung der Staatsquote, Göttingen 1976, S. 68

ken, am Ende eine höhere Neuverschuldung und höhere Staatsausgaben infolge der Arbeitslosigkeit hinnehmen muß. Die Regierung hatte 1996 also ihr Ziel verpaßt, die Staatsausgaben- und Neuverschuldungsquote zu senken.

Auch alternative Optionen der Finanzpolitik lassen sich an dieser Bilanzgleichung demonstrieren. So müßte eine Erhöhung der Staatsquote über eine höhere Steuer- und/oder Neuverschuldungsquote finanziert werden.

Opfer restriktiver Finanzpolitik: Sozialsystem und Humankapital

Die Hauptlast restriktiver Finanzpolitik hat das *Sozialsystem* tragen müssen. Nach eigenen Angaben durch den Bundesminister für Arbeit und Sozialordnung, Norbert Blüm, sind zwischen 1982 und 1997 in seinem Geschäftsbereich rund 98 Milliarden an sozialen Leistungen (Geld- und Sachleistungen) gestrichen worden. 60 Milliarden wurden aus der Rentenversicherung und 38 Milliarden Mark aus der Arbeitslosenversicherung herausgeschnitten. Trotzdem stieg der Anteil der sozialen Leistungen am (nominalen) Bruttoinlandsprodukt von 24 Prozent im Jahr 1992 auf knapp 26 Prozent 1997. Dieses paradoxe Ergebnis läßt sich schnell aufklären: In dieser Zeit ist die Zahl der Transferbezieher (Arbeitslose, Sozialhilfeempfänger, Rentner) stärker gestiegen. Auf die einzelne Person bezogen nahm im Durchschnitt die Sozialleistung jedoch ab. Damit ist ein weiteres Ziel neoliberaler Ordnungspolitik erreicht worden. Die sinkende soziale Unterstützung soll die Bereitschaft der Arbeitslosen, billigere Jobs anzunehmen, erhöhen (vgl. in diesem Kapitel den Unterabschnitt 1.2.). Dieser Sozialabbau hat zwei Folgen: Zum einen verschlechtert sich die Situation der Betroffenen, sein Einfluß auf die wachsende Armut ist unübersehbar. Zum anderen sind dadurch die konjunkturellen Stabilisatoren geschwächt worden. Die konsumtive Nachfrage ging zurück. Dadurch wurde die ohnehin schwache Binnennachfrage zusätzlich gestutzt.

Durch die gesamtwirtschaftlich mißratene Finanzpolitik ist gar noch die Innovationsfähigkeit des Standorts Deutschland belastet worden. Der Anteil der *öffentlichen Investitionen* am Bruttoinlandsprodukt (vgl. Abb. 8) ist 1996, nochmals leicht, auf 2,3 Prozent zurückgegangen. Die Bauwirtschaft wurde besonders vom Rückgang der öffentlichen Bauinvestitionen belastet. Durch diese rückläufige Investitionspolitik des Staats wird nicht nur die gesamtwirtschaftliche Nachfrage reduziert. Verzichtet wird auch auf wichtige Infrastrukturprojekte. Die Restriktionspolitik hat nicht nur Löcher in die öffentliche Sachkapitalbildung gerissen. Der Zuwachs der Bildungsaufgaben – also für *Humankapital* – hat sich verlangsamt. Im Vergleich mit anderen Industrieländern innerhalb der OECD lag der Anteil der öffentlichen Bildungsausgaben am Bruttoinlandsprodukt 1995 mit 5,9 Prozent nur am unteren Rand des Mittelfelds (Bandbreite 4,8–7,8 %). Aus dieser Fehlentwicklung drohen dem Standort Deutschland erhebliche Gefahren. Deutschland kann nur ein Hochproduktivland bleiben, wenn Bildung, Ausbildung und Forschung verstärkt werden. Die Zukunft des Standorts liegt in der Konzentration auf die Entwicklung intelligenter Produkte und Produktionsverfahren sowie sozialer Innovationen. Dabei stehen auch im Bereich der *Forschung* die Zeichen auf Sturm: Der Anteil der Ausgaben für Forschung und Entwicklung am Bruttoinlandsprodukt ist nach einem Bericht der Bundesregierung seit 1989 rückläufig und lag 1994 bei 2,33 Prozent. Bis 1996 soll der Anteil nach einer vorläufigen Schätzung auf 2,26 Prozent zurückgefallen sein. Damit steht Deutschland hinter den USA und Japan.

Restriktive Finanzpolitik, die ausgezogen ist, die Marktkräfte zu stärken, belastet am Ende den Standort nachhaltig: Die Binnenwirtschaft wird durch finanzpolitisch gedeckelte Nachfrage belastet, der Sozialabbau gefährdet die soziale Stabilität, öffentliche Infrastrukturprojekte werden zurückgeführt, die Zukunftsressourcen Bildung und Forschung werden vernachlässigt. Eine nachhaltige Entwicklung des Lebens- und Produktionsstandorts Deutschland ist nur zu erreichen durch eine Wendung der neoliberalen Politik mit den Schwerpunkten: Förderung des qualitativen

Wirtschaftswachstums, ökologischer Umbau, Ausweitung der Erwerbsarbeit und Stärkung des Human- und Forschungskapitals.

5. Wohlstand … für Auserkorene: wachsender Reichtum – wachsende Armut

5.1. Ludwig Erhards Motto vom «Wohlstand für alle»

In seinem endzeitlich gedachten Buch «Wohlstand für alle» von 1957 hat Ludwig Erhard den «sozialen Sinn der Marktwirtschaft» in der verheißungsvollen Aussage zusammengefaßt, «daß jeder wirtschaftliche Fortschritt und jede Verbesserung der Arbeitsweise sich nicht in höheren Gewinnen, Renten oder Pfründen niederschlagen, sondern daß diese Erfolge an den Konsumenten weitergegeben werden … sollen. Das ist der soziale Sinn der Marktwirtschaft, daß jeder wirtschaftliche Erfolg, wo immer er entsteht, daß jeder Vorteil aus der Rationalisierung, jede Verbesserung der Arbeitsteilung des ganzen Volkes nutzbar gemacht wird und einer besseren Befriedigung des Konsums dient.»[49]

Dieses Testament der Sozialen Marktwirtschaft hat derzeit Hochkonjunktur. Neoliberale Apologeten des Sozialabbaus im Dienst der Entfesselung der Marktkräfte berufen sich ohne Skrupel darauf. Schließlich sei gegenüber diesem richtigen Grundgedanken das Sozialsystem ja nur ausgeufert und die Chance auf Reichtum für alle offen. Kritiker des Marktradikalismus dagegen betonen den Verrat an dieser Ordnung mit den Säulen effizienter Wettbewerbswirtschaft bei Ausgleich sozialer Risiken. Die seit Oktober 1982 forcierte Demontage des Sozialstaats verbiete es, das real existierende System der Marktwirtschaft mit dem Etikett sozial zu schönen. Um diesen Grundsatzstreit zu entschei-

49 L. Erhard, Wohlstand für alle (1957), 8. Auflage, Düsseldorf/Wien, S. 169

den, bedarf es eines scharfen Blicks – jenseits ideologischer Verbrämungen – auf die sozialökonomische Wirklichkeit. Ist der ökonomische Fortschritt wirklich an die Konsumenten weitergegeben worden? Hat die ausgleichende Politik erfolgreich dafür gesorgt, daß die Marktergebnisse korrigiert und gerechter verteilt worden sind?

5.2. Fakten, Fakten, Fakten ...: bedrohliches Ausmaß der sozialökonomischen Spaltung erreicht

Um es gleich am Anfang zu sagen: Wenn nachfolgend mit harten Zahlen der wachsende Reichtum für immer weniger und die wachsende Armut von immer mehr Menschen in Deutschland belegt und also die These von der sich verbreitenden Ungerechtigkeit nachgewiesen werden muß, dann hat das nichts mit Sozialneid oder der Ablehnung jeglichen Reichtums zu tun. Die Mehrung des persönlichen «Wohlstands für alle» (L. Erhard), zu dem eben nicht nur – in Anspielung auf Erich Fromms großes Werk – das Haben, sondern auch das Sein gehört, ist ein Grundanliegen gesellschaftlicher Reform. Diese gesellschaftliche Reformperspektive unterscheidet sich fundamental von der neoliberalen Restauration, die auf politisch freigestellte Marktgesetze aus ist und die sich daraus entfaltende Konzentration der Einkommen, Vermögen und auch der Macht unkontrolliert akzeptiert. Wer von vorneherein die unerschütterlichen Belege über eine wachsende Polarisierung als Polemik, als Agitation abtut, der setzt sich dem Verdacht eines hartgesottenen Sozialneids nach dem Motto aus: bloß nichts vom Reichtum etwa über die Besteuerung abgeben.

Es geht also nicht um die Verteufelung persönlichen Wohlstands. Was jedoch kritisiert werden muß, ist die exzessive Reichtumsmehrung bei wenigen in den letzten Jahren, während auf der anderen Seite die Zahl der Menschen, die in Armut absinkt, bedrohlich gestiegen ist. Ursachen und Auswirkungen dieser sozialökonomischen Spaltung müssen dringend diskutiert werden. Es reicht dazu jedoch nicht aus, die zunehmende Armut zu beklagen. Vor allem muß das Thema Reichtum enttabuisiert werden; dessen wohlstandsbedrohende Wirkungen in diesem Lande müssen diskutiert werden.[50] Der Reichtum darf nicht weiterhin vertuscht und die Armut nicht verdrängt werden.

Die eine Seite: Das Heer der Armen wächst. Nach Angaben des Statistischen Bundesamtes erreichte Ende 1996 die Zahl der Sozialhilfeempfänger mit 2,73 Millionen eine üble Rekordmarke. Unter den 3,3 Prozent der Bevölkerung, die Sozialhilfe bezogen, waren 56 Prozent Frauen betroffen. Auch die Altersarmut steigt. Dabei enthalten diese Daten zur sozialen Lage des Standorts Deutschland noch nicht die «Dunkelziffer der Armut», also diejenigen, die Anspruch auf Hilfe hätten, sich jedoch genieren bzw. eingeschüchtert fühlen, diesen auch zu nutzen. Hauptgrund steigender Armut in Deutschland ist die stufenförmig steigende Massenarbeitslosigkeit. Die Angabe des Grundes «Arbeitslosigkeit» für den Bezug der Sozialhilfe nimmt in den letzten Jahren zu. Hinzu kommen prekäre Beschäftigungsverhältnisse, die nicht mit existenzsichernden Einkommen entlohnt werden. Erwerbsarbeit – wie es Walter Riester von der IG Metall zusammenfaßte – schützt nicht mehr vor Armut. Das amerikanische Gespenst der «working poor» treibt sich jetzt auch in Deutschland herum.

Die andere Seite: Die Zahl der Millionäre hat sich in den letzten zehn Jahren mehr als verdoppelt. Übrigens verläuft der Zuwachs an Millionären nahezu im selben Tempo wie die der Sozialhilfeempfänger. Es ist schwierig, die Zahl der Millionäre einigermaßen exakt anzugeben. Sie selbst hüten diesen Status meist als Geheimnis. Auch die Politik sorgt dafür, daß sie unerkannt bleiben können. Die Vermögensteuer, die einen Einblick in die Vermögensverhältnisse verschaffte, gibt es seit 1997 nicht mehr. Er-

50 Vgl. zur Diskussion über Reichtum in der Gesellschaft: Wort des Rates der Evangelischen Kirche in Deutschland und der Deutschen Bischofskonferenz zur wirtschaftlichen und sozialen Lage in Deutschland, Für eine Zukunft in Solidarität und Gerechtigkeit, 22. Februar 1997

satzweise stehen nicht immer systematisierte Informationen zur Verfügung. So ist von den Statistischen Landesämtern zu erfahren gewesen, daß von 1989 bis 1992 in den alten Bundesländern die Zahl der Millionäre um 40 Prozent auf 23 683 gestiegen sei. Werden die Angaben des ehemaligen Bürgermeisters von Hamburg, Voscherau, dazugerechnet – er zählte für Hamburg 4500 Einkommensmillionäre, die übrigens keine Einkommensteuer abgeben –, so lassen sich für 1992 bereits 28 163 Millionäre zählen. Dabei sollte der Zuwachs der «Neureichen» nicht die Tatsache verdekken, daß die Altmillionäre noch reicher geworden sind. Dorothee Beck und Hartmut Meine haben in ihrem Buch «Wasserprediger und Weintrinker» die Situation herausgehobener Einkommensmillionäre an Fallbeispielen wachsender Armut gegenübergestellt.[51]

Derartige Gegenüberstellungen geben einen ersten Eindruck von der wachsenden Ungerechtigkeit in diesem Lande. Diese Konfrontation reicht jedoch nicht aus. Zur Beurteilung schwindender Gerechtigkeit des politisch-ökonomischen Systems bedarf es grundlegender Untersuchungen zur Verteilung der Einkommen und Vermögen. Auf der Suche nach solchen Statistiken wird schnell sichtbar, das es eine einigermaßen konsistente und aktuelle Berichterstattung über Armut und Reichtum schlicht nicht gibt. Zwar steht im Errichtungsgesetz für den «Sachverständigenrat zur Begutachtung der gesamtwirtschaftlichen Entwicklung» («Rat der fünf Weisen») von 1963 der Auftrag, auch die Verteilung der Einkommen und Vermögen zu untersuchen. Doch in keinem der 34 Jahresgutachten und den ergänzenden Sondergutachten ist jemals dieser Gesetzesauftrag eingelöst worden. Wäre nur ein Teil des Engagements zum Nachweis der Richtigkeit der Angebotslehre auf diese Verteilungsfragen konzentriert worden, dann gäbe es wohl die wichtigsten Daten.

Zur Verfügung stehen lediglich zwei Befragungen, die nur be-

51 D. Beck/H. Meine, Wasserprediger und Weintrinker – Wie Reichtum vertuscht und Armut verdrängt wird, Göttingen 1997

grenzt verallgemeinerbare Daten liefern: Bei der *Einkommens- und Verbrauchsstichprobe (EVS)* handelt es sich um eine auf der Basis des Mikrozensus hochgerechnete Quotenstichprobe (5000 Personen). Derzeit sind nur die nicht eben frischen Daten aus der letzten EVS von 1993 verfügbar, bei der zudem wegen der niedrigen Fallzahl private Haushalte ab einem monatlichen Nettoeinkommen von 35 000 Mark und mehr nicht in die Auswertung einbezogen worden sind (1983 lag die Grenzziehung noch bei 25 000 Mark). Dadurch wird die für die Reichtumsforschung wichtige Gruppe der Einkommensmillionäre jenseits dieser Einkommensgrenze nicht berücksichtigt. Deshalb geben die Daten keine ausreichende Auskunft über das wahre Ausmaß des Einkommens- und Vermögensreichtums. Seit Anfang der neunziger Jahre werden über ein *Sozio-oekonomisches Panel (SOEP)* zusätzlich Verteilungsdaten erhoben. Die SOEP bringt gegenüber der EVS einige Vorteile: Die Zahl der befragten Haushalte ist mit 45 000 erheblich größer als bei der EVS (5000 Haushalte). Durch die alljährliche Befragung lassen sich Zeitreihen bilden. Die letzten Daten sind aktueller als bei der EVS, die in größeren Abständen durchgeführt wird. Bei beiden Erhebungen ist der Grad der Erfassung der obersten Einkommensschichten allerdings problematisch.

Die derzeit vorliegenden Ergebnisse zur Einkommens- und Vermögensverteilung lassen sich in drei Gruppen zusammenfassen:

Persönliche Einkommensverteilung: Zwischen 1991 und 1995 verfügte das unterste Fünftel der Haushalte über einen Anteil am Gesamteinkommen von weniger als der Hälfte seines Anteils an allen privaten Haushalten. Nach dem SOEP waren es für Westdeutschland nur 7,2 Prozent des Haushaltseinkommens (8,2 % in Ostdeutschland), die auf die untersten 20 Prozent der privaten Haushalte entfielen. Dagegen hielt das oberste Einkommensfünftel zumindest in Westdeutschland einen Einkommensanteil von annähernd dem Doppelten seines Anteils an den privaten Haushalten insgesamt. In Westdeutschland waren das 39,2 und in Ostdeutschland 35,9 Prozent.[52] Die Verteilung der Einkommen wird mit dem sogenannten Gini-Koeffizienten gemessen. Liegt er bei Null, so herrscht Gleichverteilung. Bei einem Wert von 1 fällt das gesamte Einkommen einem einzigen Haushalt zu. In Westdeutschland lag dieses Verteilungsmaß nach den Daten des SOEP bei 0,318. Die Ungleichheit der Einkommensverteilung hatte gegenüber 1991 (0,305) leicht zugenommen. In Ostdeutschland zeigt der Wert mit 0,279 interessanterweise eine etwas gerechtere Verteilung der Einkommen als in Westdeutschland. Abbildung 9 (S. 154) demonstriert die Einkommensverteilung in Ost- und Westdeutschland für das Jahr 1995 anhand einer Lorenzkurve. Sie besagt beispielsweise für Westdeutschland: 40 Prozent der unteren Haushalte erhielten 1995 19,5 Prozent am Gesamteinkommen. Gäbe es eine Gleichverteilung, betrüge also der Gini-Koeffizient Null, so ergäbe sich eine Diagonale. Je mehr die Kurve nach unten abweicht, desto höher ist die ungleiche Verteilung.

Insgesamt läßt sich sagen, daß die Einkommensverteilung seit Anfang der neunziger Jahre leicht ungerechter geworden ist. Wird die Verteilung auf der Basis von Äquivalenzeinkommen (nach OECD-Standard werden die Personen je nach Haushaltstyp gewichtet, etwa Kinder ab 15 Jahren mit 0,7, der Haushaltsvorstand mit 1,0) untersucht, so zeigt sich in den neunziger Jahren viel deutlicher als bei den nicht gewichteten Haushaltseinkommen der Trend zu wachsender Ungleichheit. Die obersten 20 Prozent der Haushalte konnten in Westdeutschland 1995 ihren Anteil am gesamten Äquivalenzeinkommen gegenüber 36,4 Prozent im Jahr 1991 auf 37,8 Prozent ausbauen. Dagegen sank der Anteil der einkommensschwächsten 20 Prozent der Haushalte. Zwar liegt in Ostdeutschland der Ungleichheitsindikator nicht so hoch wie in Westdeutschland. Jedoch verschlechterte sich die Einkommensverteilung nach dem Systemwechsel im Zuge der kapitalistischen Wirtschaftsdynamik verständlicherweise. Die Tendenz zur zuneh-

52 I. Becker, Entwicklung der Einkommensverteilung in Deutschland: zunehmende Spaltung der Gesellschaft?; in: WSI-Mitteilungen 10/1997

menden Einkommensungleichheit zeigt sich auch bei der Veränderung der relativen Einkommensposition (Abweichung des Einkommens vom gesamten Durchschnitt).

Einkommensarmut und -reichtum, Mittelschichten: Üblicherweise gilt die folgende Armutsdefinition: Liegt das Einkommen (hier Äquivalenzeinkommen; es wird also die unterschiedliche Zusammensetzung der privaten Haushalte berücksichtigt) unter 50 Prozent des Durchschnittseinkommens, dann handelt es sich um Armut. Diese relative Armut ist zwischen 1991 und 1992 gewachsen. 1995 lebte fast jeder Achte in Einkommensarmut. Im Verhältnis zur Normsetzung von 50 Prozent definiert sich auch die sogenannte «milde» Armut, die bis zur 60-Prozent-Grenze des durchschnittlichen Äquivalenzeinkommens reicht. Auch hier ist ein Anstieg zwischen 1991 und 1995 zu verzeichnen. Von «harter» Armut hingegen waren 1995 immerhin sechs Prozent betroffen; sie verfügten maximal nur über 40 Prozent des Durchschnittseinkommens.

Mit dem Konzept relativer Einkommensposition läßt sich auch die Gruppe der Reichen definieren. Reichtum beginnt, wenn das Äquivalenzeinkommen eines Haushalts 200 Prozent und mehr über dem gesamten Durchschnittseinkommen liegt. Jeder Zwanzigste (fünf Prozent) verfügte über mehr als das Doppelte des durchschnittlichen Äquivalenzeinkommens. Auch diese Gruppe nimmt nach den Daten leicht zu. Interessanterweise ist die Mittelschicht, die sich zwischen der (normalen) Armutsgrenze (bis zu 50 % des Durchschnittseinkommens) und dem Beginn des Reichtums (ab 200 %) bewegt, in Westdeutschland kleiner geworden. Dabei fiel der Abstieg in die Armut höher aus als der Aufstieg in den Reichtum.

Das Fazit dieser Verteilungsanalyse lautet: Erst seit Anfang der neunziger Jahre hat personenbezogen der Reichtum zugenommen, während sich allerdings die Armut schneller ausbreitete. Die Mittelschicht – zu der nach dieser Definition auch der Facharbeiter zählt – mußte Positionsverluste hinnehmen. Würden die bei diesen Auswertungen nicht einbezogenen Topverdiener berücksichtigt, dann müßte dieser Trend zur Ungleichverteilung noch stärker ausfallen.

Mehr Vermögen für Vermögende: Zwischen der Einkommens- und Vermögensverteilung bestehen sich verstärkende Wechselwirkungen: Teilhabe am Vermögen führt zu vermehrten Einkünften, aus denen vorrangig wiederum neues Vermögen gebildet werden kann. Reichtumsvermehrung ist ein sich auf erweiternden Stufen reproduzierendes System. Drei Typen des Vermögens sind mit folgenden geschätzten Wertangaben für Westdeutschland zum Jahr 1995 zu unterscheiden: Betriebsvermögen (1,36 Bill. DM), Immobilien (5,4 Bill. DM) und Geldanlagen (3,16 Bill. DM). Berechnungen zur Verteilung des Geldvermögens sowie der Immobilien liegen auf der Basis der Einkommens- und Verbrauchsstichproben vor.[53] Untersuchungen zur Verteilung des Produktivvermögens sucht man seit Jahren vergeblich. Es ist ein Skandal, daß zuletzt Mitte der sechziger Jahre eine Analyse zum Produktivvermögen vorgelegt worden ist. Denn dessen Verteilung hat zentralen Einfluß nicht nur auf die Einkommens-, sondern auch auf die ökonomische Machtposition.

Beim Geldvermögen zeigt sich zweierlei: Es ist in den letzten Jahren deutlich stärker gewachsen als die gesamtwirtschaftliche Produktion. Nach dem Zuwachs um 241 Milliarden Mark im Jahr 1996 belief sich Ende 1996 das Geldvermögen in der Hand der privaten Haushalte auf fast fünf Billionen Mark. Dieser Reichtum ist jedoch extrem unterschiedlich verteilt. Im Durchschnitt besaß zwar jeder Haushalt ein Geldvermögen von 135 000 Mark. Allerdings steht hinter dem Durchschnittswert eine starke Streuung, auf die gleich einzugehen ist. Aus diesem Geldvermögen erzielten die privaten Haushalte insgesamt Zinsen und Dividenden (vor Abzug der Steuern) von rund 213 Milliarden Mark. Das durchschnittliche Vermögenseinkommen betrug 5800 Mark. Die Un-

53 vgl. dazu: K.-D. Bedau, Auswertung von Statistiken über die Vermögensverteilung in Deutschland, DIW-Gutachten im Auftrag der Friedrich-Ebert-Stiftung, Berlin (Mai) 1997. Zu den neuesten Daten vgl. ders., Geldvermögen und Vermögenseinkommen der privaten Haushalte; in: DIW-Wochenbericht 31/1997

gleichheit bei der Verteilung der Vermögenserträge fällt jedoch noch stärker aus als die der Vermögensbestände.

Nach den Ergebnissen der EVS von 1993 (vgl. Abb. 9a, S. 155) besaßen zwar nur drei (zwei) Prozent der westdeutschen (ostdeutschen) Haushalte kein Geldvermögen. Aber lediglich elf Prozent des Geldvermögens entfiel auf die Hälfte aller westdeutschen Haushalte (in Ostdeutschland 15 %). Dagegen konnten die fünf Prozent Haushalte mit besonders hohen Geldvermögensbeständen gut 28 (Westdeutschland) bzw. 25 Prozent (Ostdeutschland) Geldvermögen ihr eigen nennen. Die Sprünge der durchschnittlichen Geldvermögen je Haushalt nahmen mit wachsender Einkommensgruppe zu. Bei der Gruppe mit einem Haushaltseinkommen zwischen 5000 und 10 000 Mark lag es bei 116 800 Mark, bei der Einkommensgruppe zwischen 10 000 und 35 000 wurden 280 700 Mark erreicht. Dabei wird durch diese Daten die Schieflage der Vermögensverteilung noch weit unterschätzt, weil die Stichprobe bei einem Haushaltseinkommen mit 35 000 Mark und mehr gekappt worden ist. Gegenüber den Daten der Deutschen Bundesbank erfaßt die EVS nur reichlich die Hälfte des gesamten Geldvermögens.[54] In den letzten Jahren konnten zur Untersuchung der Vermögensverteilung ergänzend die Angaben im Rahmen der Erhebung der Vermögensteuer hinzugezogen werden. Da diese 1997 abgeschafft wurde, steht diese Informationsquelle künftig nicht mehr zur Verfügung. Die bisher letzte Auswertung der Vermögensteuerstatistik von 1989 zeigt: Die reichsten fünf Prozent der Steuerpflichtigen hielten 37 Prozent der festverzinslichen Wertpapiere und sage und schreibe 57 Prozent des Aktienvermögens. Da im betrachteten Jahr nur drei Prozent der privaten Haushalte der Vermögensbesteuerung unterlagen, wird das Ausmaß der Vermögenskonzentration unterschätzt.[55]

Über die aktuellere Verteilung der Geldvermögen geben die Er-

54 E. Guttmann, Geldvermögen und Schulden privater Haushalte Ende 1993; in: Wirtschaft und Statistik, Heft 5/1995, S. 391

55 vgl. die Angaben bei K.-D. Bedau, a.a.O., S. 544

Abbildung 9: Lorenzkurven der Verteilung des Haushaltsnettoeinkommens (ohne Gewichtung mit der Haushaltsgröße) West- und Ostdeutschland 1996

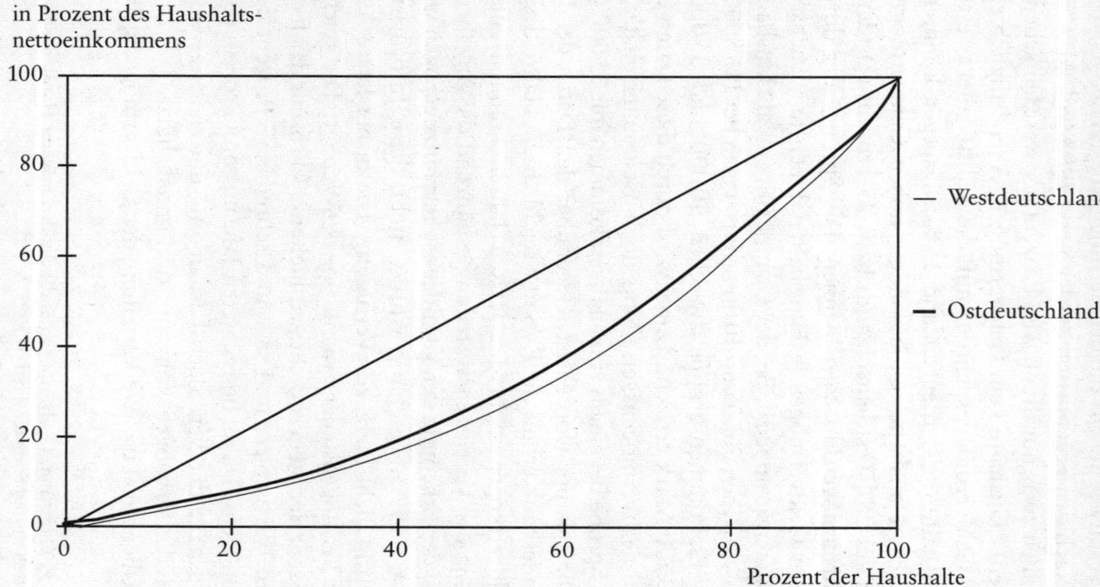

Abbildung 9a: Verteilung des Bruttogeldvermögens in Westdeutschland 1993 nach Einkommensklassen

Haushaltsnettoeinkommen pro Monat	Haushalte insgesamt nach Einkommensklassen	Anteil der Haushalte in der jeweiligen Einkommensklasse an allen Haushalten	Haushalte mit Geldvermögen in der jeweiligen Einkommensklasse	Anteil der Haushalte mit Geldvermögen an allen Haushalten	Anteil der Haushalte mit Geldvermögen in der jeweiligen Einkommensklasse	Durchschnittliches Geldvermögen je Haushalt mit Geldvermögen	Geldvermögen der jeweiligen Einkommensklasse	Anteil der Einkommensklasse am gesamten Geldvermögen
DM	1000	vH	1000	vH	vH	DM	Mrd. DM	vH
<1 800	5 596	19,5	4 951	17,3	88,5	24 400	121	6,7
1 800– 3 000	8 424	29,4	8207	28,6	97,4	43 100	354	19,7
3 000– 5 000	8 958	31,3	8 881	31,0	99,1	66 100	587	32,7
5 000–10 000	5225	18,2	5 214	18,2	99,8	116 800	609	33,9
10 000–35 000	444	1,5	441	1,5	99,3	280700	124	6,9

Quellen: Grunddaten der Einkommens- und Verbrauchsstichprobe 1993 aus Statistisches Bundesamt (1995b). Ohne Haushalte mit monatlichem Nettoeinkommen über 35 000 DM, ohne Haushalte von Land- und Forstwirten und ohne Anstalten und Gemeinschaftsunterkünften; entnommen: Kommission für Zukunftsfragen der Freistaaten Bayern und Sachsen, Teil III: Maßnahmen zur Verbesserung der Beschäftigungslage, Bonn, November 1997, S. 86.

gebnisse der Sozio-oekonomischen Panels (SOEP) für 1994 auf Stichprobenbasis Auskunft: Auf drei Zehntel der Befragten entfiel nicht einmal ein Zehntel der Vermögenseinkommen, während sich die Hälfte der Zinsen und Dividenden auf fünf Prozent der Haushalte mit weit überdurchschnittlichem Vermögen konzentrierte. Die wirkliche Verteilungsschieflage ist sicherlich noch viel größer. Denn auch diese Befragung spiegelt nur einen Teil der Vermögenseinkünfte wider. Zu vermuten ist, daß der Anteil hochverzinslicher Anlagen mit wachsendem Vermögen zunimmt und sich deshalb auch die Einkünfte bei den Spitzenverdienern konzentrieren.

Im längerfristigen Trend hat, wie die Daten belegen, die Disparität bei der Verteilung des Geldvermögens zugenommen. Die Reichen sind auch reicher geworden, weil sie ihre überdurchschnittlichen Vermögenseinkünfte für den Kauf von Aktien und Wertpapieren nutzen konnten. Und Aktien erbrachten in den letzten Jahren glänzende Kursgewinne. Seit Anfang 1996 stieg der Deutsche Aktienindex (DAX) bis Ende 1997 um 83 Prozent, freilich ohne daß die Veräußerungsgewinne – außerhalb der Spekulationsfrist von einem halben Jahr – versteuert wurden.

Die Spaltung der Gesellschaft wird auch anhand dieser Gegenüberstellung deutlich: Die Zuwachsraten der Sozialhilfeausgaben (HLU) entwickelten sich 1985 bis 1996 mehr oder weniger gleichgerichtet mit den Geldvermögen. Die Spaltung ist gewaltig, wachsendem Reichtum steht steigende Armut gegenüber. Im Zuge der Entfesselung der kapitalistischen Wirtschaftsgesellschaft von politischen Verteilungskorrekturen setzt sich die Reproduktion des Reichtums geradezu gesetzesmäßig durch. Die zahnlose Erbschaft- und Schenkungsteuer sorgt meistens dafür, daß der Reichtum in der Familie bleibt.

5.3. Wieviel Armut/Reichtum verträgt die Gesellschaft?

Die wachsende Spaltung der Gesellschaft muß nicht als eherner Sachzwang hingenommen werden. Die Ursachen dieser demokratiebedrohenden Fehlentwicklung zeigen zugleich die Ansatzpunkte einer Reformpolitik, die ernsthaft die Kluft zwischen Reichtum und Armut abbauen will. Am Anfang steht die Einsicht, daß Marktsysteme aus sich heraus die ungleiche Verteilung von Einkommen und Vermögen nicht abbauen, sondern vertiefen. Deshalb muß die Politik die primären Verteilungsergebnisse der Märkte unter dem Ziel von mehr Gerechtigkeit korrigieren. Das ist der «soziale Sinn» (Ludwig Erhard) der Sozialen Marktwirtschaft. Genau das Gegenteil bestimmt jedoch die Entwicklung in Deutschland. Unter dem Vorwand, den Standort zu sanieren, wird die Umverteilung von unten nach oben zum wichtigsten Programmpunkt. Die aus den Märkten resultierende, ungerechte Primärverteilung wird durch die Politik gehegt und gepflegt, ja nachhaltig verstärkt. Dazu einige Beispiele:

▶ Zentraler Ausgangspunkt wachsender Ungerechtigkeiten bei der Einkommens- und Vermögensverteilung ist die Massenarbeitslosigkeit. Sie zwingt vor allem die Langzeitarbeitslosen in die Armut. Dabei ist die Arbeitslosigkeit die zugespitzte Form existentieller Abhängigkeit von Arbeit, denn nicht einmal abhängige Beschäftigung steht zur Verfügung. Anstatt mit der Bekämpfung der Beschäftigungskrise mehr Verteilungsgerechtigkeit herzustellen, vertieft die beschäftigungspolitisch erfolglose Angebotspolitik die soziale Spaltung.

▶ Einkommensverluste der Lohn- und Gehaltsbezieher haben ebenfalls Einfluß auf die Verschlechterung der Verteilungsverhältnisse in Deutschland. Die Arbeitslosigkeit wird als Disziplinierungsinstrument genutzt. Das zeigt sich an der zunehmenden Lohndispersion: Die Löhne driften immer stärker auseinander. Erwerbsarbeit schützt, wie bereits zitiert, vor Armut nicht mehr. Die Zahl der Beschäftigten, die an die Armutsgrenze rückt, nimmt zu.[56] Nachdem die Arbeitseinkommen vor allem in den unteren Lohngruppen das Existenzminimum schrammen, wird schlicht behauptet, das Lohnabstandsgebot sei verletzt. Deshalb müßten gegenüber den Niedriglöhnen in der Nähe des Existenzminimums die Sozialleistungen gesenkt werden. Die Annäherung der Löhne an die Sozialhilfe bringt doch nur zum Ausdruck, daß das sozial zu sichernde Existenzminimum durch die Löhne gerade noch erreicht wird. Diese Löhne sind eben zu niedrig, denn die Sozialeinkommen lassen sich nicht unter das Existenzminimum drükken, soll der ohnehin schon niedrige Wall gegen Verelendung nicht eingerissen werden. Untersuchungen zeigen, daß die Lohnspreizung in Richtung Armut in den letzten Jahren durch die Zunahme prekärer Beschäftigungsverhältnisse häufiger geworden ist. Dazu gehören die Scheinselbständigkeit ebenso wie erzwungene Teilzeitarbeit. Dabei wird die Armutsdynamik derzeit vorrangig durch die sogenannten 620-Mark-Jobs angetrieben. Das Deutsche Institut für Wirtschaftsforschung schätzt die Zahl geringfügig Beschäftigter im Jahr 1997 auf insgesamt 6,7 Millionen Personen.[57] Ein Job dieses Typs reicht in vielen Fällen nicht zur Existenzsicherung. Durch die Freistellung von der Sozialversicherungspflicht wird schließlich später das Sozialbudget belastet. Es werden also staatliche Subventionen in diesem Bereich produziert, die fällig werden, wenn die Betroffenen im Alter beispielsweise auf Rente angewiesen sind.

► Anstatt die Arbeitslosigkeit zu bekämpfen, wird sie zum Anlaß genommen, soziale Leistungen abzubauen. Nach Angaben der Bundesregierung beläuft sich die – auch noch stolz vorgetragene – Abbaubilanz seit 1982 auf 130 Milliarden Mark[58] Norbert Blüm

56 C. Schäfer, Verteilungspolitik: Chronik eines angekündigten politischen Selbstmords, in: WSI-Mitteilungen 10/1997

57 V. Meinhardt u. a., Einführung der Sozialversicherungspflicht für 610 DM-Jobs und Abschaffung der Pauschalbesteuerung; in: DIW-Wochenbericht 45/1997, S. 895

58 Antwort der Bundesregierung auf die Große Anfrage der SPD – Zwischenbilanz zum Abbau von sozialen Leistungen; in: Bundestagsdrucksache 13/9099, S. 8

rühmt sich, allein in seinem Geschäftsbereich für rund 98 Milliarden Mark Sozialleistungen abgebaut zu haben. Im Abschnitt 4, Kapitel I sind Ausmaß und Wirkungen dieser Demontage des Sozialstaats beschrieben. Auch diese soziale Kürzungspolitik treibt viele Betroffene in die Armut.

▶ Gegenüber diesem Sozialabbau bescherte die angebotsorientierte Steuerpolitik den Unternehmen und Einkommensmillionären in den letzten Jahren Geschenke in zweistelliger Milliardenhöhe. Instrumente und Wirkungen sind im Abschnitt 3, Kapitel I ausführlich beschrieben worden. Zur Erinnerung: Würde der Anteil der Gewinnsteuerung auf dem Niveau von 1980 heute noch gelten, dann stünden über 100 Milliarden Mark an staatlichen Einnahmen zur Verfügung. Trotz der hier mit Zahlen belegten Vermögenskonzentration ist seit 1997 die Vermögensteuer abgeschafft worden (vgl. Abschnitt 5 in diesem Kapitel). Die Erhöhung der Erbschaft- und Schenkungssteuer fiel dagegen nur schwach aus. Damit ist für die Reichen der Generationsvertrag gesichert. Das Vermögen wechselt in die Nachfolgegeneration, ohne daß das vielgepriesene Leistungsprinzip eine Rolle spielt. Leistungsbereitschaft und Innovationsfähigkeit sind nicht mehr sichergestellt. Die Chancen des Standorts werden durch eine Erbengesellschaft nicht verbessert.

Die Umverteilung ist gewollt. Auch sie wird mit der Verheißung angepriesen, dadurch würden Investitionen angeregt und schließlich Arbeitsplätze geschaffen. Die reale Wirkung dieser neoliberalen Marktvergötzung hat John Kenneth Galbraith zutreffend als «Roßäpfeltheorem» beschrieben: Werden die stärksten Pferde nur mit bestem Hafer gefüttert, dann bleibt am Ende auch etwas für die vielen Spatzen übrig. Rösser und Spatzen stehen für den Interessengegensatz zwischen Kapital und Arbeit. Armut gerät zum Stachel, diese durch besondere Anstrengungen überwinden zu sollen. Und schließlich profitieren dem «Roßäpfeltheorem» folgend alle anderen vom Reichtum der wenigen. Mit derartigen Rechtfertigungen wird der endgültige Abschied von der Sozialen Marktwirtschaft vollzogen. Die damit vorprogrammierte Vertiefung ungerechter Verteilung der Teilhabe an der Wertschöpfung kann diese Gesellschaft nicht aushalten. Wachsender Reichtum als Instrument der Politik bei gleichzeitig zunehmender Arbeitslosigkeit und damit steigender Armut stürzt das Gesamtsystem in eine tiefe Akzeptanzkrise. Neoliberale Parolen à la: ‹Alle müssen den Gürtel enger schnallen›, geben sich angesichts der real existierenden Verhältnisse der Lächerlichkeit preis. Bei Rentnern und Sozialhilfeempfängern am untersten Existenzminimum ist nichts mehr zu holen, während dort, wo ökonomische Stärke die Statur prägt, der Gürtel enger geschnallt werden könnte.

Das aber verhindert die Angebotspolitik. Diese Totalverweigerung bedroht den Standort Deutschland heute am meisten. Mit dem Vorwurf des Sozialneids wird versucht, Verteilungspolitik zu diskreditieren. Dabei zerstört der ausufernde Reichtum weniger Wohlstand und Demokratie. Politik, die sich nicht mehr am Ziel Wohlstand für alle orientiert, sondern nur den wenigen Auserkorenen dient, gefährdet auch die demokratischen Grundlagen Deutschlands. Zur Demokratie gehören Gerechtigkeit und Solidarität. Die Gefahr, daß aus wachsender Ungerechtigkeit und steigender Arbeitslosigkeit Rechtsradikalismus und -populismus sprießen, ist in Deutschland bereits konkret. Haß auf alles Fremde verbreitet sich, weil auf die noch Ärmeren und Schutzlosen die Ursache des Arbeitsplatzverlustes projiziert wird.

Reformen in Richtung gerechterer Lebens- und Produktionsverhältnisse bringt das auf einzelwirtschaftlicher Konkurrenz beruhende Wirtschaftssystem nicht hervor. Sie müssen durch eine Politik durchgesetzt werden, der sich die Marktdynamik unterzuordnen hat. Ohne das Ziel sozialen Ausgleichs kann das Wirtschaftsystem kurzfristig Vorteile erzielen; in der langen Frist ist es nicht überlebensfähig.

6. Ökonomie vor Ökologie: Nachhaltige Bedrohung des Lebens- und Produktionsstandorts Deutschland

Die Schädigungen der Umwelt haben heute dramatische Ausmaße erreicht. Dabei ist gewiß, daß in Zukunft nur die Zuwächse der Belastung von Luft, Böden und Wasser reduziert werden. Eine absolute Entlastung wird es nicht geben, dies würde den sofortigen Ausstieg aus dem Industriesystem erfordern. Die Zeichen stehen also auf Sturm. Unbestreitbar ist, daß die Belastungen der Umwelt und Natur maßgeblich durch die Wirtschaftsweise produziert werden. In einem Wirtschaftssystem auf der Basis einzelwirtschaftlicher Konkurrenz werden die Akteure dazu angehalten, ökologische Kosten zu verdrängen, zu externalisieren. Unter dem Ziel einzelwirtschaftlicher Kostenminimierung erscheint dieses Verhalten rational. Auch auf dem Feld der Umwelt zeigt sich: Einzelwirtschaftliche Rationalität, Movens der Konkurrenz, gerät in Widerspruch zur gesamtwirtschaftlich-ökologischen Rationalität. Auch diese Rationalitätsfalle kann nur durch staatliche Ordnungspolitik überwunden werden. Kapitalistische Wettbewerbssysteme verfügen aus sich heraus über keine Anreize, längerfristig erst spürbare ökologische Folgen zu vermeiden. Deshalb muß der Kapitalismus nicht nur sozial, sondern auch ökologisch gebändigt werden.

Insoweit ist es konsequent, heute die Soziale Marktwirtschaft um das Instrumentarium ökologischer Gestaltung zu erweitern. Die Rede ist von der «Sozialen und Ökologischen Marktwirtschaft». Erst heute, viel zu spät, zeigt sich, daß die massiven Umweltbelastungen bereits in den «Wirtschaftswunder-Jahren» seit 1950 produziert worden sind. An den Ringen der Bäume im Schwarzwald läßt sich dieser Beginn des Waldsterbens ablesen.

Die bitteren Erfahrungen mit ökologischen Krisen infolge umweltindifferenten Wirtschaftens haben dazu geführt, daß sich seit Anfang der siebziger Jahre mit wachsender Bedeutung die Umweltpolitik in Deutschland durchsetzen konnte. Außerparlamentarische Proteste mußten allerdings maßgeblich nachhelfen. Nach der erfolgreichen Parlamentarisierung der Grünen wird dieser Ausgangspunkt häufig vergessen. Das Waldsterben, die Klimabelastung durch den CO_2-Ausstoß, das Umkippen der Nordsee sowie vieler Gewässer im Binnenland, aber auch katastrophale Einzelfälle haben der Einsicht in die Notwendigkeit von Umweltpolitik zum Durchbruch verholfen.

Viele Maßnahmen zielen heute auf eine ökologische Beeinflussung des Wirtschaftens. Diese Aktivitäten reichen jedoch nicht aus. In allen Bereichen der Wirtschaft, bei den Unternehmen, den privaten Haushalten und auch den staatlichen Einrichtungen muß der Umbau durch integrierten, vorbeugenden Umweltschutz vorangetrieben werden. Integrierter Umweltschutz bezeichnet Lösungsansätze, mit denen das Entstehen von Umweltbelastungen möglichst von vorneherein vermieden wird. Im Zentrum stehen daher Produktionsanlagen und Produkte, mit denen die Umweltbelastung gesenkt werden kann. Wichtig ist allerdings, daß im Zuge dieser ökologischen Transformation der Wirtschaft die Umweltbelastungen effektiv zurückgeführt werden. So entlasten Rauchgasentschwefelungsanlagen die Umwelt zwar vom Schadstoffausstoß am Ende der Produktionskette («end-of-the-pipe»-Technologie). Ihre Produktion erfordert aber immensen Energieeinsatz im Bereich der Aluminiumnutzung. Erst konsequentes ökologisches Kreislaufdenken vermag auch die zunehmende Scharlatanerie unter dem Etikett Umweltschonung zu enttarnen.

Gerade die Maßnahmen zum präventiv-integrierten Umweltschutz sind von Anfang an in der Unternehmenswirtschaft auf Widerstand gestoßen. Die Ausbreitung des Umweltschutzes wurde lange Jahre zwar verzögert und behindert, jedoch nicht zum Stillstand gebracht. In den letzten Jahren sind die Widerstände gegen eine ökologische Bändigung der Marktgesetze heftiger geworden und haben Einfluß auf die Politik gewonnen. Wieder einmal muß die bedrohte internationale Wettbewerbsfähigkeit des Standorts Deutschland zur Rechtfertigung herhalten. Die deutsche Wirtschaft werde durch folgende Belastungstriade paralysiert: Hochlohn-, Hochsteuer- und Hochumweltland. Im Abschnitt zwei dieses Kapitels wurden die Mutmaßungen über das Hochlohnland widerlegt. Über die internationale Konkurrenzfähigkeit entscheidet die Entwicklung der gesamten Arbeitskosten im Verhältnis zur Arbeitsproduktivität. Und da sind, wie auch die Exportstärke Deutschlands belegt, Nachteile nicht zu erkennen. Im nachfolgenden Abschnitt wurde das Lamento über das Hochsteuerland untersucht. Das Ergebnis fiel eindeutig aus: Wird die effektive Steuerbelastung verglichen, die sich aus den Steuersätzen und der Steuerbemessungsgrundlage nach Abzug der vielen Steuervorteile ergibt, so sind die deutschen Unternehmen im internationalen Wettbewerb bestens positioniert. An dieser Stelle muß die Frage beantwortet werden, ob Deutschland als Hochumweltland im internationalen Wettbewerb benachteiligt ist. Es wird sich zeigen: Die Forderung, zugunsten der internationalen Konkurrenzfähigkeit müsse eine «ökologische Pause» eingelegt werden, entpuppt sich nicht als Stillstand-, sondern Standort-Rückschritts-Politik. Dies läßt sich an vier Zusammenhängen demonstrieren:

Erstens: Deutschland ist, vergleichbar mit Japan, ein dichtbesiedeltes Land mit regional hoch konzentrierten, umweltbelastenden Produktionsschwerpunkten – beispielsweise das Rhein-Main-Gebiet. Eine ökologisch nachhaltige Entwicklung ist für diesen Lebens- und Produktionsstandort unverzichtbar. Aus dem Verzicht auf einen ökologischen Umbau der Wirtschaft würden dem Standort massive Belastungen erwachsen. Schließlich können ökologische Krisen zumindest temporär zur Enteignung der privaten Produktionsmittel führen. So erzwingt extreme Smogbildung meistens in den Wintermonaten vorübergehend den Stillstand der Produktion an umweltbelastenden Standorten. Kapitalflucht und der Verzicht auf ausländische Investitionen wären in der Tat die Folge ökologisch verschlechteter Lebens- und Produktionsverhältnisse. Insoweit hat der dichtbesiedelte Standort Deutschland gar keine Option auf ökologischen Stillstand bzw. Rückschritt. Oftmals wird aus kurzer Wirtschaftssicht das heutige umweltpolitische Regulierungssystem wegen seiner Kosten kritisiert. Dabei wird vergessen, daß die Umweltpolitik die späte, jedoch unvermeidliche Antwort auf frühere, vorangegangene ökologische Sünden bei der Produktion und Konsumtion darstellt.

Zweitens: Von einer nachhaltigen Politik des ökologischen Umbaus profitiert die Wirtschaft.

Zum einen führt die Umstrukturierung der Betriebe unter der Vorgabe ökologischer Normen zu deutlichen Kostenersparnissen. Aus der Fülle der Beispiele folgende Hinweise: Die Stahlindustrie hat sich unter dem Ziel der Einsparung von Wasser und Energie umfassende Kosteneinsparungen beschert. Das Rechtsanwaltbüro, das den Papiereinsatz reduziert, leistet einen Beitrag für die Umwelt – und spart Kosten. Das international agierende Versicherungsunternehmen kann durch den Abbau ökologisch belastender Aktivitäten (zum Beispiel inländischer Kurzflüge) die Gewinne erhöhen. Durch die bisherige Politik der Unternehmen sind bereits Umweltbelastungen und Unternehmenskosten in großem Ausmaß gesenkt worden. Dazu verhilft die die bisherige Rechnungslegung ergänzende Öko-Bilanzierung. Die Öko-Auditierung nach EU-Norm zwingt zur systematischen Verbesserung der Umweltstandards eines Unternehmens und verbessert zugleich sein Image. Öffentliche Umweltpolitik, vielfach kritisiert, ist gesamtwirtschaftlich von Vorteil. Kosten-Nutzen-Analysen etwa von Ausgaben zur Verbesserung der Wasserqualität der Flüsse und Seen sowie der Luftqualität zeigen: Einer für Sanierungsmaßnahmen ausgegebenen Mark durch den Staat steht im Durchschnitt ein Zugewinn von drei Mark gegenüber.

Zum anderen stimulieren ökologische Rahmenvorgaben die Suche nach neuen Produktionsverfahren und Produkten. Umweltpolitik kann zur wichtigsten Triebkraft für Innovationen werden. Neue Märkte, die auch für wirtschaftliche Existenzgründungen Bedeutung haben, entstehen. Handeln nach dem Vorwurf, Umweltpolitik wirke als Standortbremse, verspielt diese Innovationsdynamik. Die Zukunft der deutschen Wirtschaft liegt im Einsatz ihrer intelligenten Ressourcen für ökologische Produkt- und Prozeßinnovationen. Auf diesem Gebiet den besten Rang innerhalb der internationalen Konkurrenz einzunehmen, gereicht auch den importierenden Ländern zum Vorteil. Denn mit den Produkten wird umweltverträglicher auch dort produziert.

Drittens: Hartnäckig hält sich die Behauptung, Umweltschutz koste Arbeitsplätze, wirke also als Jobkiller. Nahezu alle empirischen Untersuchungen dementieren dieses Gerücht.[59] Zwar können dort, wo die Umweltschutzmaßnahmen angewendet werden, Arbeitsplätze verloren gehen. Aber durch die Herstellung ökologischer Produkte und Produktionsverfahren entstehen sie anderswo in weitaus größerem Ausmaß. Das gilt beispielsweise für den Energiebereich: Wird Energie eingespart und der umweltbelastende Einsatz fossiler Energiequellen (Braunkohle, Steinkohle) reduziert, entstehen in der Gesamtwirkung dieser Umbaustrategie mehr Arbeitsplätze als verlorengehen.[60] Freilich findet meistens der Arbeitsplatzabbau in anderen Branchen und Regionen statt als die Schaffung neuer Arbeitsplätze. Deshalb muß dieser ökologieverträgliche Umbau durch eine regionale Strukturpolitik begleitet werden.

Durch ökologischen Stillstand oder gar Rückschritt würden Beschäftigungschancen vertan und die Qualität des Standorts verschlechtert. 1994 waren bereits fast eine Million Arbeitsplätze

59 In einer mittlerweile älteren Studie sind die meisten nationalen und internationalen Studien verglichen worden. Die positiven Beschäftigungseffekte der Umweltpolitik werden belegt. Vgl. M. Gurgsdies/R. Hickel, Umwelt und Beschäftigung – Nationale und internationale Studien im Überblick; in der Reihe Forschung der Kooperationsstelle Universität/Arbeitkammer, Bremen 1986. Auch neuere Studien belegen dieses Ergebnis.

60 Vgl. den Nachweis positiver Beschäftigungseffekte eines Ausstiegs aus der Produktion von Atomstrom in der Studie: H. P. Speiser/R. Hickel, Die Beschäftigungswirkungen eines Ausstiegs aus der Atomenergienutzung im Verbund mit einer ökologisch orientierten Energienutzung; Studie im Auftrag von Greenpeace e. V.; in: PIW-Forschungsreihe 1994

durch den Umweltschutz ausgelastet.[61] Rund 2,7 Prozent aller Erwerbstätigen lassen sich diesem Feld zurechnen. Davon war mehr als eine halbe Million unmittelbar mit Umweltschutzaufgaben befaßt. Darüber hinaus sind durch die Produktion von Umweltschutzgütern nochmals 450 000 Arbeitsplätze in der Wirtschaft ausgelastet worden. Der Schwerpunkt der durch den Umweltschutz indirekt induzierten Arbeitsplätze liegt im Dienstleistungssektor. Also stärkt der Umweltschutz auch die Entwicklung in Richtung Dienstleistungsgesellschaft.

Viertens: Erfolgreicher Umweltschutz, so die Kritik, entziehe sich mittlerweile der nationalstaatlichen Kompetenz. In der Tat: Ökologische Belastungen kennen keine Grenzen, wirken also global. Wer erinnert sich nicht an die grenzübergreifenden Folgen der Havarie des Atomkraftwerks in Tschernobyl. Die Klimakatastrophe ist global. Dennoch hat es keinen Sinn, mangelnde nationale Kompetenz gegen globale Verantwortung auszuspielen, für die es kaum Institutionen gibt. Zum schlechten Schluß wird weder global noch national gehandelt – und die Umweltkrise breitet sich aus. Erforderlich ist beides: entschiedenes nationalstaatliches Handeln, das sich in eine länderübergreifende globale Politik einbettet. In der Europäischen Union sind grundsätzlich die Voraussetzungen für eine europäisierte Umweltpolitik gegeben. Leider blockieren immer wieder einzelne Staaten eine europäische Lösung; etwa die Bundesregierung, die die Einführung einer europaweiten Energiesteuer hintertrieben hat.

Angesichts der globalen Klimakatastrophe ist bei der Rückführung der CO_2-Emissionen der Versuch, internationale Absprachen und nationales Handeln konstruktiv zu verkoppeln, durchaus zu erkennen. Gemessen an dem wirklich weltumspannenden Problemzusammenhang von Ozonloch und Klimakatastrophe sind die globalen Vereinbarungen zur Reduktion der

61 J. Blazejcak/D. Edler, Tendenzen der umweltschutzinduzierten Beschäftigung in Deutschland; in: DIW-Wochenbericht 9/1997

CO_2-Schadstoffemissionen jedoch noch viel zu schwach. Im Protokoll zum Rahmenübereinkommen der Vereinten Nationen über Klimaänderungen, das auf der 3. Vertragsstaatenkonferenz in Kyoto im Dezember 1997 verabschiedet worden ist, wurden für die sogenannten Annex-I-Länder (im wesentlichen sind das die Industrieländer) bestimmte Reduktionsquoten für ein Bündel von sechs Treibhausgasen festgelegt, die zwischen den Jahren 2008 und 2012 erreicht werden sollen. Festgeschrieben wurde eine durchschnittliche Reduktionsquote von 5,2 Prozent. Deutschland hat erklärt, davon unabhängig am Plan festzuhalten, die CO_2-Emissionen bis zum Jahr 2005 gegenüber 1990 um 25 Prozent zurückzuführen. Auf dem Weg dahin sind im Verlauf der neunziger Jahre schon Erfolge zu verzeichnen. Allein 1997 wurden 860 Millionen Tonnen, das sind gegenüber 1990 12,5 Prozent weniger ausgestoßen. Um das Ziel in den kommenden acht Jahren zu erreichen, müssen noch 15 bis 16 Prozent zusätzlich zurückgeführt werden. Dieses Beispiel zeigt, wie nationale Alleingänge über die internationalen Mindeststandards hinaus durchgesetzt werden und so hoffentlich Zeichen für andere Länder gesetzt werden können. Letztlich bringt dieses ökologische Vorpreschen auch Vorteile für die Wirtschaft und Arbeitsplätze.

Zum ökologischen Umbau der Wirtschaft stehen unterschiedliche Instrumente zur Verfügung. Die wichtigsten Umbauhebel seien hier kurz genannt:

► Ge- und Verbote kommen am häufigsten zum Einsatz. Sie ergänzen Subventionsprogramme zur Umstellung der Anlagen in den Unternehmen, dem Handwerk und den privaten Haushalten. So legt beispielsweise die Technische Anleitung Luft (TA Luft) den Grenzwert für den maximal zulässigen Ausstoß an Schadstoffen fest. Grenzwertüberschreitungen zählen zur Umweltkriminalität und müssen deshalb konsequent geahndet werden. Zu diesem Instrumentarium gehört auch die Geschwindigkeitsbegrenzung auf den Straßen. Mindestgrenzwerte sollen die Unternehmen dazu zwingen, ökologisch verträglichere Anlagen einzusetzen. Insgesamt ist klar, daß dieses Instrumentarium auf einer zwar reduzierten, jedoch zugelassenen Gesamtmenge an Umweltbelastungen beruht, die politisch definiert werden muß. Dabei werden absehbare technologische Entwicklungen berücksichtigt. Um der Wirtschaft die Planbarkeit ihrer Investitionen zu erleichtern, ist es sinnvoll, über mehrere Jahre einen verbindlichen Pfad der Reduktion festzuschreiben. Unternehmen, die die Vorgaben unterschreiten, sollten belohnt werden.

► Vor allem in der Wirtschaftswissenschaft werden sogenannte Zertifikatsmodelle diskutiert. Dazu wird beispielsweise die Gesamtmenge des CO_2-Ausstoßes politisch vorgegeben. Die Prämisse orientiert sich an dem derzeit für technisch machbar gehaltenem Niveau. Die gesamte Menge wird in Aktien aufgeteilt. Sie verbriefen das Recht auf Umweltverschmutzung entsprechend des Nennwerts der Aktie. Diese Aktien werden an Umweltbörsen gehandelt. Ein Unternehmen, das vergleichsweise alte Anlagen fährt, benötigt entsprechend viele Aktien, um die Schadstoffe emittieren zu dürfen. Nach diesem Zertifikatsmodell wird die vorgegebene Schadstoffmenge nicht, wie bei der Verbotspolitik, bezogen auf die einzelne Anlage eines Unternehmens definiert, sondern die Verteilung der zulässigen Umweltbelastung erfolgt über den Aktienbesitz. Den Preis der Aktien regeln Angebot und Nachfrage.

In Deutschland ist dieser Ansatz, der zum Teil in großflächigen Regionen in den USA zum Einsatz kommt, jedoch kaum anwendbar. Die Kontrollen wären sehr hoch und der bürokratische Aufwand damit immens. So müßte der Einsatz von Aktien in Naturschutzgebieten verboten und in ökologisch besonders belasteten Krisenregionen beschränkt werden. Auch müßte der Aufkauf dieser Zertifikate durch die ausländische Konkurrenz verboten werden, um Stillegungen deutscher Unternehmen mangels Masse an Umweltaktien auszuschließen.

► In der politischen und wissenschaftlichen Diskussion spielt die ökologische Steuerreform eine erheblich größere Rolle als in der

Realität.[62] Die modellhaft am weitesten gediehenen Vorschläge einer Ökosteuer im Bereich der Energie und des Automobils stoßen bei der betroffenen Industrie auf heftige Widerstände. Die praktische Umsetzung von Ökosteuern läßt noch auf sich warten. Da nationalstaatlich auf Deutschland begrenzte Ökosteuern derzeit als massives Hemmnis des Standorts in der internationalen Konkurrenz stigmatisiert werden, soll auf den aktuellen Streit und die Realisierungschancen an dieser Stelle eingegangen werden.

Die Grundidee einer Ökosteuer ist einfach. Erstmals wurde sie konsistent durch Arthur C. Pigou 1920 vorgetragen.[63] Interessanterweise galt Pigous Lehre und Forschung in Großbritannien (London/Cambridge) anfang dieses Jahrhunderts dem Nachweis der Funktionsfähigkeit von Marktwirtschaften als sich selbst optimierende Wirtschaftssysteme. Es war diesem Theoretiker der kapitalistischen Wirtschaftsweise vorbehalten, weitsichtig die ökologischen Grenzen von Marktwirtschaften zu erkennen: Die einzelwirtschaftlichen Akteure berücksichtigen bei der Preisbildung neben den Gewinnen nur die direkt aufzubringenden Kosten – etwa für die eingesetzte Arbeit, die Zulieferungen sowie die Fremdfinanzierung und den Kapitaleinsatz. Kostenwirksame Belastungen der Umwelt bei der Produktion – ebenso bei der Konsumtion – geraten nicht ins Blickfeld. Es gibt keinen direkten Verkäufer des Faktors Umwelt, an den dafür ein Preis bezahlt werden könnte. Die Natur erscheint also als «freies Gut», wird zum Nulltarif eingesetzt. Karl Marx bezeichnete wegen dieser kostenlosen Aneignung die Umwelt als «Gratisproduktivkraft». Unmittelbar wird die Nutzung der Umwelt durch den einzelwirtschaftlichen Akteur nicht einkalkuliert. Jedoch führt die Umweltnutzung zu Belastungen, die leider erst viel später sichtbar werden. Zeitlich

62 Vgl. dazu H. G. Nutzinger/A. Zahrnt (Hg.), Öko-Steuern, Umweltsteuern und -abgaben in der Diskussion, Karlsruhe 1989; sowie E. U. von Weizsäcker u. a. Ökologische Steuerreform, Zürich 1992

63 A. C. Pigou, The Economics of Welfare, London 1920 (ursprünglich: Wealth and Welfare, London 1912; ab 1920 unter obigem Titel)

verzögert entstehen Kosten der Umweltbelastung. Soweit das überhaupt machbar ist, müssen schließlich Gelder zu deren Reparatur aufgebracht werden.

Die einzelwirtschaftlich externalisierten Kosten werden der Gemeinschaft angelastet, und die einzige zuständige Reparaturinstanz ist der Staat. Wenn der Staat dann aktiv werden muß, mißverstehen die Neoliberalen dies als bürokratischen Expansionismus. Für diese Art der Externalisierung gibt es Beispiele zuhauf. Pigou selbst demonstrierte die Rationalitätsfalle am Funkenschlag eines Zugs, der von einer mit Kohle befeuerten Lok an den riesigen Weizenfeldern in der Kornkammer der USA vorbeidonnert. Durch Funkenschlag brennen immer wieder Anbauflächen ab. Der Reisende hat für sein Ticket allerdings nur die direkten Kosten bezahlt, während die externen Kosten erst einmal den Farmern in Form von Erlöseinbußen aufgebürdet werden. Diese Belastungen lassen sich die Farmer nicht bieten. Nach langen Auseinandersetzungen, vielleicht auch Handgreiflichkeiten, muß die Eisenbahndirektion Kosten dafür aufwenden, die Schienen gegen die Weizenfelder abzuschotten. Diese Kosten werden schließlich auf die Tickets der Nutznießer der Bahnfahrt umgerechnet. Die bisher externalisierten Kosten werden internalisiert, also bei der privaten Preisbildung berücksichtigt. Damit ist die Idee einer Ökosteuer umschrieben.

Im Ausmaß der Kosten für die durch privatwirtschaftliche Aktivitäten erzeugten Umweltschäden werden durch politisch entsprechend festgelegte Aufschläge dem Marktsystem die «ökologisch wahren Preise» (E. U. von Weizsäcker) eingehaucht. Diese ökologisch begründete Verteuerung signalisiert dem einzelwirtschaftlichen Akteur, daß neben den privaten auch gesellschaftliche Kosten entstehen. Damit wird zugleich ein ökonomisches Anreizsystem geschaffen, Umweltbelastungen zu reduzieren. Dazu eignet sich der Kauf umweltfreundlicher Güter.

In diesem Zusammenhang werden zwei Fragen strittig diskutiert: Zum einen geht es um die optimale Höhe des Abgabensatzes. Ökologisch rational müßte der Aufschlag an den gesamten

Umweltkosten ausgerichtet werden. Von seiner Höhe hängt aber ab, ob auf ökologisch verteuerte Produkte verzichtet bzw. deren Nutzung reduziert wird. Praktisch dominiert bei der Höhe des Abgabensatzes, wie die Mineralölsteuer zeigt, schierer Pragmatismus. Zum anderen muß aber die Verwendung der Aufkommen aus der Ökosteuer entschieden werden. Der Vorschlag, die Einkünfte komplett zur Senkung der Sozialversicherungsbeiträge zu nutzen, hat derzeit bei Rot-Grün im Bundestag Hochkonjunktur. Die Strategie: Ökosteuer hoch und Sozialversicherungsbeiträge runter hofft auf einen doppelten Befreiungsschlag: Verbesserung der Umwelt und Abbau der Arbeitslosigkeit. Jedoch ist es höchst zweifelhaft, daß der Beschäftigungsabbau auf zu hohe Lohnnebenkosten zurückgeht. Im 2. Abschnitt dieses Kapitels wurde gezeigt, daß die gesamten Arbeitskosten bezogen auf die Produktivität im Vergleich mit den Konkurrenzländern nicht zu hoch sind. Weiter spekuliert diese Teilfinanzierung der sozialen Sicherungssysteme auf eine langfristige Ergiebigkeit der Ökosteuern. Das wiederum steht im Widerspruch zur Ökosteuer, die ja dazu da sein soll, ihre Bemessungsgrundlage, also die besteuerte Umweltbelastung, zu senken. Umweltpolitisch vernünftiger wäre es, die Einkünfte zum ökologischen Umbau etwa des Verkehrs- und Energiesystems zu nutzen.

Schließlich ist auch auf die Grenzen der Ökosteuer hinzuweisen. Wenn keine Zeit mehr ist, auf ökologisch rationale Verhaltensveränderungen zu warten, weil Teile der Umwelt schon derart angeschlagen sind, müssen Ge- und Verbote ausgesprochen werden. So kommt ernsthaft niemand auf die Idee, die Dünnsäureverklappung in der Nordsee über eine Ökoabgabe zu regeln. Die Nordsee ist schon derart belastet, daß die Verklappung von Dünnsäure nur noch strikt verboten werden kann. Auch in der Umweltpolitik gibt es keinen Königspfad; es kommt auf den optimalen Instrumentenmix an.

Die Blockade der ökologischen Steuerreform ist ökologisch unverzeihlich und ökonomisch kontraproduktiv. Am Beispiel des Verbrauchs an Benzin und Energie läßt sich dies zeigen. Eine bereits ältere Modellrechnung für Deutschland belegt eindrucksvoll, daß die monetär meßbaren externen Kosten des privaten PKW-Verkehrs Anfang der achtziger Jahre ca. 80 Milliarden Mark betrugen. Diese Kosten sind in den Jahren danach deutlich gestiegen. Darin enthalten sind die Kosten für Unfälle, Lärm, Luftverschmutzung und Klimaveränderungen. Wird diese Summe auf das Verkehrsverhalten umgerechnet, so müßte pro Liter der Benzinpreis auf 5 Mark erhöht werden. Diese Reizmarke der Öko-Besteuerung ist also durchaus stringent abgeleitet. Damit wird dem Autofahrer über die privaten Kosten hinaus (PKW-Anschaffung, Versicherung, Steuern, Reparaturen) das Ausmaß der gesamtgesellschaftlichen Kosten signalisiert.

Eine sofortige Einführung dieses Aufschlags hätte katastrophale Wirkungen angesichts der Zersiedlung und der daraus erzwungenen Mobilität zwischen Arbeitsplatz und Wohnort. Viele PKW müßten stillgelegt werden, weil die Benzinrechnung nicht mehr bezahlbar wäre. Wird aber nur ein kleiner Aufschlag durchgesetzt, dann ändert sich, wie Untersuchungen zeigen, die Nachfrage nach Benzin und damit das Fahrverhalten kaum. Der Finanzminister wäre der Gewinner, die Umweltministerin die Verliererin. Um aus diesem Dilemma herauszukommen, ist ein zehnjähriger Pfad mit jährlicher Erhöhung um 50 Pfennig des Benzinpreises je Liter denkbar. Der Anreiz für die Automobilindustrie, ökologisch verträgliche Lösung zu finden – etwa das Drei-Liter-Auto –, wäre groß. Die Einkünfte aus dieser Ökoabgabe sollten vorrangig zum Ausbau des öffentlichen Fern- und Nahverkehrssystems genutzt werden. Damit aber Autofahren nicht zum Luxusgut wird – der umweltblinde Porsche-Fahrer etwa sein Geschoß mit Spitzengeschwindigkeit über freie Straßen jagen kann –, sollte die Ökosteuer durch eine Geschwindigkeitsbegrenzung ergänzt werden.

Auch im Energiebereich ist die Einführung einer Steuer dringend erforderlich. Werden die gesellschaftlichen Kosten der Atomenergie berücksichtigt, dann fällt nach einer Studie des ISI-Instituts ihr Energiepreis je Kilowattstunde im Vergleich zu den anderen Energiequellen am höchsten aus. Die billigen Marktpreise für

Strom aus den Atomkraftwerken vertuschen die hohen gesellschaftlichen Kosten zum Beispiel der Lagerung von Brennstäben oder ihrer Wiederaufbereitung. Das Deutsche Institut für Wirtschaftsforschung hat im Auftrag von *Greenpeace* 1994 einen komplett durchgerechneten Vorschlag zu einer Energiesteuer vorgelegt, kompatibel mit dem EU-Recht und auch im Alleingang durchführbar.[64] Eingeführt werden soll eine Mengensteuer auf Energie, regenerative Energien ausgenommen. Der Grundpreis beträgt neun Mark je Gigajoule; er wächst pro Jahr um sieben Prozent. Innerhalb von zehn Jahren würden (etwa durch Maßnahmen zur Energieeinsparung und zum Umbau des Energiesystems) ca. 600 000 Arbeitsplätze geschaffen. Der Strompreis für private Haushalte stiege in derselben Frist um 24 Prozent (38 Pf. pro l). Die Preissteigerungen fielen jedoch in der energieintensiven Industrie deutlich höher aus. Kompensatorisch würden vom Aufkommen aus dieser Steuer zwei Drittel im Umfang von 124 Mrd. DM pro Jahr ab dem zehnten Jahr an den Produktionssektor durch Senkung der Lohnnebenkosten zurückgegeben. Die privaten Haushalte erhielten 50,9 Mrd. DM, also ein Drittel zurück, und zwar pro Kopf verteilt. Vorteile hätten alle von der dadurch ausgelösten Energieeinsparung.

Standortpolitik ohne ökologischen Umbau ist mittelfristig zum Scheitern verurteilt. Deutschland wäre gut beraten, sich bei der Verwirklichung einer ökologischen Nachhaltigkeitsstrategie an die Spitze zu stellen. Daraus resultierten auch die beschriebenen ökonomisch-technologischen Vorteile. Forcierung des Wirtschaftswachstums ohne ökologischen Sinn und Verstand ist perspcktivlos. Immcr noch wird so gctan, als scien dic Zuwachsratcn des Bruttoinlandsprodukts zugleich Indikatoren für Wohlstand und Nachhaltigkeit. Dabei wächst mit dieser marktzentrierten Produktion zugleich die wohlstandsmindernde Umweltkrise. Die

64 Deutsches Institut für Wirtschaftsforschung, Wirtschaftliche Auswirkungen einer ökologischen Steuerreform; Gutachten im Auftrag von Greenpeace e. V., Berlin, Mai 1994

Anfang der siebziger Jahre begonnene, zukunftsweisende Diskussion über die Fragen, was, wo, für wen und in welchem Ausmaß wachsen soll, muß wieder aufgenommen werden. Die Chancen, Ökologie, Ökonomie und Beschäftigung zu versöhnen, dürfen nicht auf dem Altar umweltblinder, kurzfristiger Marktvergötzung geopfert werden.

7. Zum Turbokapitalismus verdammt? Die Globalisierungsgewinner am Standort Deutschland

> «Das Bedürfnis nach einem stets ausgedehnteren Absatz für ihre Produkte jagt die Bourgeoisie über die ganze Erdkugel. Überall muß sie sich einnisten, überall anbauen, überall Verbindungen herstellen.»
> aus: «Manifest der Kommunistischen Partei» (veröffentlicht im Februar 1848)

7.1. Ökonomische Jagd auf der Erdkugel: zwischen Mythos und Realität

Seit einigen Jahren schreckt ein neues Gespenst die Welt – die Globalisierung des Wirtschaftens. Gemeint ist damit die mit einem Quantensprung verglichene weltweite Ausrichtung der Produktion sowie der Sach- und Geldvermögensdispositionen. Daraus wird vorschnell geschlußfolgert, nationale Politik habe jeglichen Spielraum für eine eigenständige Entwicklung verloren. Die Anpassung an die jetzt auf die Erdkugel ausgeweiteten Marktgesetze sei unvermeidbar. Durch diese Öffnung der weltweiten Konkurrenz vor allem mit den Billiganbietern seien viele Mängel des Standorts Deutschland offengelegt worden. Deshalb gebe es für Politik und Gesellschaft nur die Chance, sich mit Haut und Haaren der aggressiven Weltmarktkonkurrenz unterzuordnen.

Um ihre Folgen zutreffend bewerten zu können, sollte zuerst einmal geklärt werden, was eigentlich unter Globalisierung zu verstehen ist. Einige wichtige Aspekte, die immer wieder als Beleg für die radikalen Veränderungen des Wirtschaftens durch die Weltmarktkonkurrenz geltend gemacht werden: Der Anteil der Produktion von Gütern und Dienstleistungen für ausländische Märkte hat deutlich zugenommen. Damit kommt ein gigantischer Konkurrenzkampf zwischen den bisher eher nationalstaatlich abgegrenzten Produktionsstätten zum Ausdruck. Die billigste Arbeit ohne soziale Absicherung in irgendeinem Teil bzw. Winkel der Welt tritt in Konkurrenz zu den Beschäftigten in den hochindustrialisierten Ländern, die bisher am Produktivitätsfortschritt beteiligt worden sind. Dadurch wird Arbeit, so die vielfach geäußerte Befürchtung, «billig wie Dreck».

Die Globalisierung wird jedoch nicht nur durch die Ausweitung des Exports von Waren und Dienstleistungen bestimmt, die in heimischen Produktionsstätten hergestellt werden. Auch bei der Wahl des Produktionsstandorts kennt der Entscheidungshorizont des Investors keine Grenzen mehr, das heißt, die Produktionsanlagen werden dort aufgebaut bzw. Beteiligungen an Unternehmen erfolgen dort, wo die höchsten Renditen erwartet werden. Eröffnen sich zu einem späteren Zeitpunkt an einem anderen Ort der Welt günstigere Perspektiven, dann wird das Investitionsengagement in diese Region verlagert. Es entsteht so etwas wie ein internationaler «Wanderzirkus des Kapitals». Dabei geht die Dynamik weltweiten Handels und grenzenloser Produktion von multi-, bzw. transnationalen Konzernen aus. Transnationale Unternehmen, die die unterschiedlichen Aktivitäten zur Produktion einer Ware unter Nutzung der jeweils weltweit vorhandenen Standortvorteile an verschiedenen Orten durchführen, verfügen praktisch nicht mehr über eine Heimatbasis, wie es etwa bei multinationalen Konzernen noch üblich ist.

Schließlich wird mit der Globalisierung das Zusammenwachsen der Finanz- und Kapitalmärkte assoziert. Auf diesen Märkten scheint der Internationalisierungsgrad am weitesten vorangeschritten zu sein. Bekannt sind die vielen Beispiele, mit denen die sekundenschnelle Jagd des Geldkapitals über den Erdball beschrieben wird.

Die hier zusammengefaßten Phänomene der Globalisierung – auf der Ebene des Welthandels, der Wahl der Produktionsstandorte sowie der Finanzmärkte – führen vorschnell zu der Behauptung vom Ende nationalstaatlicher Politik: Diese vampyrhafte Verbreitung der Internationalisierung aller Wirtschaftsaktivitäten lassen den nationalen Gesellschaften keine Alternative, als sich dem Diktat der jetzt weltweit geltenden Marktgesetze unterzuordnen. Um in diesem weltweiten Konkurrenzkampf bestehen zu können, müßten die Entlohnung der Arbeit, die Unternehmensteuern sowie überhaupt die sozialen und ökologischen Regulierungen an den billigsten Anbieter in der Weltwirtschaft angepaßt werden. Obsiegen könne nur das Land, das sich dieser Anpassung nach unten im aggressiven Konkurrenzkampf stellt. Schließlich verliere die nationale Geld- und Finanzpolitik durch die internationale Mobilität des Finanzkapitals völlig ihre Eigenständigkeit. Versuchen, einen eigenen Weg zu gehen, folge die Bestrafung auf dem Fuße. Die Finanzmärkte gerieten zur internationalen Polizei, die nationale Politik kontrolliert. Will die Finanzpolitik beispielsweise zur Überwindung einer konjunkturellen Krise die öffentliche Neuverschuldung einsetzen, so brächte der Vertrauensentzug durch die internationalen Anleger eine solche Eigeninitiative schnell zu Fall. Auch die Geldpolitik der Deutschen Bundesbank verliere massiv an Spielraum. Die viel beschworene Macht der Notenbank entpuppe sich als wachsende Ohnmacht.

Der Politik wird also nur die Rolle zugedacht, die Marktwirtschaft von schützenden politischen Regulierungen zu befreien. Strategisches Gestalten reduziert sich auf perspektivloses Kostensparen. Der Anbieter mit den billigsten Löhnen, den schlechtesten Arbeitsbedingungen, den niedrigsten Unternehmensteuern sowie den geringsten sozialen und ökologischen Standards wird unter dem Druck der internationalen Konkurrenz zum Leitstern. Entgrenzter, globaler Wettbewerb gebiert für die bisherigen Volkswirtschaften das neue Leitbild eines agilen *Turbokapitalismus*. Der neu entdeckte Sachzwang Globalisierung dient letztlich nur dem Ziel, dem Marktterror bis in die letzten Maserungen der Politik und Gesellschaft hinein Platz zu schaffen. Die Ordnungsidee einer sozialen und ökologischen Marktwirtschaft verliert endgültig ihre Bedeutung. Sie wird in Bücher über die Geschichte ökonomischer Lehrmeinungen verbannt.

Wie ökonomisch begründet auch immer, die Globalisierung prägt in zunehmendem Maße die deutsche Politik. Sie wird, ohne genau hinzusehen, gerne als der endgültige Sachzwang zur Restauration von Wirtschaft und Gesellschaft genutzt. Was national über Konflikt und Kooperation zwischen Kapital und Arbeit immer wieder austariert werden konnte, soll jetzt über die behauptete Unausweichlichkeit internationaler Konkurrenz dem gesellschaftlichen und politischen Einfluß endgültig anerzogen werden. Der Standort Deutschland sei für die immer größer werdende Mobilität der Produktionsfaktoren und internationale Verflechtung der Wirtschaftsbeziehung noch nicht genügend «fit gemacht». Immobilismus und institutionelle Sklerose werden als Gründe mangelnder internationaler Konkurrenzfähigkeit genannt. Dagegen werden die sattsam bekannten Instrumente in Stellung gebracht: Senkung der Arbeitskosten vor allem durch den Abbau des Flächentarifvertrags, Demontage sozialer und ökologischer Regulierungen sowie massive Entlastung der Unternehmen von Steuern. Die immer schon gepredigte Angebotspolitik wird nun unter dem internationalen Anpassungsdruck im Zuge des «globalen Standortwettbewerbs» als unabwendbar zu rechtfertigen versucht.

Seit Mitte der siebziger Jahre hat der gesetzlich verordnete «Sachverständigenrat zur Begutachtung der gesamtwirtschaftlichen Entwicklung» (SVR) mühselig versucht, die in diesem Buch ausführlich beschriebene Angebotsdoktrin politik- und gesellschaftsfähig zu machen. Es hatte erst des Regierungswechsels im Oktober 1982 bedurft, um die Durchsetzungschancen zu verbessern. Aber auch dieser Regierung mißtrauen die fünf «Angebotsräte» in bezug auf die Ernsthaftigkeit, die Systemveränderung durchzusetzen, immer wieder. Da kommt ihnen die Globalisierung zur Entfaltung der totalen Kostensenkungspolitik auf allen Ebenen der Wirtschaft und Gesellschaft sehr gelegen. Erstmals im jüngsten Jahresgutachten wird die Angebotsdoktrin als die einzig richtige Antwort der deutschen Wirtschafts- und Ordnungspolitik auf die Globalisierung unterstrichen: «Die Angebotsbedingungen müssen auch im Vergleich zu anderen Standorten gut sein und angebotsseitige Störungen werden um so schmerzhafter spürbar. Angebotsorientierte Wirtschaftspolitik entspricht deshalb am ehesten den Anforderungen aus der Globalisierung.»[65]

Die Gewißheit, mit der Vorschläge zur Veränderung der deutschen Wirtschaft und Gesellschaft unterbreitet werden, steht im Widerspruch zur Ungewißheit über das Ausmaß und die Folgen der Globalisierung. Da gibt es Fragen über Fragen zur Diagnose, die zuerst zu klären sind, bevor Therapien vorgeschlagen werden: Wie ist das Ausmaß der Internationalisierung des Wirtschaftens? Ist die Anpassung an die niedrigsten, weil billigsten Standards bei der Produktion unvermeidbar? Hat die nationale Finanz- und Geldpolitik effektiv keinen Handlungsspielraum mehr? Ist der Standort Deutschland der aggressiven Weltkonkurrenz heillos unterlegen? Zu welchen Ergebnissen führt der Einsatz der angebotspolitischen Instrumente? Gefährdet nicht eher die Anpassung an die billigsten Anbieter in der Welt die Entwicklungschancen des Standorts Deutschland innerhalb der internationalen Arbeitsteilung?

Ein Teil der Fragen ist bereits in den vorangegangenen Abschnitten dieses Buchs beantwortet worden. Hartnäckige Meinungen zur sinkenden Wettbewerbsfähigkeit des Standorts Deutschland aus der Sicht der marktgläubigen Angebotsdoktrin sind bereits widerlegt worden. Im Gegensatz zum immer noch weit verbreiteten Lamento entpuppte er sich als international ausgesprochen stark.

65 Sachverständigenrat zur Begutachtung der gesamtwirtschaftlichen Entwicklung, Jahresgutachten 1997/98, Ziff. 11

Das verweist auf einen beklemmenden Standortwahn, der die Realitäten nicht wahrzunehmen vermag oder will. Beste Zeugen gegen diese neue Weinerlichkeit sind solche Unternehmer und Manager, die auf den internationalen Märkten Vorteile zu nutzen wissen und sich durch die Standortmiesmacherei massiv behindert fühlen. Sie fordern zu Recht das Ende dieser rufschädigenden Selbstbezichtigungen und dagegen eine Politik, die die wirklichen Defizite des Standorts Deutschland zu überwinden beginnt.

Die wachsende Internationalisierung ökonomischer Aktivitäten ist nicht nur Mythos. Sie prägt prozeßhaft durchaus die reale Entwicklung. Eine ganz andere Frage ist, ob Deutschland in diesem Strukturwandel zu den Verlierern oder Gewinnern gehört. Zweifellos hat in den letzten Jahren der Internationalisierungsgrund zugenommen. Dabei kam es jedoch nicht zu eruptiven Veränderungen; beobachtet wird vielmehr ein langsam voranschreitender Prozeß, mit dem allerdings deutliche strukturelle Veränderungen verbunden sind. Den Prozeßcharakter betont zutreffend die OECD mit ihrer Definition der Globalisierung als «die jetzt erreichte heutige Form der internationalen Produktion ..., in der ein zunehmender Teil der Wertschöpfung und der Vermögen weltweit durch ein System eng verflochtener privater Netzwerke produziert und verteilt wird. Große multinationale Unternehmen, die innerhalb konzentrierter Angebotsformen operieren und die Vorteile finanzieller Globalisierung voll ausschöpfen können, stehen im Zentrum dieses Prozesses.»[66]

Die Ursachen der sich erst allmählich beschleunigenden Internationalisierung sind vielfältig. Maßgeblichen Einfluß hat der Abbau von nationalstaatlichem Protektionismus und damit die Liberalisierung der Märkte. Auch die allmähliche Integration der Länder Osteuropas in die Weltwirtschaft nach dem Zusammenbruch des sowjetischen Herrschaftsbereichs spielt eine Rolle. Schließlich wird die Internationalisierung der Produktion und der

66 zitiert nach IFO-Institut für Wirtschaftsforschung; in: IFO-Schnelldienst 23/1996

Finanzmärkte durch vergleichsweise niedrige Transportkosten und nahezu vernachlässigbare Kommunikationskosten forciert. Informations- und Kommunikationstechniken machen es heute möglich, unendlich schnell auf den weltweiten Finanzmärkten zu agieren. Die Idealfigur, die die reine Marktlehre regiert, der *Auktionator* nach Léon Walras, der an der Pariser Börse schon im letzten Jahrhundert dafür stehen sollte, daß sich nach Zuruf der Preise Angebot und Nachfrage unendlich schnell beim Gleichgewichtspreis treffen, scheint zumindest auf den weltweiten Finanzmärkten zu obwalten.

Strukturelle Veränderungen, die sich in der jüngsten Etappe der Internationalisierung jenseits der Mythenbildung vollziehen, müssen bewertet werden. Dazu einige Beispiele: Standortverlagerungen aus Westdeutschland in osteuropäische Reformländer haben in den letzten Jahren von äußerst niedrigem Niveau aus zugenommen. In wichtigen Industriebranchen – etwa der Automobilindustrie – werden in wachsendem Ausmaß bisher selbst produzierte Vorleistungen an kostengünstigere Produktionsstätten im In- und vor allem Ausland abgeben. Diese Ausgliederung ins Ausland, die in der Binnenwirtschaft durchaus zum Verlust von Arbeitsplätzen führen kann, firmiert unter dem Begriff Outsourcing («outside resources using»). Die extreme Form eines «Global Outsourcing» läßt sich am Beispiel der Netzwerkorganisation nach dem Muster des Sportartikelanbieters Adidas beschreiben. Dieses Unternehmen verfügt praktisch über keine Produktionsstätten mehr. Die einzelnen Funktionen – vom Design über die Schuhproduktion bis zum Vertrieb und der Vermarktung – werden von den jeweils kostengünstigsten Betrieben irgendwo in der Welt realisiert. Der ehemalige Arbeitsminister der USA, Norbert Reich, hat diese Zerlegung der Wertschöpfung im Sinne der Moduleproduktion an einem Automobilmodell von General Motors in den USA demonstriert: Montagearbeiten werden nach Südkorea, der Bau hochtechnologischer Komponenten nach Japan, die Werbung und das Marketing nach Frankreich sowie die Datenverarbeitung nach Irland/Barbados vergeben.

Unbestreitbar ist ebenfalls, daß die Direktinvestitionen deutscher Investoren im Ausland zunehmen, während ausländische Investoren am deutschen Standort kaum aktiv werden. Solche immer wieder selektiv zitierten Beispiele, die Hinweise auf strukturelle Veränderungen im Zuge der Globalisierung geben, rechtfertigen jedoch nicht die Behauptung, die internationale Wettbewerbsfähigkeit des Standorts Deutschland ginge verloren. Diese einfältige Verallgemeinerung täuscht über die Tatsache hinweg, daß die deutsche Wirtschaft nicht Opfer, sondern Gestalter und Gewinner der Internationalisierung der Güter-, Dienstleistungs-, Kapital- und Arbeitsmärkte ist.

Die Verlagerung von Produktionsstandorten ins Ausland gilt der Sicherung und dem Zuwachs an Waren- und Dienstleistungsexporten. Auch aus der Beobachtung, daß ausländische Investoren vor allem Westdeutschland meiden, läßt sich nicht eine grundsätzliche Schwäche des Standorts ableiten. Im Gegenteil, der durch leistungsfähige heimische Produktionsstätten besetzte, an sich enge Markt macht Auslandsengagements wenig attraktiv. Schließlich zeigt sich, daß ins Ausland ausgelagerte Vorleistungen vor allem im Bereich hochtechnologisch-sensibler Produkte auch wieder nach Deutschland zurückverlagert werden. Dafür sprechen die Qualifikation und die durch stabile Arbeitsbeziehungen gestärkte Motivation der Beschäftigten sowie Produktionsverzögerungen durch die Lieferung von Fehlprodukten von irgendeinem Ort der Welt.

Der Begriff Globalisierung faßt heute den sich schon seit Jahrzehnten vollziehenden strukturellen Wandel bei der internationalen Arbeitsteilung zusammen. Dieser langsam voranschreitende Prozeß rechtfertigt es jedoch nicht, die Angebotspolitik durchzupeitschen. Wie zu zeigen sein wird, profitiert der Standort Deutschland insgesamt von der wachsenden Internationalisierung.

Bevor auf die wichtigsten Ebenen der Internationalisierung aus der Sicht der deutschen Wirtschaft eingegangen wird, ist es sinnvoll, einen Überblick über die weltweite Veränderung der wichtigsten Indikatoren zu geben. Abbildung 10 (S. 183) zeigt die Entwicklung der realwirtschaftlichen Indikatoren zur Globalisierung der Weltwirtschaft von 1980–1994 (auf der Basis von 1980 = 100):[67] die Weltproduktion (Bruttoinlandsprodukt zu laufenden Preisen), die Weltexporte (Güter und Dienste), die Bestände sowie die Nettozuwächse der weltweiten Direktinvestitionen, den Umsatz der Auslandsgesellschaften sowie die Zunahme strategischer Allianzen (projektbezogene Unternehmenskooperationen vor allem im Bereich Forschung und Technologie).

Der Verlauf dieser realwirtschaftlichen Indikatoren belegt, daß von einer explosionsartigen Entwicklung der Globalisierung nicht die Rede sein kann. Der Welthandel wuchs seit 1980 lange Zeit kaum schneller als die Weltproduktion und weniger stark als die Auslandsproduktion. Dies könnte durchaus als Zeichen dafür gewertet werden, daß der Aufbau internationaler Produktionszweige nicht maßgeblich durch Kostenunterschiede, sondern durch die Suche nach verbesserten Absatzchancen bestimmt worden ist. Seit Beginn der achtziger Jahre liegen die Zuwachsraten der Weltproduktion (preisbereinigtes Bruttoinlandsprodukt) unterhalb der des Welthandels mit Gütern und Dienstleistungen. Dies verweist auf eine stärkere Nutzung der Produktionsvorteile im Ausland. Die mit Direktinvestitionen verbreitete Auslandsproduktion und -beschäftigung zeigt einen eher ruhig verlaufenden, jedoch deutlichen Trend zur Internationalisierung. Strategische Unternehmenskooperationen gewinnen zwar an Bedeutung; eine beschleunigte Entwicklung ist jedoch erst in den nächsten Jahren zu erwarten. Die bereits zitierte HWWA-Studie schätzt den Umsatz auslandskontrollierter Unternehmen auf ein Viertel der Weltproduktion, während der Welthandel zu rund drei Vierteln von multinational operierenden Unternehmen getragen wird.[68]

Gegenüber der im Schaubild dargestellten Entwicklung der realen Indikatoren der Internationalisierung der Weltwirtschaft zeigt

67 entnommen H.-H. Härtel/R. Jungnickel et. al., Grenzüberschreitende Produktion und Strukturwandel – Globalisierung der Wirtschaft; in: Veröffentlichungen des HWWA-Instituts für Wirtschaftsforschung – Hamburg, Band 29, Hamburg 1996
68 ebenda, S. 18

Abbildung 10: Indikatoren zur «Globalisierung» der Weltwirtschaft 1980–1994

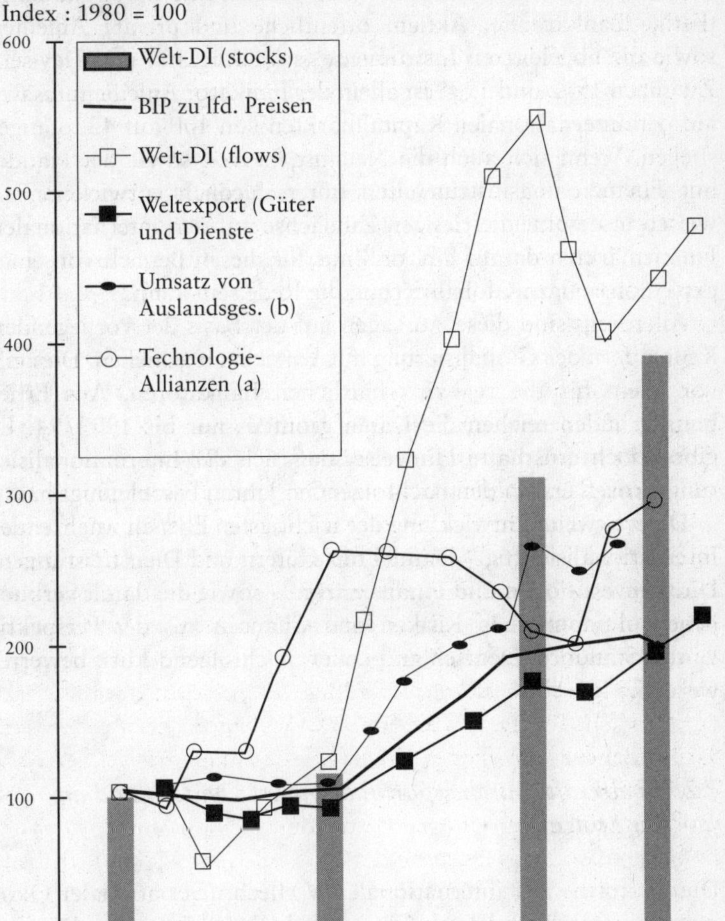

a Drei High-Tech-Bereiche, einschließlich nationale Allianzen
b Ab 1982: Schätzung der UNCTAD, 1980 und 1981 eigene Schätzung
Quelle: IMF, GATT/WTO; UNCTAD; Weltbank; Hagedoorn 1995

sich jedoch, daß die Finanzmärkte rapide zugelegt haben. Die wichtigsten Instrumente der Finanzierung, die auf den Finanzmärkten eingebracht und gehandelt werden, sind kurz- und langfristige Bankkredite, Aktien, öffentliche und private Anleihen sowie die abgeleiteten Instrumente (sog. Derivate) und Devisen. Zwischen 1972 und 1995 ist allein der Indikator Anleihenumsätze auf den internationalen Kapitalmärkten von 100 auf 4226 angestiegen. Wenn sich auch die Neuausgabe von sowie der Handel mit Finanzierungsinstrumenten unterschiedlich entwickelte, so weisen insgesamt die riesigen Zuwächse auf den internationalen Finanzmärkten darauf hin, daß nur für diesen Bereich von einer explosionsartigen Globalisierung die Rede sein kann.[69]

Allerdings sind diese Aussagen auf der Basis der vorliegenden Kennziffern der Globalisierung mit Vorsicht zu genießen. Dies gilt vor allem für die realwirtschaftlichen Indikatoren. Aus Erhebungsgründen reichen die Daten großteils nur bis 1993/94. Es gibt jedoch ernsthafte Hinweise, daß sich der Internationalisierungsprozeß erst in den nachfolgenden Jahren beschleunigt hat.

Die weltweite Entwicklung der wichtigsten Ebenen wachsender Internationalisierung – Handel mit Gütern und Dienstleistungen, Direktinvestitionen und Finanzmärkte – sowie die damit verbundenen ökonomischen Risiken und Chancen aus der Perspektive des Standorts Deutschland sollen nachfolgend kurz bewertet werden.

7.2. Triebkraft Warenexporte: Standort Deutschland an der Spitze

Die «Urform» der internationalen Verflechtung nationaler Ökonomien ist der Handel mit Gütern und Dienstleistungen. Die Zuwachsraten des Warenhandels gewinnen bereits mit Ausbreitung

69 J. Huffschmid, Finanzmärkte und Finanzkrisen; Manuskript vom 19. 2. 1998 (erhältlich über das Internet: www.barkhof@uni-bremen.de/kua/doc/finanz.doc

des Kolonialismus und Imperialismus für die hochindustrialisierten Länder immense Bedeutung. Seit dieser durchaus expansiven Phase fiel das Tempo phasenweise jedoch unterschiedlich aus. Die heute wachsende Internationalisierung des Warenhandels wird gelegentlich mit dem Hinweis zu relativieren versucht, schon zu Beginn des 20. Jahrhunderts sei der Welthandel gegenüber der Weltproduktion stark gestiegen. Dieser historische Vergleich gibt jedoch wenig her. Möglichkeiten und Strukturen des grenzüberschreitenden Warenhandels haben sich stark verändert. Das Wachstum des heutigen Welthandels vollzieht sich nicht mehr maßgeblich zwischen Metropolen und abhängigen Kolonien. Auch sind die technischen Möglichkeiten des Transports sowie der Informationsvermittlung revolutioniert worden. Das erst seit Ende der achtziger Jahre in die Diskussion geratene Phänomen der Globalisierung wird immer wieder mit der Behauptung erklärt, daß der Welthandel schneller gestiegen ist als die Weltproduktion. Eine derartige Scherenentwicklung läßt sich empirisch, wie Abbildung 10 zeigt, für eine lange Phase nicht belegen. Der Welthandel wuchs viele Jahre – in nominalen Größen – kaum schneller als die Weltproduktion und weniger stark als die Auslandsproduktion. Dies ist ein Indiz dafür, daß im gesamten Durchschnitt der Bezug von Vorleistungen aus dem Ausland zur Ausnutzung von Kostenunterschieden kaum zugenommen hat. Hinter dieser globalen Betrachtung verbergen sich jedoch stark differenzierte Entwicklungen. So haben sich durchaus Verschiebungen bei den Exportströmen ergeben. In der Gesamtwirkung sind daraus jedoch keine großen Veränderungen entstanden. Erst in jüngster Zeit zeichnet sich ein gegenüber der Weltproduktion stärker wachsender Welthandel ab. Während die Weltproduktion (real) zwischen 1994 und 1996 im Durchschnitt um 3,7 Prozent wuchs, nahm der in dieser Phase jedoch leicht rückläufige Welthandel jahresdurchschnittlich um knapp 8 Prozent zu. Diese Entwicklung wird sich in der Tendenz in den nächsten Jahren fortsetzen, das heißt, die weltweiten Lieferverflechtungen werden vertieft werden.

Der Begriff Globalisierung legt schließlich die Vorstellung

nahe, daß sich der Außenhandel in der Tendenz gleichmäßiger auf alle Regionen der Welt verteilen werde. Davon kann überhaupt keine Rede sein. Der Außenhandel konzentriert sich vielmehr innerhalb der Triade-Regionen: Westeuropa (vor allem EU), Nordamerika (NAFTA) und Asien-Pazifik. Allein die Hälfte des Welthandels wird innerhalb der Triade-Regionen betrieben, erfolgt also intraregional. Nicht Globalisierung, sondern zunehmende Regionalisierung vor allem durch steigende Transaktionen im innereuropäischen und innerasiatischen Raum bestimmt den Welthandel. Aus der Sicht der deutschen Exportwirtschaft handelt es sich nicht um eine Globalisierung, sondern um eine Europäisierung.

Welche Bedeutung hat diese strukturell differenzierte Entwicklung des Welthandels für Deutschland? Die Beantwortung dieser Frage ist ungemein wichtig. Erst in der letzten Wirtschaftsrezession von 1993 ist der aus der Militärsprache entlehnte Begriff *Standort* eingeführt worden. Wirtschafts- und finanzpolitische Maßnahmepakete wurden mit der vielfach ergänzten Überschrift «Standort ...» versehen. Der Begriff «Standort Deutschland» – übrigens ins Englische nicht unmittelbar übersetzbar – zielt auf die Beschreibung des ökonomischen Zustands Deutschlands gegenüber dem aggressiven, internationalen Wettbewerb. Unter dem wachsenden Druck der Globalisierung offenbaren sich angeblich deutliche Schwächen des Standorts. Zu hohe Lohnkosten und Unternehmensteuern sowie politische Überregulierungen behindern nach dieser Leseart die erforderliche Anpassungflexibilität. Unter dem Stichwort «Standort Deutschland» sind deshalb in großer Zahl entsprechende gesetzliche Maßnahmen zur Entlastung der Unternehmen durchgesetzt worden. Träfe dieses Standortlamento zu, dann müßte im Zuge zurückgehender Wettbewerbsfähigkeit die Warenausfuhr erkennbar reduziert worden sein. Davon kann überhaupt keine Rede sein. Die Außenhandelsposition war und ist ausgezeichnet. Im internationalen Vergleich lag der Anteil der deutschen Warenexporte an den Weltexporten seit Beginn der achtziger Jahre hoch; nach kleinen Verlusten zu Beginn der neunziger Jahre bei knapp 12 Prozent. Nur die USA verzeichneten leicht bessere Quoten. Japan lag deutlich unterhalb der deutschen Anteilsmarke.

Die Szene wirkt paradox: Während die inszenierte Standortschelte in Deutschland hohe Wellen schlug, konnte die Exportwirtschaft ihre Wettbewerbsvorteile systematisch ausbauen: 1997 stiegen die Güter- und Dienstleistungsexporte in Deutschland um 11 Prozent, während der Welthandel nur um etwas mehr als 7 Prozent zunahm. Damit setzte sich ein bereits erkennbarer Trend fort. Die gesamte deutsche Exportwirtschaft hat im internationalen Wettbewerb im Durchschnitt keine Verluste hinnehmen müssen. Im Gegenteil, sie gehört zu den klaren Gewinnern der internationalen Konkurrenz.

Der «Sachverständigenrat zur Begutachtung der gesamtwirtschaftlichen Entwicklung» registriert brav die Ursachen dieses Zugewinns: Nicht nur die sich verstärkende konjunkturelle Aufwärtsbewegung in den Partnerländern, sondern die «preisliche Wettbewerbsfähigkeit» – anhaltende Rationalisierungsanstrengungen, zurückgehende Lohnstückkosten und die DM-Abwertung – erklären die Exportstärke.[70] Warum aber fordert dieser «Rat im Dienste der Angebotslehre» trotz der glänzenden Verfassung der Exportwirtschaft weiteren Sozial- und Lohnabbau?

Nicht die Globalisierung, sondern die Europäisierung kennzeichnet die regionale Verteilung deutscher Warenexporte. Mehr als 56 Prozent des Spezialhandels fließen aus deutscher Sicht in die Länder der Europäischen Union. Wie die Zuwachsraten der letzten Jahre zeigen, gehört die deutsche Exportwirtschaft auch auf dem EU-Binnenmarkt zu den Gewinnerländern. Nur 7,8 Prozent der Warenausfuhr fließen in die USA.

Die internationale Verflechtung der deutschen Wirtschaft zeigt sich jedoch nicht nur an Waren- und Dienstleistungsexporten, deren Anteil (preisbereinigt) am realen Bruttoinlandsprodukt 1997 im übrigen mehr als 29 Prozent betrug. Auch die Importe aus dem

70 SVR, ebenda, Ziff. 108

Ausland fallen vergleichsweise hoch aus. 1997 betrug die Importquote 28,3 Prozent. Der Außenbeitrag (Differenz aus Ex- und Importquote) lag im selben Jahr knapp unter einem Prozent. Die üppigen Überschüsse der Handelsbilanz – mit allein 121,7 Milliarden Mark im Jahr 1997 – reichen jedoch nicht aus, die negative Dienstleistungs- und Übertragungsbilanz auszugleichen. Einfluß auf die deutsche Dienstleistungsbilanz hat der Tourismus, der Ressourcen im Ausland in erheblich größerem Ausmaß bezieht. Seit 1991 ist die Leistungsbilanz, die die Handels-, Dienstleistungs- und Übertragungsbilanz zusammenfaßt, negativ. Durch die günstige Entwicklung der Warenüberschüsse in der Handelsbilanz konnte dieses Defizit bis 1996 auf unter zehn Milliarden Mark deutlich zurückgeführt werden. Mit einem weiteren Rückgang ist 1997 zu rechnen.

Fazit: Im Gegensatz zu den Befürchtungen der Standortkritiker nimmt die deutsche Wirtschaft bei den Exporten weltweit mit eine Spitzenstellung ein. Eine Exportschwäche gibt es also nicht. Ernsthaft diskutiert werden muß allerdings über die Folgen der Exportstärke, denn daraus resultieren große Risiken, die die Angebotstheoretiker nicht sehen: Zum einen führt die Pflege der Exportwirtschaft durch Kosten- und Steuerentlastungen infolge des Entzugs inländischer Nachfrage zur Belastung der Binnenwirtschaft. Durch die hartnäckig praktizierte Angebotspolitik ist die Spaltung heute schon derart ausgeprägt, daß die sprühenden Funken des Exportbooms kaum noch Impulse in der Binnenwirtschaft auslösen. Zum anderen gräbt sich die forcierte Exportstärke mittelfristig selbst das Wasser ab. Die Ausfuhr an Waren und Dienstleistungen verdrängt entsprechende Produktion in den Importländern. Die deutsche Exportwirtschaft ist jedoch wiederum vom Wirtschaftswachstum der Partnerländer abhängig. In Abschnitt 2 dieses Kapitels wurden diese Probleme genauer beschrieben.

7.3. *Direktinvestitionen: Weder Kapitalflucht ins Ausland noch Anlageboykott ausländischer Investoren*

Die Verflechtung der nationalen Volkswirtschaften hat in den letzten Jahren über die «Urform» des Warenhandels hinaus durch das Engagement von Unternehmen in Produktionsstandorten außerhalb ihres Heimatlandes stark zugenommen. Diese Auslandsengagements werden als Direktinvestitionen (DI) bezeichnet. Bei der Diskussion über die Globalisierung steht die wachsende internationale Vernetzung von Unternehmen durch den Kauf bzw. die Beteiligung an ausländischen Unternehmen im Zentrum. Wenn es auch bei der statistischen Erhebung große Unsicherheiten und Inkompatibilitäten gibt, so lassen die Daten doch erkennen, daß die DI seit den frühen achtziger Jahren weltweit enorm zugenommen haben. Allein in den achtziger Jahren haben sich die jährlichen Direktinvestitionen auf 200 Milliarden US-Dollar vervierfacht. Nach einer dann folgenden Abschwächung nahmen sie in den letzten Jahren wieder zu. Gegenwärtig wird der weltweite Bestand an DI auf über zwei Billionen US-Dollar geschätzt. Dabei verzeichnen die Bestände an internationalen Direktinvestitionen erheblich stärkere Zuwachsraten als der Außenhandel und das Welt-Bruttoinlandsprodukt. Der Anteil der DI an der Weltproduktion ist im selben Zeitraum von fünf auf neun Prozent gestiegen. Die UNCTAD schätzt weltweit über 70 Millionen Beschäftigte, die bei multinationalen Unternehmen tätig sind. Die Umsätze auslandskontrollierter Unternehmen liegen bei schätzungsweise einem Viertel des Weltprodukts; gemessen am absoluten Volumen fallen sie höher als der Wert des Welthandels aus.[71]

Diese wenigen Zahlen belegen deutlich den über die Direktinvestitionen expandierenden Internationalisierungsgrad. Interessant ist die regionale Verteilung der DI. Es dominieren die Industrieländer. 1995 kamen 85 Prozent dieser Engagements aus den Industrieländern. Und 65 Prozent aller Direktinvestitionen der

71 Die Angaben entstammen H.-H. Härtel, a.a.O., S. 33ff.

Welt flossen in die Industrieländer. Dabei dominieren nach wie vor die USA als Ursprungs- und Empfängerland von Direktinvestitionen. Der Grad der internationalen Verflechtung von Produktionsstätten ist in den USA am höchsten. Der Zustrom von DI in die Entwicklungsländer hat in den achtziger Jahren von einem ohnehin niedrigen Niveau abgenommen. Erst 1994/1995 empfingen diese Länder wieder 39 bzw. 34 Prozent der weltweiten DI. Ein neuer Akzent bei der regionalen Verteilung der Direktinvestitionen kam durch die Öffnung Osteuropas zustande. Zwischen 1991 und 1995 sind die DI ausländischer Unternehmen in diese Länder um das Sechsfache gestiegen; der Anteil an den gesamten DI liegt jedoch immer noch nur bei drei bis fünf Prozent.

Die Untersuchung der regionalen Direktinvestitionen auf der Basis der Triade Nordamerika (NAFTA), Westeuropa und Asien/Pazifik ergibt gegenüber den Warenströmen ein völlig anderes Bild. Die Warenströme konzentrieren sich stark zwischen den Ländern innerhalb eines Pols. Aus der Sicht der Exportwirtschaft dominiert die Europäisierung. Demgegenüber sind die DI eher ein Instrument interregionaler Wirtschaftsverflechtung. Die Tendenz zur Globalisierung ist, abgesehen vom vergleichsweise schwachen Engagement in den Entwicklungsländern, deutlicher. Zwar haben gerade auch in Westeuropa die von dort kommenden und dort hinfließenden DI deutlich zugenommen. Jedoch zeigt sich auch, wie Unternehmen aus Ländern innerhalb des Pols in Kernländern der beiden anderen Triadenpole investieren. So flossen beispielsweise 1992 aus Nordamerika Direktinvestitionen in Höhe von 260 Milliarden US-Dollar nach Westeuropa, während von dort nach Nordamerika im selben Jahr 270 Milliarden Dollar per DI eingesetzt wurden. Dabei lagen allerdings die Direktinvestitionen innerhalb Westeuropas mit 470 Milliarden Dollar auf deutlich höherem Niveau.

Wachsende Verflechtungen innerhalb der Pole, aber auch zwischen den Polen verweisen auf Zentrierungen innerhalb der Triade-Regionen bei allerdings wachsender Globalisierung. Diese Vernetzung großer Unternehmen über Produktionsstandorte in vielen

Abbildung 11: Direktinvestitionsverflechtung der Triade-Regionen im Jahre 1992 (1985) in US-$

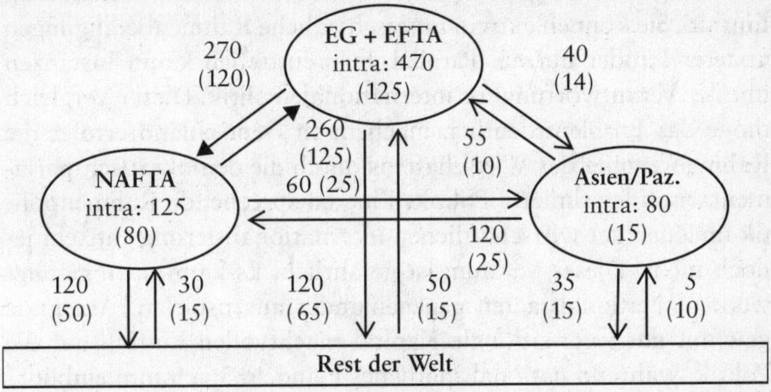

Quelle: Nationale Statistiken nach H.-H. Härtel, a.a.O., Seite 51

Ländern der Welt wird zunehmen. Die multi- bzw. transnationalen Unternehmen wirken dabei als Treibriemen der Globalisierung. Während sich die Zahl der transnationalen Konzerne in den letzten zwanzig Jahren auf 39000 versechsfacht hat, verfügten diese 1995 über 27000 Tochterunternehmen irgendwo in der Welt.[72]

Erwachsen aus dieser Entwicklung der Weltwirtschaft Gefahren? Dient diese weltweite Diversifikation der Standorte durch Unternehmen einer verschärften Absenkung der lohnbezogenen, sozialen und ökologischen Standards? Die Antworten auf diese Fragen sind nicht einfach. Generell läßt sich sagen, daß die wachsende Verflechtung der Produktionsstätten im internationalen Maßstab sich ökonomisch nicht nachteilig negativ auswirken muß. Sie ist allerdings mit einem immensen Strukturwandel verbunden.

Große Gefahren resultieren jedoch aus folgender Diskrepanz:

72 Vgl. IG Metall, Arbeitspapier «Globalisierung» der Abteilung «Wirtschaft–Technologie–Umwelt», vom 28. 8. 1997, S. 12.

Durch die Internationalisierung wachsen die betroffenen Unternehmen über die nationalstaatliche Kontrolle weit hinaus. Vor allem riesige Multis gewinnen auf die internationale Entwicklung Einfluß. Sie können extrem unterschiedliche Rahmenbedingungen anderer Länder nutzen. Parallel dazu entstehen kaum Instanzen mit der Verantwortung für internationale Politik. Dieser Vergleich möge das Problem deutlich machen: In Deutschland erfolgt die Rahmensetzung des Wirtschaftens durch die demokratisch-parlamentarisch legitimierte Politik. Eine entsprechende Rahmenpolitik im Zuge der wirtschaftlichen Internationalisierung entsteht jedoch nicht. Dieses Vakuum ist gefährlich. Es kann dazu genutzt werden, Nationalstaaten gegeneinander auszuspielen. Am Ende gewinnt das internationale Kapital machtvollen Einfluß auf die Politik, während nationalstaatliches Handeln Spielraum einbüßt.

Eine erste Antwort auf diese Herausforderung gilt der Schaffung von Vereinbarungen und Kontrollen arbeitsbezogener, sozialer und ökologischer Mindeststandards auf internationaler Ebene. Dazu müßte die WTO (World Trade Organisation) ausgebaut und mit entsprechenden Kompetenzen ausgestattet werden. Längerfristig wird es unvermeidbar, parallel zur Internationalisierung der Wirtschaft Instanzen internationaler Politik zu schaffen, die den Verlust nationalstaatlicher Kompetenz auffangen.

Mit der weltweit zunehmenden Verflechtung von Produktionsstandorten stellen sich an die deutsche Wirtschaft zwei zentrale Fragen: Wie ist die Entwicklung der Direktinvestitionen und welche Bedeutung haben sie für Wirtschaftswachstum und Beschäftigung? Dabei sind die beiden DI-Typen zu unterscheiden: Zum einen geht es um Direktinvestitionen durch Unternehmensgründungen im Ausland oder Beteiligung an ausländischen Firmen. Dabei berücksichtigt die Deutsche Bundesbank bei ihren Statistiken nur Finanzbeziehungen, bei denen der Investor mehr als 20 Prozent Anteile oder Stimmrecht hat. Zum anderen sind Ausmaß und Wirkungen der Direktinvestitionen, die ausländische Investoren im Inland vornehmen, zu bewerten.

Die Datenreihen der Deutschen Bundesbank zeigen eindeutig:

Die Direktinvestitionen durch Unternehmensgründungen im Ausland oder Beteiligungen an ausländischen Unternehmen haben parallel zum internationalen Trend zugenommen. Der Bestand an deutschen DI im Ausland wuchs von 125,9 Milliarden 1984 auf 361,7 Milliarden Mark im Jahr 1996.[73] In der Rangliste der weltweit größten Investoren liegen die deutschen Unternehmen mit ihren Nettoanlagen hinter den USA, Japan und Großbritannien seit Jahren an vierter Stelle. In den letzten Jahren konnten netto die Anlageaktivitäten ausgeweitet werden. 1995 wurden 55,2 Milliarden und 1996 41,8 Milliarden Mark erreicht. Die Investitionsengagements in mittel- und osteuropäischen Ländern gewinnen ebenfalls seit einigen Jahren an Bedeutung.

Die zunehmenden Direktinvestitionen gelten den neoliberalen Standortkritikern als Signal für die *Flucht* des Kapitals aus Deutschland. Und wieder ertönt die klagende Litanei: Zu hohe Löhne, zu hohe Unternehmenssteuern und sozialökologische Regulierungen seien die Marterinstrumente zur Vertreibung des Kapitals. Diese Schlußfolgerung ist schlicht falsch. Wie wäre denn sonst zu erklären, daß sich seit Mitte der achtziger Jahre die deutschen Direktinvestitionen im Ausland parallel zum internationalen Trend entwickelt haben? Sind die Unternehmen etwa in den USA oder in Japan, die ihr Auslandsengagement gewaltig ausgeweitet haben, auch auf der Flucht vor innerstaatlicher Drangsalierei? Die maßgeblichen Motive für deutsche Auslandsinvestitionen sind ganz anderer Art. Eine Befragung bei Großunternehmen durch das IFO-Institut bestätigt in Übereinstimmung mit vergleichbaren Studien in anderen Industrieländern folgende Motive:[74]

Marktsicherung und Markterschließung stehen an erster Stelle.

73 Diese und nachfolgende Angaben aus: Deutsche Bundesbank, Entwicklung und Bestimmungsgründe grenzüberschreitender Direktinvestitionen; in: Monatsbericht 8/1997.

74 R. Köddermann/M. Wilhelm, a.a.O., S. 126ff.; zu ähnlichen Ergebnissen kommt auch die Deutsche Bundesbank in ihrer Untersuchung «Entwicklungs- und Bestimmungsgründe ...», a.a.O.

Dazu gehören vor allem Investitionen in den ausländischen Vertrieb und Service. Das Ziel, beim absehbaren Marktwachstum eines Landes bzw. einer Region dabei zu sein, gewinnt deutlich an Bedeutung. Nur jedes fünfte Unternehmen sieht in den Lohn- bzw. Lohnnebenkosten einen Grund, im Ausland zu investieren. Nachrangige Bedeutung hat auch die unternehmerische Steuerbelastung. Dagegen bezieht ein Drittel der befragten Unternehmen das immaterielle Vermögen (Patente, Forschungs- und Entwicklungsergebnisse) in die Standortentscheidung mit ein. Also: Unternehmen nehmen Direktinvestitionen deshalb vor, um an den Märkten in anderen Regionen der Welt teilhaben zu können. Dabei gibt es zwischen Warenexporten und Direktinvestitionen einen eindeutigen Zusammenhang: In die Regionen, in die wegen guter Marktchancen Güter exportiert werden, folgen zur Absicherung des Absatzes auch die Direktinvestitionen deutscher Unternehmen nach. Mit den Direktinvestitionen wächst wiederum der Bedarf an Warenexporten in diese Region. Waren- und Kapitalexporte schaukeln sich nach oben.

Schließlich reagieren Unternehmen, soweit sie dies können, auf Absatzprobleme zu Hause mit der Ausweitung ihrer Direktinvestitionen. Wachsende DI haben also nichts mit der Flucht aus dem deutschen Standort zu tun. Sie sind Ausdruck der ökonomischen Stärke von heimischen Unternehmen, die weltweit als «Global Player» agieren. Die deutschen Unternehmer sind nicht Opfer, sondern Nutznießer dieser Internationalisierung.

Gesamtwirtschaftlich führt die grenzenlose Diversifikation der Produktionsstätten natürlich zu einem erheblichen Strukturwandel im Inland. Insgesamt müssen dadurch jedoch Arbeitsplätze nicht verloren gehen, da die Kapitalexporte die Warenexporte absichern. So haben beispielsweise Produktionsverlagerungen in osteuropäische Länder zugenommen. In der Folge nahmen allerdings die Warenexporte in diese Länder zu. Wo Produktion verlagert wird, gehen Arbeitsplätze verloren, durch zusätzliche Warenexporte entstehen jedoch Arbeitsplätze an anderer Stelle.

Diese Veränderungen in der internationalen Arbeitsteilung

können nicht aufgehalten werden. Um so mehr müssen sie strukturpolitisch begleitet werden. Der Internationalisierungsschock ist dann nur heilsam, wenn er genutzt wird, die Chancen zur Erschließung neuer Produktionsfelder nachhaltig zu verbessern. Die wachsenden Direktinvestitionen sind, wie internationale Vergleiche schnell zeigen, Resultat ausgereifter Volkswirtschaften und damit Ausdruck ökonomischer Stärke. Niemand käme angesichts der riesigen Direktinvestitionen aus Japan, den USA und Großbritannien auf die Idee, diese als Flucht aus den dortigen Standorten zu bezeichnen. Offensichtlich verhindern flexiblere Arbeitsmärkte, wie das Beispiel USA zeigt, nicht die Auslandsengagements der Investoren. Auch in Deutschland würden durch flexiblere Arbeitsmärkte die Direktinvestitionen ins Ausland nicht gestoppt, weil sie sich daraus nicht begründen.

Wie sind dagegen die im internationalen Vergleich relativ geringen ausländischen Direktinvestitionen in Deutschland zu deuten? Zunächst ist eine Warnung unvermeidbar. Die Angaben zur Entwicklung des ausländischen unternehmerischen Engagements in Deutschland bieten ein ziemlich unterschiedliches Bild. Die Angaben aus den Investorenländern liegen interessanterweise höher als diejenigen im Rahmen der deutschen Zahlungsbilanzstatistik. Insgesamt läßt sich jedoch feststellen, daß die Zuflüsse in den letzten Jahren ziemlich gering ausgefallen sind. Dabei führten 1989 und 1995 einige wenige Großtransaktionen entgegen dem Trend zu höheren Kapitalzuflüssen. Der Bestand an DI aus dem Ausland ist von 1984 mit 84,8 Milliarden bis 1996 auf 271 Milliarden Mark gestiegen.[75] 1996 sind gleichwohl mehr Engagements durch Ausländer abgebaut als neue hinzugefügt worden; die Neuanlagen (netto) gingen um 4,9 Milliarden Mark zurück.

Diese Daten nähren den Verdacht, die ausländischen Investoren machten einen großen Bogen um den Standort Deutschland. Und die Anhänger der These vom Boykott wiederholen den phantasielosen Versuch der Ursachendeutung: zu hohe Löhne, zu hohe Un-

75 Deutsche Bundesbank, Entwicklung und Bestimmungsgründe …, a. a. O. S. 71 f.

ternehmensteuern, zu starke sozialökologische Regulierungen. Auch diese Art Standortkritik trifft nicht zu. Im Mittelpunkt der Entscheidungen ausländischer Investoren stehen – wie bei den deutschen Kapitalexporteuren – die Motive Marktsicherung- und Marktausweitung.[76] Diese absatzorientierten Motive erklären die geringen ausländischen Investitionen zumindest in Westdeutschland ganz gut. Enge Märkte, auch infolge der schwachen binnenwirtschaftlichen Entwicklung, bei einem starken Besatz mit industriellen Produktionsstätten – also einer gewissen Überindustrialisierung – machen Ansiedlungen durch ausländische Investoren hier nicht attraktiv. Auch die enttäuschende Investitionsbereitschaft durch Ausländer in Ostdeutschland läßt sich erklären: Es ist unübersehbar, daß die westdeutschen Unternehmen durchaus diese Märkte bedienen könnten und als (potentielle) Konkurrenten für Investoren in den neuen Bundesländern präsent sind.

Die wachsenden Direktinvestitionen im Ausland und das zurückhaltende Engagement ausländischer Investoren in Deutschland haben kaum mit Kapitalflucht bzw. Standortboykott zu tun. Sie sind letztlich Ausdruck der ökonomischen Stärke und Reife der deutschen Wirtschaft.

7.4. *Beim weltweiten Kasinokapitalismus dabeisein: Folgen für den Standort*

In der Kontroverse über die Gefahren der Globalisierung spielen die weltweiten Transaktionen auf den Finanzmärkten eine überragende Rolle. Die Finanzmärkte haben gegenüber den anderen Märkten in der Tat den höchsten Internationalisierungsgrad erreicht. Milliardenbeträge an anlagesuchendem Kapital werden tagtäglich noch bei kleinsten erwarteten Renditedifferenzen über die Erdkugel gejagt. Die weltweit stark vorangeschrittene Liberalisierung der Finanzmärkte und untaugliche bankenrechtliche

76 Siehe die Befragungsergebnisse bei R. Köddermann, a.a.O., S. 153ff.

Kontrollen machen dies möglich. Anlageplätze in aller Welt konkurrieren um dieses Kapital auf der Jagd nach maximaler Rendite. Durch den staatlichen Verzicht auf eingrenzende Kontrollen werden die Geschäfte erleichtert. Die Informations- und Kommunikationstechnologien ermöglichen auf der Basis totaler Informationen sekundenschnelles Handeln. Informationen und Transport sind nahezu zum Nulltarif zu haben. Auf eine genauere Analyse der Instrumente und Triebkräfte der Finanzmärkte muß an dieser Stelle verzichtet werden.[77] Deshalb nur diese wenigen Hinweise: Bankkredite, Aktien, öffentliche und private Anleihen sowie Währungen (Devisen) sind die Finanzinstrumente, die an den Finanzplätzen der Welt gehandelt werden. Hinzu kommen die heute wichtigen Derivate. Das sind abgeleitete Finanzprodukte; ihnen liegt also ein anderes Finanzprodukt zugrunde. Sie beziehen sich beispielsweise auf den zukünftigen Kurs von Währungen, Anleihen oder Aktien sowie auf zukünftige Zinssätze oder den Tausch von Zahlungsverpflichtungen (Optionen, Terminkontrakte, Swaps). Das Geschäft mit Finanzderivaten läßt sich am Beispiel der Swaps demonstrieren: Zwei Vertragsparteien vereinbaren die gegenseitige Übernahme von Zahlungsverpflichtungen. Beim Währungsswap werden Kapitalbeiträge in unterschiedlichen Währungen getauscht – so etwa eine Schuld in Mark gegen eine Schuld in Dollar. Beim Zinsswap tauschen die Vertragsparteien variable gegen feste Zinsverbindlichkeiten. Daraus entstehen Gewinn- und Verlustchancen. Versucht wird, Gewinne zu erzielen, die allerdings beim anderen Partner zu Verlusten führen.

Bei der Analyse der Bedeutung dieser Finanzinstrumente ist die Unterscheidung zwischen Primär- und Sekundärmärkten nötig. Auf den Primärmärkten werden die neu aufgelegten Finanzinstrumente – etwa Anleihen und Aktien – gehandelt; bei den Sekundärmärkten erfolgt der Handel mit den schon vorhandenen Finanztiteln. Die Entwicklung des Volumens ausgegebener und gehandelter Finanzinstrumente verlief in den letzten Jahren sehr unterschiedlich. Die

77 Siehe dazu die Untersuchungen von J. Huffschmid, a. a. O.

grenzüberschreitenden Transaktionen mit Aktien und Anleihen haben sich in den letzten Jahren vervielfacht. Das größte Volumen stellt mittlerweile der Handel mit Derivaten dar. Ende 1996 belief sich der weltweite Handel mit Futures, Optionen und Swaps auf mehr als 35 Billionen Dollar, nachdem es fünf Jahre vorher nur 5,7 Billionen waren.[78] Allein der globale Umsatz von Devisen an den Börsen hat sich gegenüber 1979 im Jahr 1995 auf 300 Billionen Dollar verzehnfacht. Der Devisenumsatz ist weltweit erheblich stärker als der Warenexport gestiegen. Dabei dominierte die Zunahme rein spekulativer Devisengeschäfte. Der für Kursspekulationen genutzte Anteil am Devisentagesumsatz, dessen Volumen auf sage und schreibe 1,2 Billionen Dollar geschätzt wird, beläuft sich derzeit zwischen 95 und 98 Prozent. Anders ausgedrückt, nur noch fünf bis zwei Prozent der tagtäglichen Devisenumsätze werden zur Finanzierung von nicht spekulativen Geschäften genutzt.

Mit diesem schwindelerregenden Volumen an Transaktionen haben sich die Finanzmärkte längst von der Finanzierung der realwirtschaftlichen Produktion und deren Verteilung entkoppelt. Die Herausbildung eines gigantischen Finanzsektors, der zum Ausdruck bringt, daß Spekulationen gegenüber Sachinvestitionen die Oberhand gewinnen, hat J. M. Keynes veranlaßt, vom «Kasinokapitalismus» zu sprechen. In der Produktion erwirtschaftete Gelder werden durch Unternehmen lieber an den Spieltischen der Welt zum Einsatz gebracht als zur Finanzierung von beschäftigungsfördernden Investitionen. J. M. Keynes hat weit vorausschauend in seiner «Allgemeinen Theorie» 1936 auf Fehlentwicklungen hingewiesen, die heute nicht ausbleiben, wenn die Spekulationen Entscheidungen über Sachinvestitionen dominieren: «Spekulanten mögen unschädlich sein als Seifenblasen auf einem steten Strom der Unternehmungslust. Aber die Lage wird ernsthaft, wenn die Unternehmenslust die Seifenblase auf einem Strudel der Spekulationen

78 Institut der deutschen Wirtschaft, Derivate – Kein Spiel mit dem Feuer; in: iwd Nr. 2/1998.

wird. Wenn die Kapitalentwicklung eines Landes das Nebenerzeugnis der Tätigkeiten eines Spielsaales wird, wird die Arbeit voraussichtlich schlecht getan werden.»[79]

Spekulationen um der Spekulation willen müssen immer wieder zu Zusammenbrüchen führen. Irgendwann erweist sich der die realwirtschaftliche Basis überwölbende Finanzsektor als viel zu aufgebläht. Kleinste Irritationen reichen aus, um diese Seifenblasenökonomie zum Platzen zu bringen. Dazu ein Beispiel: Aktienkurse werden maßgeblich durch Spekulationen bestimmt. Geschäfte auf einen zum späteren Zeitpunkt erwarteten Kurswert bzw. nur noch auf einen abstrakten Indexwert, etwa den DAX, der die Kurswerte der dreißig wichtigsten Aktiengesellschaften in Deutschland zusammenfaßt, heizen Hausse-Spekulationen an. Mit wachsendem Abstand zwischen Spekulationskursen und den real-ökonomischen Werten der Unternehmen muß es irgendwann zur Korrektur kommen. Dann stellt sich die Frage nach der ökonomischen Potenz der Aktiengesellschaften gegenüber den Spekulationswerten. Geringfügige Änderungen bei der Einschätzung der ökonomischen Lage dieser Unternehmen können die Spekulationsblase zum Platzen bringen. Wenn dann noch die Aktienkäufe über Kredite finanziert worden sind, werden wegen der hohen Austauschbarkeit alle Finanzinstrumente im Krisenstrudel mitgerissen.

Dieses Crah-Szenario ist bekannt. Seit 1987 – meistens im Oktober – entlädt sich immer wieder ein solcher Einbruch der Aktienkurse. Mit einem Wort: Die enorm gewachsenen Finanzmärkte erhöhen die Krisenanfälligkeit, die auf die Produktionswirtschaft durchschlägt. Um so wichtiger ist es, mit internationalen Vorgaben und Kontrollen der Politik die Ursachen derart heilloser Krisen zu bändigen.

Welche Auswirkungen hat diese relative Verselbständigung der Finanztransaktionen auf die wirtschaftliche Entwicklung Deutsch-

79 J. M. Keynes, Allgemeine Theorie der Beschäftigung, des Zinses und des Geldes (deutsch: Berlin 1995; 1936 erstmals erschienen: Theory of employment, interest and money).

lands? An drei Beispielen lassen sich negative Rückwirkungen auf die produktionswirtschaftliche Entwicklung zeigen:

Erstens: Der Betrag der in der Produktion erwirtschafteten Einkommen, der wegen vergleichsweise hoher Renditen auf den Finanzmärkten landet und damit dem volkswirtschaftlichen Kreislauf entzogen wird, steigt. Dieses auf den internationalen Finanzmärkten renditeheischende Kapital steht zur Finanzierung volkswirtschaftlicher Ausgaben – vor allem im Bereich der Sachinvestitionen – nicht mehr zur Verfügung. Vagabundierendes Kapital hinterläßt dem Land, aus dem es entsprungen ist, Wachstums- und Beschäftigungsverluste. Sie könnten vermieden werden, wenn die erwirtschafteten Einkommen zügig in effektive Nachfrage gegenüber der Produktion umgesetzt würden. Dieser Entzug von Finanzkapital macht auch deutlich, daß es im Prinzip weltweit keinen Kapitalmangel gibt. Das Finanzkapital findet allerdings viel zu wenig den Weg in die Finanzierung nützlicher privatwirtschaftlicher und öffentlicher Ausgaben. Im «Kasinokapitalismus» wird die Gestaltung der Einkommensverteilung zur Stärkung von Produktion und Beschäftigung zu einer weltweiten Aufgabe. Internationale Akteure oder die Koordination nationaler Politiken sind nicht einmal am Horizont zu erkennen.

Zweitens: Spekulative Devisengeschäfte machen die Wechselkurse der Währungen kaum noch kalkulierbar. Wechselkurse sind extrem flatterhaft (volatil) geworden. Es gibt keine Gesetzmäßigkeiten, mit denen ihre Sprunghaftigkeit erklärt werden könnte. Die Preisbildung auf den Devisenmärkten gleicht einem Kaleidoskop. Kleinste Erschütterungen verändern die Konstellation, ohne daß der Übergang von einem Bild zum anderen erklärt werden könnte. Diese Instabilität der Wechselkurse hat bittere Folgen für die Produktionswirtschaft. Die Erlöse für Waren- und Dienstleistungsexporte werden durch die Flatterhaftigkeit der Wechselkurse unsicher. Die Branche für Kurssicherungsgeschäfte, die nicht zum Nulltarif zu haben sind, wirkt als Risikopuffer. Erratische Ausschläge der Devisenkurse belasten also vor allem stark außenhandelsverflochtene Wirtschaften. Dies gilt wegen der hohen internationalen Verflechtung insbesondere für Deutschland. Deshalb besteht ein großes Interesse an der Stabilisierung dieser Währungspreise. So ist es durchaus zu verstehen, daß vor der Vollendung des Binnenmarktes bereits im März 1979 für die EG ein Fixkurssystem mit Schwankungsmargen geschaffen worden ist. Das Interesse an der endgültigen Errichtung der Europäischen Währungsunion ist bei den international verflochtenen Unternehmen groß, weil zwischen den Mitgliedsländern die Wechselkurse entfallen.

Drittens: Schließlich gehen von den internationalen Finanzmärkten Signale aus, die die Aktiengesellschaften, die auf Kapitalgeber angewiesen sind, unter Druck setzen. In den wenigen Finanzzentren des Aktienhandels auf der Welt werden Renditen vorgegeben, die eine Aktiengesellschaft erreichen muß, will sie vor allem bei den marktbestimmenden Großanlegern wie Banken, Versicherungen, Pensionsfonds usw. Anerkennung finden. Ins Zentrum der Unternehmenspolitik rückt der viel zitierte «Shareholder», der aus seinem Anteilsbesitz einen maximalen «Value», also Wert, herausziehen will. Das Shareholder-value-Konzept hat enorme Konsequenzen, ja es stellt die bisherige Politik großer Kapitalgesellschaften auf den Kopf. Bevor diese postmodernen «Schatzbildner» (K. Marx) auftraten, verfolgten die Unternehmen durchaus auch das Ziel mittelfristiger Renditeoptimierung. Im Zentrum stand die Aufgabe, dieses Gesamtsystem auf längerfristige Stabilität hin zu optimieren. Dabei gilt die Dividendenausschüttung nicht als alleiniger Zielwert. Aktionärspflege war immer wichtig, hatte jedoch nicht den ausschlaggebenden Stellenwert.

Die Zielvorgabe des «Shareholder-value» hat diese Unternehmenspolitik revolutioniert. Der Unternehmenszweck reduziert sich monoman auf die Figur des faktischen und potentiellen Aktionärs. Das sind jedoch nicht die vielen Kleinaktionäre, sondern die großen institutionellen Anleger. Eine an der Hand abzählbare Gruppe von Brokern an der Wallstreet in New York bestimmt letztlich autoritär die Vorgabe der Rendite, die von einer Aktiengesellschaft irgendwo in der Welt erreicht werden muß, wenn sie auf dem Börsenparkett Anerkennung finden will. Wird die Zielrendite durch die Kapitalgesellschaft nicht zügig realisiert, dann stürzen ihre Aktien ab. Damit bestimmt das Diktat der Börsen das Unternehmensschicksal.

Das Buch, in dem der Entdecker dieses Prinzips, A. Rappaport, seine Ideen erstmals 1986 vortrug, ist mittlerweile ein Bestseller.[80] Allerdings verdient der Autor den Nobelpreis für Ökonomie nicht. Das Konzept ist gemessen an der Komplexität von Großunternehmen zu primitiv, ja untauglich. Warum soll eine Kapitalgesellschaft nur dann für die Anleger attraktiv sein, wenn sie sofort eine Rendite um 15 Prozent erwirtschaftet? Warum gerade 15 Prozent, warum nicht zur mittelfristigen Orientierung eine realistischere Rendite? Fragen über Fragen, und die Antworten darauf lassen letztlich nur Profitgier erkennen, egal, wie sich die Entwicklungschancen eines Unternehmens darstellen.

Dieses Konzept ist gefährlich kurzfristig. Es reduziert Unternehmen auf eine einzige Prozentzahl. Unternehmensstrategisch kann diese Zielreduktion in die Katastrophe führen. Alle Maßnahmen, die am Anfang die Rendite belasten, jedoch in Zukunft die Marktposition verbessern, werden abgewertet. Die wenigen Broker an der Wallstreet zwingen den Kapitalgesellschaften derzeit eine Kapitalrendite von 15 Prozent – Normalrendite plus Risikoaufschlag – auf. Dabei haben bisher in Deutschland Großunternehmen mit einer Rendite von beispielsweise acht Prozent große Erfolge auf den Weltmärkten erzielt. Mittlerweile scheint sich in dem Land, aus dem dieses Konzept kommt, herumgesprochen zu haben, daß der Wert eines Unternehmens nicht nur auf die Interessen der Kapitaleigner ausgerichtet werden darf. In den USA ist der Abschied vom Shareholder-value-Konzept wegen vieler negativer Erfahrungen unübersehbar. Es dauert leider wieder einige Zeit, bis diese neue Botschaft in Deutschland ankommt. Denn eine realistischere Bewertung der Unternehmenspraxis zeigt schnell: Es gibt wichtige andere Gruppen – Arbeitnehmer, Kunden, Lieferan-

80 A. Rappaport, Shareholder-Value als Maßstab der Unternehmensführung, Stuttgart 1995.

ten, Gemeinden/Staat, Umwelt –, die für das Unternehmen etwas eingesetzt haben, sozusagen «at the stake».

Mit dem *Stakeholder-value* werden alle Kräfte, die zum Unternehmensziel beitragen, berücksichtigt. Beim Aufbau und der Positionierung der deutschen Wirtschaft ist in den letzten fünfzig Jahren eher diesem Stakeholder-value-Konzept gefolgt worden, ohne freilich diese Etikettierung gekannt zu haben. Mit der Shareholder-value-Maximierung wären die Erfolge sicherlich nicht zustande gekommen. Aus Cost-cutting und kurzfristiger Renditenmaximierung entfaltet sich keine Innovationskraft. Stakeholder-Konzepte werden heute mehr denn je gebraucht. Dazu gehören unternehmerische Prozeßeigenschaften, wie die Einstellung auf sich wandelnde Kundeninteressen, organisatorische Lernfähigkeit, einsetzbares immaterielles Vermögen (Marktposition und Kundenbeziehungen) sowie Motivation der Beschäftigten. Neue Arbeitsmodelle, die projektbezogen die Teamarbeit fördern, sowie überhaupt Mitbestimmung der Beschäftigten erhöhen die Leistungsfähigkeit eines Unternehmens. Keine Sorge, das Shareholder-value-Gespenst wird gerade noch rechtzeitig auch in Deutschland verjagt werden, denn die Zahl der Unternehmen, die damit Schiffbruch erleidet, nimmt zu.

Wie ist angesichts dieser drei Wirkungen auf die nationalen Wirtschaften und Unternehmen mit den Finanzmärkten umzugehen? Optimisten, die die Marktgesetze schnell weltweit verbreitet wissen wollen, sehen in den sich von der Realwirtschaft abkoppelnden Finanzmärkten keine Gefahren. Im Gegenteil, sie werden als hilfreiche Polizei gelobt, die die Länder bestraft, die sich dem Diktat total liberalisierter Finanzmärkte nicht unterwerfen. Glaubt beispielsweise ein Land, mit wachsenden Staatsschulden seine ökonomischen Probleme lösen zu wollen, dann zwingen es die Finanzmärkte durch die Abwertung seiner Währung und andere Prozesse zurück auf den Pfad der Marktvergötzung.

Diese Sicht ist unverantwortlich. Zum einen werden die derzeit nicht beherrschbaren Krisen, die vom hoch instabilen Finanzsektor ausgehen können, unterschlagen. Zum andern ist der Einsatz der Finanzmärkte als Polizei gegenüber den Gesellschaften zutiefst antidemokratisch. Letztlich werden damit Demokratien zugunsten der anonymen Entscheidungsgewalt auf den Finanzmärkten demontiert. Die Finanzmärkte dürfen nicht Polizei spielen. Im Gegenteil, sie selbst brauchen eine Polizei, die dafür sorgt, daß politisch entschiedene Regeln und Kontrollen durchgesetzt werden. Die Risiken internationaler Kreditvergabe sowie beim Aktien- und Anleihehandel müssen auch durch internationale Institutionen und nationalstaatliche Kooperation kontrolliert werden, um den Unruheherd weltweiter Finanzmärkte zu bändigen. Dazu gehört, wie es Jörf Huffschmid vorgeschlagen hat, ein «System monetärer Kooperation».[81] Zur Beschränkung des derzeit gigantischen Devisenhandels zu Spekulationszwecken, die sich auf die Produktion negativ auswirken, ist eine Devisenumsatzsteuer vorgeschlagen worden. Konzepte zur technischen Durchführung dieser Tobinsteuer – benannt nach dem US-amerikanischen Ökonomen James Tobin – liegen vor.[82] Zweifellos ist es angesichts der weltweit hohen Mobilität der Devisenumsätze schwierig, diese zur Besteuerung konsequent zu exekutieren. Es scheint jedoch so, als würden die technischen Probleme überbetont, um letztlich dieses Instrument zu desavouieren. Auch heute noch wird trotz sekundenschneller Entscheidungen jeder Devisenumsatz registriert; damit ist auch die Besteuerungsbasis gegeben. Die derzeitige Front derjenigen, die einerseits grundsätzlich diese Tobin-Steuer ablehnen, andererseits wegen der Machbarkeitsbedenken zum identischen Entschluß kommen, muß sich den Vorwurf gefallen lassen, die weltweit Wirtschaftswachstum und Beschäftigung bedrohende Instabilität des Finanzsektors schicksalhaft hinzunehmen.

Wie bei der Internationalisierung der Produktion politische Regulierungsinstanzen nicht mitwachsen, entziehen sich die Finanz-

81 J. Huffschmid, a. a. O., S. 7.

82 Vgl. die ausführliche Darstellung bei J. Huffschmid, Steuern gegen Spekulationen? Der Tobin-Vorschlag und seine Erweiterung; in: Memo-Forum, Zirkular der ‹Arbeitsgruppe Alternative Wirtschaftspolitik›, Nr. 23/1995.

märkte im Zuge ihrer Globalisierung noch schneller dem Netz gesetzlicher Regulierungen. Daraus entsteht dringender Handlungsbedarf. Niemand bestreitet heute die scharfen Kontrollen des Finanzsektors, insbesondere der Geschäftsbanken, in Deutschland. Auch marktradikale Ökonomen machen bei der Entfesselung der Marktkräfte halt vor dem Finanzsektor. In Deutschland ist der monetäre Bereich per Gesetz streng reguliert. Das Kreditwesengesetz schreibt harte Anforderungen an die Tätigkeit der Geschäftsbanken vor. Zu recht ist die Gründung einer Bank so schwierig; für diesen Bereich werden auch keine Existenzgründungsprogramme vorgeschlagen. Auch auf der Ebene der EU werden mit der Schaffung einer einheitlichen Währung die Grundlagen für Bankgeschäfte harmonisiert. Niemand käme auf die Idee, auf diese Regulierungen zugunsten unkontrollierter Bankgeschäfte zu verzichten. Gefährliche Bankenkrisen könnten sich ohne diese Regulierungen zu häufig ereignen. Zu stark prägen noch die historischen Erfahrungen mit zwei Hyperinflationen und der Währungsreform von 1948 das Bewußtsein in Deutschland, um eine solche Liberalisierung zuzulassen. Bei der Globalisierung der Finanzmärkte sollen jedoch plötzlich diese Grundsätze nicht mehr gelten. Angesichts der wachsenden weltweiten Krisenpotentiale kann es auf die Globalisierung der Finanzmärkte nur eine Antwort geben: Weltweit müssen durch alle Länder anerkannte Regeln für Finanzgeschäfte und Banken aufgestellt, die Geld- und Währungspolitik koordiniert und ein internationales Währungsregime unter Nutzung der Tobin-Steuer etabliert werden.

Diese globale Politik stellt derzeit (leider noch) absolutes Neuland dar. Die Bundesregierung müßte sich auf diese Position einigen und in den internationalen Gremien, wie dem Internationalen Währungsfonds, der Weltbank und der G7-Gruppe, dafür werben. Denn die Stabilität der Finanzwelt ist wie die Währungsstabilität ein öffentliches Weltgut. Alle können davon profitieren, ohne daß irgendeiner verzichten muß. Anders herum formuliert: Die Krisenfolgen wirken insoweit kollektiv, als sie sich über den gesamten Erdball verbreiten.

III. Quantensprung ins Euro-Land: Ängste, Risiken und Chancen

1. *Prolog: Euroängste ernst nehmen*

Die Ausführungen in den bisherigen Abschnitten galten den sieben Grundirrtümern der in Deutschland praktizierten Ordnungs- und Wirtschaftspolitik. Im Mittelpunkt stand die Kritik der seit mehr als fünfzehn Jahren schrittweise durchgesetzten Angebotsdoktrin: Die Reduktion der Politik auf die Pflege der Marktgesetze verzeichnet bei der Umverteilung von unten nach oben Erfolge. Die Auswirkungen auf die binnenwirtschaftliche Entwicklung, die Beschäftigung und den dringend erforderlichen ökologischen Umbau der Wirtschaften sind katastrophal. Aus den bisherigen Überlegungen könnte der Eindruck entstehen, der Standort Deutschland sei viel zu stark als ein in sich ruhendes, relativ geschlossenes System interpretiert worden. Dem ist selbstverständlich nicht so; die deutsche Wirtschaft zeichnet sich durch einen hohen Grad der Verflechtung mit dem Ausland aus. In der Auseinandersetzung mit dem «siebten Grundirrtum»: «Zum Turbokapitalismus verdammt? Die Globalisierungsgewinner am Standort Deutschland» wurde darauf eingegangen und gezeigt, daß die Mehrheit der deutschen Unternehmen nicht zu den Verlierern, sondern zu den Gewinnern des voranschreitenden Ökonomie-Internationalismus gehört.

In der bisherigen Auseinandersetzung mit dem geradezu neurotischen «Standortwahn», der Deutschland befallen zu haben scheint, ist die europäische Dimension – bis auf wenige Hinweise – gleichwohl bewußt nicht in den Vordergrund gerückt worden. Das war methodisch gewollt; in diesem Kapitel nun wird die ökonomische Integration, die sich derzeit nahezu ausschließlich und damit einseitig auf die Schaffung der Europäischen Währungsunion innerhalb des vorgegebenen Fahrplans im Maastrichter Vertrag von 1992 konzentriert, ausführlich untersucht. Am Ende der Argumentation zum «Euro-Land» sollte deutlich geworden sein: Die sozialökonomische Entwicklung Deutschlands muß im Prozeß der voranschreitenden Integration innerhalb der EU verankert werden. Nach der bisher erreichten sozialökonomischen sowie monetären und fiskalischen Integration beschränkt sich jedoch der nächste Quantensprung der Vergemeinschaftung nahezu ausschließlich auf die Schaffung der Europäischen Währungsunion, an deren Ende die für alle Mitgliedsländer einheitliche Euro-Währung steht. Die negativen Folgen für die Arbeitsmärkte und die regional-strukturelle Auseinanderentwicklung der EU verlangen eine Konzentration auf die Integrationsschwerpunkte Beschäftigung und Strukturausgleich.

Der Fahrplan des Megaprojekts Euro-Währung ist im Maastrichter Vertrag, der Ende 1991 auf dem EU-Gipfel verabschiedet und am 8. 2. 1992 ratifiziert wurde, verbindlich fixiert worden. Nachdem bis Ende 1997 keine Entscheidung über den Beginn der dritten Stufe getroffen wurde, ist der viel zitierte Automatismus in Kraft getreten: Die Währungsunion startet am Freitag, dem 1. 1. 1999, mit der «unwiderruflichen Fixierung» der Wechselkurse, zu denen danach die beteiligten Währungen ohne jegliches Risiko umgetauscht werden können. Bis zu diesem eigentlichen Schöpfungsakt des Euro sind allerdings noch einige gewichtige Entscheidungen zu treffen. Seit Beginn dieses Jahres steht fest: Der Euro kommt! Daran werden auch die anhängigen Klagen vor dem Bundesverfassungsgericht nichts mehr ändern. Auch die berechtigte Forderung, vor der Einheitswährung die Strukturpolitik in der EU auszubauen und eine aktive Beschäftigungspolitik zu koordinieren, wird den in voller Fahrt befindlichen Zug nicht mehr zum Halten bringen. Zwei zentrale Entscheidungen stehen noch an, die innerhalb des sehr knappen Zeitplans getroffen werden müssen: Wer wird Mitglied dieser Währungsunion, und in welcher Höhe werden die Wechselkurse zwischen den Mitgliedsländern festgelegt, die in der Übergangsphase bis zur endgültigen Einführung der Euronoten und -cents die Umtauschrelationen zwischen den Währungen bilden? Der Zeitplan für diese epochalen Entscheidungen liegt fest. Am 2./3. Mai entscheiden die Staats- und Regierungschefs über die Mitglieder auf der Basis der Konvergenzberichte sowie über den Präsidenten und das Direktorium der Europäischen Zentralbank. Am 3. Mai legen schließlich die EU-Finanzminister die Wechselkurse der Euro-Währungen fest, die schließlich ab dem 1. 1. 1999 die festen Umtauschrelationen zwischen den beteiligten Währungen bilden sollen.

Der Entscheidungsmarathon wird beendet sein, kurz nachdem diese Streitschrift zu lesen ist. Die Ergebnisse konnten also nicht mehr berücksichtigt werden. Dieses Informationsdefizit belastet allerdings die Argumentation nicht allzu stark. Die grundlegende Richtung der Entscheidungen steht seit längerer Zeit fest:

1. Der Euro wird fristgerecht gestartet. Zu groß sind die bisher aufgewendeten Kosten für die Umstellung auf den Euro, und übermächtig ist die politische Weichenstellung.

2. Relativ unabhängig von den im Maastrichter Vertrag fixierten Aufnahmekriterien wird die große Lösung mit elf Mitgliedsländern zustande kommen. Von den fünfzehn Mitgliedsstaaten werden erst einmal nicht dabei sein: Großbritannien, das (noch) nicht teilnehmen will, Dänemark und Schweden, die die Optionsklausel nutzen. Griechenland ist das einzige Land, dem der Beitritt wegen seines den Kriterien nicht entsprechenden ökonomischen Entwicklungsstands verweigert wird. Italien wird gewiß als Gründungsland der EG in den Euro-Club aufgenommen werden.

3. In bezug auf die Festlegung der Wechselkurse zwischen den Mitgliedswährungen während dieses Entscheidungsmarathons wird davon ausgegangen, daß die derzeit geltenden bilateralen Leitkurse innerhalb des EWS übernommen werden (siehe zur Höhe Abschnitt 2, S. 219). Ob diese Vorgabe fixierter Wechselkurse, die am 3. Mai 1998 durch die Finanzminister der Mitgliedsländer mitgeteilt wird, tatsächlich auch den Umtauschrelationen am 1. 1. 1999 entsprechen – darüber kann nur spekuliert werden. Denn von Mai bis zum Ende dieses Jahres werden die effektiven

Wechselkurse noch an den Devisenbörsen entschieden. Ob die starren Wechselkurse durchgehalten werden können hängt von den Spekulationen ab. Wie auch immer sich die Wechselkurse zwischen Mai und Ende 1998 entwickeln – die am 1. 1. 1999 in Kraft tretenden Umtauschkurse dürfen nie wieder geändert werden, sonst wäre die Währungsunion tot.

Aufklärungsarbeit über diesen Quantensprung der EU in eine Währungsunion ist dringender denn je erforderlich. Rationale Aufklärung ist jedoch nicht einfach. Die Komplexität dieses Projekts macht die Frage deutlich: Wie kann es auf der Basis unterschiedlichster ökonomischer Bedingungen gelingen, daß die Kreditfinanzierung neuer Fangnetze für einen Capri-Fischer nach denselben Regeln europäischer Geldpolitik beeinflußt wird wie die Aufnahme eines Kredits durch einen Kutterfischer an der Nordsee? Viele bange Fragen drängen sich auf: Führt der Währungsumtausch möglicherweise über Vermögensverluste zu einer Art Enteignung? Entsteht eine inflationsträchtige Desperadowährung? Welche Auswirkungen hat die Einheitswährung auf die Beschäftigung, die soziale Lage, die Lohnpolitik sowie die regionalen Strukturen der EU? Die aus der äußerst labilen Psychologie des Geldes erwachsenden Zweifel müssen ernst genommen werden. Denn das Geld- bzw. Währungssystem ist im wahrsten Sinne des Wortes eine Vertrauenssache. Mangelnde Akzeptanz des Geldsystems kann die Stabilität der ökonomischen Entwicklung nachhaltig bedrohen.

Alle Umfragen zeigen, daß die Integration der D-Mark in den Euro von der tiefen Sorge begleitet wird, ob letztlich nicht doch die nach innen stabile und nach außen international gehärtete Mark für einen inflationären Euro geopfert wird, den die Finanzzentren der Welt flugs zum dauerhaften Abwertungskandidaten abstempeln werden. Diese Ängste zu verdrängen beseitigt sie nicht, erhöht allenfalls Irrationalität. Unbestreitbar ist ein Großteil der psychologisch tiefsitzenden Widerstände gegen den Euro eher diffus. Gerade das ist gefährlich, wenn nämlich wichtige Ergebnisse des bisherigen Prozesses ökonomischer Integration in einer kollektiven

Bedrohungsneurose erstickt werden. Schlußendlich gewinnen dann nationalistische Sehnsüchte nach dem Erhalt der D-Mark-Hegemonie, an der die Welt genesen soll, die Oberhand.

Was aber tut die Politik? Kritische Einwände werden schnell unter den Verdacht antieuropäischer Haltung gestellt. Insoweit ist die tiefe Akzeptanzkrise des Jahrhundertswerks Euro auch Produkt eines arroganten Umgangs der politischen Klasse mit den Ängsten der Menschen und den tatsächlichen Risiken. Der Widerspruch zwischen öffentlicher Meinung und praktizierter Politik in Deutschland ist unübersehbar. Während die Bevölkerung Anfang 1998 zu über 70 Prozent dieses Projekt ablehnt, beträgt die Zustimmung durch die im Bundestag vertretenen Fraktionen nahezu 100 Prozent. Der beste Weg, diesen Widerspruch zwischen öffentlicher Meinung und Politik zu überwinden, ist umfassende Aufklärung über die Chancen, aber auch die Risiken, statt dessen werden in einem Propagandafeldzug nur die Vorteile herausgestellt.

Die Politik und weitgehend die Medien beschwören die Chancen, während die manifesten Risiken nicht thematisiert werden. Dabei nehmen es manche der Lobhudelnden mit der Wahrheit nicht so genau. So wird beispielsweise mit dem Argument zu ködern versucht, die Europäische Währungsunion entfache ein Jobwunder. Eine seriöse Begründung sucht man vergeblich. Die deutsche Erfahrung mit der beinharten Geldpolitik, die wirtschaftliches Wachstum und Beschäftigung gekostet hat, weist in eine ganz andere Richtung. Bereits der Weg zur Euro-Mitgliedschaft über den europaweiten Zwang zu Kürzungen öffentlicher Ausgaben, um die öffentliche Neuverschuldung zu reduzieren, ist mit Arbeitslosen gepflastert.

Die Ängste ernst zu nehmen heißt noch lange nicht, sie zu akzeptieren oder gar zu verstärken, wie das nationalistische Kräfte derzeit im Klima der Verunsicherung tun. Zur Aufklärung jenseits der Produktion von Sprechblasen gehört aber die solide Diskussion der objektiv großen Risiken dieses Jahrtausendprojekts. Erst wenn die Risiken erkannt sind, lassen sich Wege suchen, diese zu bannen. Um beim Spiel zu bleiben: Die Währungsunion schafft aus eigener Kraft keine zusätzlichen Arbeitsplätze. Im Gegenteil, ein stabiler Euro droht mit dem Preis wachsender Arbeitslosigkeit bezahlt zu werden. Dieses Beschäftigungsrisiko stellt jedoch kein unausweichliches Schicksal dar. Der Beschäftigungsabbau durch eine auf sich allein gestellte Währungsunion kann vermieden werden, wenn sie mit einer aktiven Anti-Arbeitslosen-Union verbunden wird. Gegen die Euro-Ängste helfen hohle Beschwörungen nicht, sondern nur der Doppelpack Währungs- und Beschäftigungsunion. Die größte Sorge, der Euro würde unter galoppierender Inflation leiden, läßt sich klar widerlegen. Das im Vertragswerke vorgesehene Europäische System der Zentralbanken ist durchaus in der Lage, im gesamten Gebiet der Währungsunion für Euro-Stabilität zu sorgen. Zur Aufklärung gehört aber auch, daß Geldwertstabilität nicht alles ist, sondern die Geld- mit der Finanzpolitik zur Stärkung des Wirtschaftswachstums und der Beschäftigung eingesetzt werden muß.

2. Triebkräfte zum Euro: Binnenmarkt, politische Union, deutsche Einigung

Die Europäische Gemeinschaft besteht jetzt seit 40 Jahren. Am 25. März 1957 wurden in Rom die Verträge zur Gründung der Europäischen Wirtschaftsgemeinschaft (EWG) und der Europäischen Atomgemeinschaft (EAG) abgeschlossen. Durch das Inkrafttreten dieser Römischen Verträge zum 1. 1. 1958 entstand über die 1953 gegründete Gemeinschaft im Kohle- und Stahlbereich (Montanunion) hinaus ein bedeutsamer politischer und wirtschaftlicher Raum. Die westeuropäische Gemeinschaft war die politisch-ökonomische Antwort auf den Ostblock unter sowjetischer Führung. Dort wurde der EWG der «Rat für wirtschaftliche Zusammenarbeit» (COMECON) entgegengesetzt. Die Gründungsratio der EG sowie die in die langjährige Entwicklung der EG eingepflanzte Westorientierung hat 1991 noch maßgeblich den Maastrichter Vertrag geprägt. Innerhalb dieses Vertragswerks werden die neuen Herausforderungen durch den Zusammenbruch der sozialistischen Staaten vom Typ sowjetischer Herrschaft seit Ende 1989 nicht an einer einzigen Stelle angenommen. Die EU hat sich nach der Öffnung der osteuropäischen Länder seit 1990 erst einmal dafür entschieden, die europäische Integration nicht auf Osteuropa auszuweiten, sondern innerhalb der Westgruppe die Vergemeinschaftung zu vertiefen.

Die mit dem Maastrichter Vertrag vorgenommene Schwerpunktsetzung auf die Schaffung der Währungsunion und die damit verbundenen Folgen dieses monetären Quantensprungs werden erst durch einige wichtige Hinweise auf das Muster der vorangegangenen ökonomischen Integration deutlich. Der kurze Rückblick auf diesen zähen, auch von harten Rückschlägen begleiteten Prozeß der Vergemeinschaftung offenbart ein wichtiges Charakteristikum: Im Mittelpunkt der Vor-Maastricht-Ära stand das Ziel, die Wirtschafts- *und* Währungsunion voranzubringen. Dabei konnte nicht immer das Prinzip zeitlicher Parallelität eingehalten werden; mal galt der nächste Schritt der wirtschaftlichen, mal der monetären Integration. Jedenfalls konnte im Maastrichter Vertrag von einem einigermaßen ausgeglichenen Stand der wirtschaftlichen und monetären Integration ausgegangen werden. Die vor der Maastrichter Entscheidung für die Währungsunion entwickelten Felder der ökonomischen Integration werden hier kurz zusammengefaßt:

▶ Ein halbes Jahr früher als geplant wurde bereits zum 1. 7. 1968 die Zollunion geschaffen; innerhalb der Gemeinschaft werden seither keine Zölle mehr auf den Warenverkehr zwischen den Mitgliedsländern erhoben. Logischerweise fließen die Zolleinkünfte aus Drittländern nicht in die Kassen der Mitgliedsländer, an deren Grenzen die Importe in die EU erfolgen, sondern in den Gemeinschaftshaushalt der EU.

▶ Immer wieder durch Rückschläge und beinharte Auseinandersetzungen belastet, wurde schließlich ein konsistenter Gemeinschaftshaushalt der EU durchgesetzt. Derzeit gilt die finanzielle Vorausschau für den Zeitraum von 1995–1999. Der EU ist es strikt untersagt, Ausgaben über öffentliche Kreditaufnahme zu finanzieren. Vorgegeben wird vielmehr ein an das Wirtschaftswachstum gekoppelter Finanzierungs- bzw. Ausgabenplafonds. 1995 betrug die Eigenmittel- und damit Ausgabenobergrenze 1,21 Prozent des Bruttosozialprodukts. Bis 1999 ist festgelegt, diesen Plafonds stufenweise auf 1,27 Prozent zu erhöhen. Damit wird der wachsenden Ausgabenbelastung der EU Rechnung getragen. Wie der Gemeinschaftshaushalt nach 1999 aussehen soll ist derzeit offen. Im ersten Jahr der Währungsunion steht somit die Aufgabe an, den Gemeinschaftshaushalt neu zu regeln. Der Maastrichter Vertrag gibt dazu keinen einzigen Hinweis.

1996 flossen aus Deutschland 40,3 Milliarden Mark in die EU-Kasse. Werden die durch die EU in diesem Land getätigten Ausgaben gegengerechnet, so betrug der Nettobeitrag des Bundes nur 26,99 Milliarden Mark. Um die Höhe dieses Nettobeitrags ist ein heftiger Streit entbrannt. Parallel zur Einführung der Währungsunion verlangt beispielsweise der Ministerpräsident von Bayern eine deutliche Entlastung Deutschlands bei der Finanzierung der EU. Diese Forderung steht im krassen Widerspruch zu der Notwendigkeit, den wachsenden regionalen Disparitäten im Zuge der Einführung des Euro mit einer finanziell gestärkten Strukturpolitik innerhalb der EU zu begegnen. Die europaeinheitliche Währungsunion wird den Druck auf steigende Finanzleistungen von den reichen in die armen Länder erhöhen.

► An Bedeutung hat in den letzten Jahren die gemeinschaftliche Strukturpolitik gewonnen. Gegenüber den gesamten Zahlungsermächtigungen sind 1997 mehr als 32 Prozent der Ausgaben auf diese Gemeinschaftspolitik konzentriert worden. Die Gemeinschaftsaufgabe Strukturpolitik konzentriert sich auf die Korrektur disparitärer ökonomischer Entwicklungen der Regionen. Dazu stehen mehrere Strukturfonds zur Verfügung, die auf ein Zielsystem ausgerichtet zum Einsatz kommen. Allerdings zeigen empirische Untersuchungen, daß mit den strukturpolitischen Aktivitäten in den letzten Jahren regionale Disparitäten kaum abgebaut werden konnten. Daraus sollte jedoch nicht der Abschied von der Strukturpolitik abgeleitet werden, sondern ihre finanziell bessere Ausstattung und effizientere Gestaltung. Wie noch gezeigt wird, wird mit der einheitlichen Geldpolitik innerhalb der Währungsunion der strukturpolitische Handlungsbedarf deutlich zunehmen.

▶ Mit der Unterzeichnung der «Einheitlichen Europäischen Akte» im Februar 1986 ist die Vollendung des Binnenmarktes eingeleitet worden. Binnenmarkt heißt Abbau aller nationalstaatlichen Regulierungen, die vormals im grenzüberschreitenden ökonomischen Verkehr protektionistisch wirkten. Im Mittelpunkt stehen die vier Freiheiten: nationalstaatlich nicht mehr behinderter Zufluß von Gütern, Dienstleistungen, Kapital und Arbeitskräften aus den Mitgliedsländern. An die Stelle der national völlig unterschiedlichen Regulierungen treten jedoch harmonisierte Mindestnormen.

Aus dem Binnenmarkt entsteht logischerweise der größte Druck in Richtung auf seine Komplettierung durch ein einheitliches Währungssystem. Durch weiterhin existierende nationale Währungen kann der Binnenmarkt stark belastet werden. Der Grund liegt auf der Hand: Die Preise der beteiligten Währungen sind die Wechselkurse, die sich im Prinzip auf den Devisenmärkten bilden. Und Devisenspekulationen haben großen Einfluß auf sie gewonnen und führen immer wieder zu ihrer Flatterhaftigkeit (Volatilität). Die Erlöse der Exporteure bzw. Importeure hängen damit nicht nur vom mit dem Kunden vereinbarten Preis ab, sondern auch von der Entwicklung des entsprechenden Wechselkurses. Es liegt also in der Logik des gemeinsamen Marktes, die Währungsunion als notwendiges Komplement zu fordern und durchzusetzen.

Diese wechselseitige Vollendung von Binnenmarkt und Währungsunion ist auf Dauer zweifellos sinnvoll. Dabei gilt es jedoch zu bedenken, daß die Währungsunion nur dann ihre segensreichen Wirkungen entfalten kann, wenn die Mitgliedsländer monetär, poduktionswirtschaftlich und politisch ein gewisses Maß an gleichmäßiger Entwicklung erreicht haben.

► Die Notwendigkeit, den Binnenmarkt von allzu schockartigen Wechselkursschwankungen frei zu halten, ist bereits Ende der sechziger Jahre erkannt worden. 1970 wurde im Auftrag der EG erstmals ein Bericht über einen umfassenden Stufenplan zur Wirtschafts- und Währungsunion vorgelegt. Dieser Werner-Plan, nach dem früheren luxemburgischen Ministerpräsidenten Pierre Werner benannt, sah die stufenweise und parallele Schaffung einer Wirtschafts- und Währungsunion innerhalb von zehn Jahren vor.[83] Der Plan wurde allerdings schnell zur Makulatur. Die Maastricht-Protagonisten vermeiden es heute, diese kurze Geschichte in Erinnerung zu rufen. Obwohl die Verhältnisse heute ganz andere sind, dominiert die Sorge, die Erinnerung an diese Pleite könnte das Maastricht-Projekt belasten. Dieses Projekt mußte scheitern, weil die europäischen Währungen anfangs noch viel zu stark von der Leitwährung US-Dollar abhängig waren. Nach dem Zusammenbruch des weltweiten Wechselkursregimes von Bretton Woods 1973 brauchte es längere Zeit, bis die EG eine eigenständige Wechselkurspolitik entwickeln konnte und wollte.

Unter diesen Erfahrungen, aber auch durch den Willen beseelt, die Integration fortzuführen, setzten schließlich Bemühungen ein, mit einer erheblich kleineren Lösung als dem Quantensprung Währungsunion zu agieren. Nach wenig erfolgreichen Vorläufern startete am 14. März 1979 das «Europäische Währungssystem» (EWS). Es handelt sich um ein Fixkurssystem mit Schwankungsmargen. Die Wirtschafts- und Finanzminister zusammen mit den Notenbankdirektoren (ECOFIN-Rat) legen einstimmig zwischen ihren Währungen sogenannte bilaterale Leitkurse fest. Weicht der am Devisenmarkt frei notierte Wechselkurs nach oben bzw. unten

83 Bericht an den Rat der Kommission über die stufenweise Verwirklichung der Wirtschafts- und Währungsunion in der Gemeinschaft (Werner-Plan); in: Sonderbeilage zum Bulletin 11/1970 der Europäischen Gemeinschaften.

um 2,25 Prozent und mehr ab (so der Anfangswert), verpflichten sich die betroffenen Notenbanken durch Stützungskäufe die Kurse innerhalb der Schwankungsmarge zu halten. Zur Finanzierung der Stützungskäufe am oberen bzw. unteren Interventionspunkt sind Kreditfazilitäten für die Beschaffung der erforderlichen Devisen eingerichtet worden. Dazu ein Beispiel aus den Anfangsjahren des EWS: Wertet der Französische Franc (FF) gegenüber der Mark über den Interventionspunkt hinaus ab, dann kaufen nach Absprache die betroffenen Notenbank FF auf und verkaufen DM, um entsprechenden Aufwertungsdruck auf den FF bzw. Abwertungsdruck auf die DM zu erzeugen. Wenn durch diese Interventionen die bilateralen Leitkurse nicht zu halten sind, dann erfolgt schließlich ihre Neufestsetzung («realignment»).

Dieses EWS hat sich trotz fünfzehn Realignments seit 1979 und zwei schwerer Krisen 1992 und 1993 einigermaßen bewährt.[84] Die Gefahr erratischer Wechselkursschwankungen konnten für längere Zeiträume durchaus gebannt werden. Es entstand eine Zone relativer Wechselkursstabilität. Seit dem «Befreiungsschlag» aus der EWS-Krise im Sommer 1993 beträgt die Schwankungsmarge um den bilateralen Leitkurs ± 15 Prozent. Für die These relativer Stabilisierung spricht, daß sich heute alle Wechselkurse im EWS stark in der Nähe ihrer bilateralen Leitkurse bewegen, die große Bandbreite also nicht annähernd ausgeschöpft wird. Das EWS hat zweifellos dazu beigetragen, die Zusammenarbeit der beteiligten Notenbanken auszubauen.

Zum Europäischen Währungssystem (EWS) gehört der ECU. Die französische Aussprache ist darauf zurückzuführen, daß auf dem Europäischen Gipfel im Sommer 1978 in Bremen der französische Regierungschef darauf bestanden hatte, den Namen einer französischen Goldmünze aus dem 12. Jahrhundert zu nutzen. Der Frankreichbezug bei der Namensgebung hat durchaus etwas mit

84 Zur Funktionsweise und zur Bewertung vgl. R. Hickel, Zwischenbilanz zum europäischen Währungssystem (EWS); in: WSI-Mitteilungen, 10/1989.

der Rettung nationaler Identität innerhalb europäischer Währungspolitik zu tun. Der Kompromiß war einfach: In der internationalen, an der anglo-amerikanischen Sprache ausgerichteten Finanzwelt heißt ECU «European Currency Unit».

Wenige Hinweise zum Verständnis des ECU lassen sich nicht vermeiden, denn der Maastrichter Vertrag sieht vor, daß auf der Basis des ECU-Leitkurses einer Währung deren Umstellung auf den Euro erfolgt. So gilt für die Umrechnung der Mark das Prinzip 1 ECU + × DM = 1 Euro. Der ECU ist nichts anderes als eine synthetische Währungseinheit. Für jede am ECU beteiligte Währung wird ein fester Betrag in einen Währungskorb gelegt.[85] Ab dem 13. März 1979 waren das 0,828 DM (1,15 FF; 0,0885 Pfund Sterling usw.). Zweimal wurden seit dem Start die festen Beträge geändert. Seit der letzten Änderung im September 1989 liegen 62,42 Pfennig im Währungskorb (1,332 FF; 0,08784 Pfund Sterling usw.). Die Beträge werden zusammen mit den bilateralen Leitkursen so festgelegt, daß die jeweilige Währung dem ökonomischen Gewicht des jeweiligen Landes innerhalb der EU entspricht. Seit November 1996 beträgt das Währungsgewicht der Mark 32,4 Prozent; das entspricht ungefähr dem Anteil des deutschen Bruttosozialprodukts am gesamten EU-Produkt. Wie errechnet sich der bilaterale ECU-Leitkurs der Mark? Der jeweils feste Betrag einer Währung wird über den bilateralen Leitkurs in den DM-Wert umgerechnet. Die Summe dieser DM-Gegenwerte der festen Beträge im Korb ergibt den ECU-Wert der DM:

$$1 \text{ ECU} = \sum_{i}^{n} (fBi \,.\, Lki) = x \text{ DM}$$

Die Symbole bedeuten: fBi = fester Betrag der Währung i im Korb; Lki = Leitkurs der i-ten Währung; n = Anzahl der beteiligten Währungen.

85 Zur genauen Berechnung vgl. R. Hickel, Verräterische Sorgen – Unter welchen Bedingungen die Europäische Währungsunion gefährdet ist; in: Blätter für deutsche und internationale Politik 11/1997, S. 1316.

Am 25. November 1996 errechnete sich folgender ECU-Leitkurs der DM:

1 ECU=0,6242 DM+1,322 FF×0,298164 FF+...=1,92573 DM.

Die zum 1. 1. 1999 vereinbarten Wechselkurse entscheiden zusammen mit den festen Beträgen im Währungskorb die Höhe des dann nicht mehr zu ändernden Euro-Werts einer Währung. Bei der Entscheidung über die Wechselkurse und die festen Beträge wird so vorgegangen, daß beispielsweise die in den Euro einfließende DM dem relativen ökonomischen Gewicht Deutschlands in der EU entspricht.

Die Geschichte der bisherigen europäischen Vergemeinschaftung zeigt, daß bis Anfang der neunziger Jahre das Prinzip galt, die ökonomische Integration einigermaßen abgestimmt auf wirtschaftliche *und* monetäre Schwerpunkte zu konzentrieren. Nach dem bisherigen Muster und mit dem erreichten Niveau der Integration lag es nahe, die nächsten Schritte zu einer Wirtschafts- und Währungsunion nach den bisherigen Prinzipien Stufenfolge und Parallelität weiterzuentwickeln. Noch 1988 dachte so der Europäische Rat. Auf seinem Gipfel im Juni 1988 in Hannover setzte er einen «Ausschuß zur Prüfung der Wirtschafts- und Währungsunion» ein. Entwickelt werden sollte ein Konzept stufenweiser und paralleler Integration mit dem Ziel, die Wirtschafts- und Währungsunion zu schaffen. Dieser Delors-Ausschuß, benannt nach dem ehemaligen, äußerst erfolgreichen Präsidenten der EU-Kommission, schlug in seinem Abschlußbericht einen Drei-Stufen-Plan vor.

Die für die dritte Stufe vorgeschlagene Abstimmung zwischen monetären und wirtschaftlichen Maßnahmen verdeutlicht diese zunächst geplante Integrationsparallelität: Die Endstufe zur Schaffung der Währungsunion startet demnach mit der unwiderruflichen Fixierung der Wechselkurse der Mitgliedsländer auf der Basis eines funktionsfähigen «Europäischen Systems der Zentralbanken (ESZB)». Diese Einheitswährung kann jedoch nur gelingen, wenn – so die Auffassung dieses Arbeitsausschusses – gleichzeitig die Regionalpolitik auf EU-Ebene ausgebaut wird. Im Abschlußbericht heißt es: Dabei sind «diskretionäre Maßnahmen bei den finanziellen Mitteln der Gemeinschaft (mit Hilfe eines noch festzulegenden Verfahrens) vorzunehmen, um die strukturpolitischen Transfers an die Mitgliedstaaten zu ergänzen oder den gesamtpolitischen Kurs in der Gemeinschaft zu beeinflussen».[86] An anderer Stelle wird für eine «makroökonomische Politik» im Sinne der «Koordinierung der Wirtschaftspolitiken» plädiert.[87]

Relativ kurze Zeit nach der Vorlage dieses in sich konsistenten Plans zur Schaffung der Wirtschafts- und Währungsunion vollzog sich ein zunächst kaum zu erklärender, radikaler Kurswechsel. Beim Bau des Maastrichter Vertrags, der am 7. Februar 1992 ratifiziert worden ist, ist das Delors-Dokument einer stufenweisen und parallelen Entwicklung zur Wirtschafts- und Währungsunion nicht mehr berücksichtigt worden. Der Maastrichter Vertrag reduziert die ökonomische Integration ausschließlich auf die Währungsunion. Ein insgesamt enger Zeitplan sowie die Voraussetzungen, die erfüllt sein müssen, um Mitglied der Währungsunion zu werden, wurden nur für die Schaffung des Euro festgeschrieben. Fragen, ob nicht zuerst die politische Union ausgebaut werden sollte sowie nach der ausreichenden ökonomischen Reife für eine einheitliche Währung verloren urplötzlich an Bedeutung. Bundeskanzler Helmut Kohl, der heute mit seiner Person für den geschichtsträchtigen Sprung in den Euro steht, hatte noch am 6. November 1991 – also wenige Wochen vor der Maastricht-Entscheidung – im Deutschen Bundestag eine Wirtschafts- und Währungsunion ohne politische Union für «abwegig» erklärt.

Was war geschehen? Wie erst jetzt bekannt wurde, muß davon ausgegangen werden, daß vor allem der französische Staatspräsident Mitterrand die schnelle Einführung der Europäischen

86 Ausschuß zur Prüfung der Wirtschafts- und Währungsunion, Bericht zur Wirtschafts- und Währungsunion in der Europäischen Gemeinschaft; in P. Bofinger, Der Weg zur Wirtschafts- und Währungsunion in Europa – Analysen und Dokumente, Wiesbaden 1990, S. 143.
87 Ebenda, S. 124.

Währungsunion als Preis für die Zustimmung zur deutschen Einigung forderte. Die Auswertung entsprechender Dokumente aus dem Kanzleramt durch den *Spiegel* offenbaren einen deutschen Bundeskanzler, der diesen Weg zuerst nicht gehen wollte.[88] Als sich Kohl schließlich für die Europäische Währungsunion entschied, war das Entsetzen groß.[89] Der sogenannte «Rat der Fünf Weisen» zum Beispiel hat seither den Zeitplan und die ökonomisch unzureichend abgesicherten Voraussetzungen dieses Maastricht-Projekts in seinen Jahresgutachten immer wieder kritisiert.

Sicherlich ging es dem politisch weitsichtigen Mitterrand darum, das vereinigte Deutschland durch zusätzliche Schritte der Integration in die Europäische Union einzubinden, eine Idee, die auch in anderen Ländern Europas vertreten wurde. Schließlich waren die anfänglichen Ängste vor einem wirtschaftsstarken «Großdeutschland», das sich vielleicht auch aus der Westbindung lösen konnte, sehr groß. Die Vermutung liegt allerdings nahe, daß die Motive des französischen Staatspräsidenten nicht nur auf die Folgen der deutschen Einigung bezogen waren. Frankreich war es leid, dem Lehrmeister Deutsche Bundesbank in Sachen Stabilisierungspolitik gehorchen zu müssen. In den Medien war immer wieder die Rede vom Bundesbank-Terror gegenüber Frankreich. Auch der derzeit amtierende, konservative Staatspräsident wandte sich immer wieder gegen das «pensée à la Tietmeyer», also das Denken nach Art des Präsidenten der Deutschen Bundesbank.

88 K. Wirtgen, Weg ohne Wiederkehr; in: Der Spiegel 10/1998

89 Ich erinnere mich an ein Gespräch mit dem damaligen Vorsitzenden des «Sachverständigenrats zur Begutachtung der gesamtwirtschaftlichen Entwicklung», H.-K. Schneider, auf dem Weg von der Gedächtniskirche in Berlin zu einem Hotel am Kurfürstendamm. Wir konnten uns beide nicht erklären, warum Helmut Kohl, nachdem gerade die schweren finanziellen Belastungen durch die deutsche Einigung sichtbar geworden waren, urplötzlich und derart rigoros für diese riskante Europäische Währungsunion eintrat. Uns blieb nur die Spekulation, daß gegen die ökonomische Vernunft politische Motive eine entscheidende Rolle gespielt haben mußten.

Aus welchen Motiven auch immer – den nächsten Integrationsschritt ausschließlich auf die Monetärunion zu reduzieren, war ökonomisch abenteuerlich. Eine Währungsunion kann nur funktionieren, wenn ökonomisch und politisch ein ausreichender Grad der Harmonisierung gegeben ist. Die Strategie, durch die Währungsunion die politische Union erst erzwingen zu wollen, birgt deshalb hohe Risiken in sich. Noch riskanter wird das Projekt, wenn nicht einmal die wirtschaftlichen Voraussetzungen ausreichend gegeben sind. Der Maastrichter Vertrag pflanzte der künftigen Integration das übermächtige Primat der Währungsunion ein. Begleitmaßnahmen, wie der dadurch erforderliche Ausbau der Strukturpolitik, die Stärkung des Gemeinschaftshaushalts sowie eine aktive Beschäftigungspolitik werden in diesem Vertragsdokument nicht einmal erwähnt.

Nachdem die ökonomische Vernunft dem politisch-strategischen Taktieren zunächst einmal weichen mußte, kommt es jetzt darauf an, alle Aktivitäten auf die sozialökonomische, beschäftigungschaffende und strukturstärkende Ausweitung der Integration zu konzentrieren. Der Euro kommt, das ist gewiß. Um so rascher müssen jetzt die erkennbaren Defizite überwunden werden. Der Einwand, die Kritik komme nun zu spät, hilft nicht weiter. Freilich droht denjenigen – auch dem Autor dieser Streitschrift –, die von Anfang an diese reduzierte Integration kritisiert haben, derzeit die Stilisierung zu tragischen Figuren. Als sie den Maastrichter Vertrag sofort kritisierten, wurde ihnen vorgehalten, ihre Kritik käme *zu früh*. Nachdem jetzt der Schnellzug mit Volldampf auf der Strecke ist, wird behauptet, die Kritik komme *zu spät*.[90] Konstruktive Kritik lohnt aber immer noch, weil sie auf-

90 Die gelegentlich zu hörende Behauptung, nach dem Start des Maastrichter Vertrags hätte es keine Kritik gegeben, trifft nicht zu: Die Arbeitsgruppe Alternative Wirtschaftspolitik hat in ihren Memoranden von Anfang an Kritik geübt; zuletzt: Memorandum '97, Köln 1997 (Kapitel 7), vgl. auch R. Hickel, Programm der EG '99: Ziele und Stufen der Europäischen Wirtschafts- und Währungsunion; in: Memo-Forum, Juni 1992; ders., Perspektiven der Europäischen Währungsunion; in: Blätter für deutsche und internationale Politik, 7/1995; ders., Die Euro-Währung: Notwendig-

zeigt, welche Maßnahmen zur Absicherung *und* Ergänzung des Euro-Projekts unverzüglich in Angriff genommen werden müssen.

3. Strenger Automatismus auf dem Weg ins Euro-Land

Der Start der ersten Stufe zur Europäischen Währungsunion blieb nahezu unbemerkt. Am 1. Juli 1990 – übrigens parallel zur Ablösung der DDR-Mark durch die D-Mark – wurden die Zusammenarbeit der Notenbankgouverneure gestärkt, die Kapitalmärkte voll liberalisiert (ausgenommen die südlichen Länger) sowie ein vergleichsweise unverbindliches System «multilateraler Überwachung» exzessiver öffentlicher Schuldenaufnahme in den Mitgliedsländern vereinbart.

Die zweite Stufe, die am 1. 1. 1994 begann, sah eine Verschärfung der Kontrolle öffentlicher Defizite vor (jedoch wieder unverbindlich). Das Europäische Währungsinstitut (EWI) startete mit dem befristeten Auftrag, das Europäische System der Zentralbanken (ESZB) zu konzipieren.

Die dritte Stufe zur Währungsunion hätte bereits am 1. 1. 1997 gezündet werden können, wenn mindestens sieben Mitgliedsländer die Aufnahmekriterien erfüllt hätten. Da diese Option nicht wahrgenommen wurde, beginnt die dritte Stufe sozusagen automatisch am, im Vertrag fixierten, Freitag, dem 1. 1. 1999. Dazu muß zum 1. Juli 1998 die Europäische Zentralbank ihre Arbeit zur Vorbereitung des Europäischen Systems der Zentralbanken beginnen. Die Entscheidung, wer Mitglied der Währungsunion werden kann, fällt auf der Basis der sogenannten Konvergenzberichte, die sich auf die entsprechenden Daten von 1997 beziehen. Die Ratssitzung ist Ende April/Anfang Mai 1998.

keit, illusionärer Zeitplan, Umstellungsrisiken; in: Blätter für deutsche und internationale Politik 12/1995; ders., Verräterische Sorgen, a. a. O.; «Euro à la francaise?» – Streitgespräch zwischen Rudolf Hickel und Norbert Walter; in: Blätter für deutsche und internationale Politik, 7/1997.

Was geschieht am Freitag, dem 1. 1. 1998? An diesem Neujahrstag treten die unwiderruflich fixierten Wechselkurse in Kraft. Dadurch ist im Kern der Euro geschaffen. Die nationalen Währungen sind ab 1999 nur noch Erscheinungsformen ein und desselben Euro. Die beteiligten Währungen können in dieser Übergangsphase bis spätestens zum Sommer 2002 jederzeit zu festen Relationen umgetauscht werden. Daher wäre es durchaus möglich, in Hamburg oder Rom ab null Uhr des Neujahrmorgens 1999 mit Französischen Francs die Silvesternacht-Rechnung zu begleichen. Die Wechselkursrisiken werden verschwunden sein. Allenthalben müßten Gebühren für die Beschaffung der Francs aufgebracht werden (Übergangs-Transaktionskosten).

Der Weg zum einheitlichen Zahlungsmittel Euro/Cent ist dann noch weit. Die Banknoten und Münzen müssen hergestellt werden. Das Großbetragszahlungssystem (TARGET) muß zügig umgestellt werden. Schließlich fangen die Unternehmen und öffentlichen Haushalte an, Geschäfte auch in Euro abzuwickeln. Die Automaten und Kassen im Einzelhandel werden umgestellt. Nach der bisherigen Planung sollen schließlich zum Beginn des Jahres 2002 die Euro-Münzen und Banknoten eingeführt werden. Ab Juli 2002 wird dann der Euro zum alleinigen gesetzlichen Zahlungsmittel. Zu diesem Zeitpunkt muß das gesamte DM-Geld umgetauscht werden, sonst geht es verloren. Da ist mit unbekannten Mengen an DM zu rechnen, denn sie besitzt vor allem in den osteuropäischen Ländern eine Quasi-Währungsfunktion. Auch Ersparnisse aus dem Sparstrumpf oder Kellerschrank, ebenso kriminell erworbenes Schwarzgeld müssen ans Licht der Umtauschaktion, sollen diese Gelder nicht verfallen.

Diese Beschreibung macht deutlich: Die Schaffung der Währungsunion hat nichts mit einer Währungsreform zu tun. Bei einer Währungsreform erfolgt mit dem Umtausch eine Abwertung des bisherigen Geldes; hier nicht. Alle ökonomischen Größen, die uns umgeben,werden von Mark auf Euro umgestellt. Der DM-Wert eines Euro ist, wie oben ausgeführt, mit dem unwiderruflich fixierten ECU-Wert identisch. Um einfacher rechnen zu können, wird von der Faustregel ausgegangen: 1 ECU=1 Euro=2 DM. Im Zuge der Umstellung werden die DM-Einkommen, die -Preise, die -Geldvermögen, aber auch die -Schulden usw. durch Halbierung auf den Euro umgestellt. Sicherlich wird die effektive Umtauschrelation unterhalb von zwei Mark liegen und daher nicht so glatt umzurechnen sein. Aber die auch von Verbraucherverbänden geäußerte Sorge, daß bei einer Relation von beispielsweise 1 Euro=1,92573 DM (derzeit geltender bilateraler Leitkurs) Preisaufschläge mitgenommern werden, ist nicht besonders realistisch. Eher ist davon auszugehen, daß sich unter dem Druck der Konkurrenz Auf- und Abschläge einigermaßen ausgleichen werden.

Verständlicherweise verbinden sich mit diesem technisch allerdings einfachen Akt des Umtauschs große Ängste. Sie werden von nationalistischen DM-Anhängern noch geschürt. Im Umtausch selbst liegen jedoch keine Risiken. Entscheidend wird nur sein, daß die zwischen den Mitgliedsländern *angemessenen* Umtauschkurse unwiderruflich fixiert werden. Diese Entscheidung ist nicht einfach, zumal nach dem 1. 1. 1999 eine nachträgliche Korrektur strikt ausgeschlossen werden muß. Eine spätere Revision der Umtauschkurse bedeutete das Ende der Währungsunion. Bei der Festlegung der Höhe der Umstellungsrate – etwa zwischen Mark und Francs – muß allerdings größtmögliche Genauigkeit walten. Würde beispielsweise der D-Mark-pro-Franc-Umtauschkurs um ein Prozent höher angesetzt als der Marktwert (Aufwertung des FF), so würden die deutschen Sparer rund 30 Milliarden Mark weniger an Euro-Geldmenge erhalten, als sie zum bisherigen Leitkurs bekommen hätten. Spiegelbildlich dazu würden den französischen Sparern rund 15 Milliarden Euro mehr zufließen. Diese Wirkungen auf die erste Ausstattung mit Euro gilt es, bei der Festlegung der unwiderruflichen Umtauschkurse zu berücksichtigen.

Bei der Wahl der Umtauschkurse, die erstmals am 3. Mai 1998 durch die EU-Finanzminister verkündet werden, gibt es durchaus Orientierungshilfen. Maßgeblich sind die bilateralen Leitkurse, die derzeit für das Europäische Währungssystem gelten. Die Übergangsphase bis Ende 1998 wird spannend: Einerseits werden die Notenbanken versuchen, die fixen Wechselkurse zu stützen. Andererseits bilden sich an den Börsen die marktbezogenen Wechselkurse. Und hier ist mit riesigen Spekulationen gegen die geplanten Umtauschkurse zu rechnen. Um die Stabilisierung zu vereinfachen, müßten ab Anfang Mai die kurzfristigen Zinssätze in den Ländern im Euro-Club harmonisiert werden. Durchaus werden auch dem Ausgang der Bundestagswahlen Auswirkungen auf die Wechselkurse nachgesagt. Es wird die Sorge verbreitet, eine Rot-Grüne-Bundesregierung könnte von den Kapitalanlegern als ökonomische Schwächung des Standorts Deutschland wahrgenommen werden. Demokratische Entscheidungen müssen vor derartigen zweckgerichteten Mutmaßungen über die brutalen Finanzmärkte geschützt werden. Jedenfalls ist damit zu rechnen, daß einzelne Währungen durch Spekulanten einem Härtetest unterzogen werden. Im Fall drohender Abwertung müßte die betroffene Währung per Stützungskäufe durch die Notenbanken aufgekauft werden. Das kann in den Ländern, in denen die Währung angeboten werden muß, um sie unter Abwertungsdruck zu setzen, zur ungewollten Ausweitung der Geldmenge führen. Zur Reduzierung der Spekulationen auf den Devisenmärkten wäre es vernünftig, unverzüglich eine Steuer auf die Devisenumsätze zur Einschränkung der Spekulationen zu erheben. Diesen Vorschlag einer Tobinsteuer im Übergang zum Euro hat die «Arbeitsgruppe Alternative Wirtschaftspolitik» zuerst unterbreitet.[91]

Mehr noch als die Risiken im Zuge der Umstellung beunruhigt die Öffentlichkeit die Sorge, die Euro-Währung werde sich inflationär entwickeln. Auf die diesbezüglichen Ängste wird noch einzugehen sein. Gewiß ist derzeit jedoch nur eines: Über die Entwicklung der Geldentwertungsrate sowie den Kapitalmarktzins sind kaum treffsichere Prognosen möglich.

91 Arbeitsgruppe Alternative Wirtschaftspolitik, Memorandum '97, Köln 1997, S. 225 ff.

4. Welche Länder schmelzen ihre Währungen in Euro ein? Vom Elend der Konvergenzkriterien

Die Antworten auf die Frage, welche Voraussetzungen ein Land erfüllen muß, damit es Mitglied der Europäischen Währungsunion werden kann, sind in einem Protokoll zum Art. 109 j des Maastrichter Vertrags quantitativ präzisiert. Ein Land, das dabei sein will, muß eine spezielle Auswahl von Mindestkriterien erfüllen, die viel zitierten Konvergenzkriterien. Für die Entscheidung über die Mitgliedschaft im Euro-Club maßgeblich ist die Datenlage im Jahr 1997, für das die Konvergenzberichte geschrieben werden. Auf deren Grundlage entscheiden die Staats- und Regierungschefs am 2./3. Mai 1998 über den Teilnehmerkreis. Zur Erinnerung: Ein Land kann nur Mitglied werden, wenn:

- ▶ die Inflationsrate (gemessen am Verbraucherpreisindex) gegenüber dem Durchschnitt der drei preisstabilsten Länder um nicht mehr als 1,5 Prozentpunkte nach oben abweicht;
- ▶ der durchschnittliche langfristige Nominalzinssatz um nicht mehr als 2 Prozentpunkte über dem entsprechenden Satz in jenen – höchstens drei – Mitgliedstaaten liegt, die auf Grund der Preisstabilität das beste Ergebnis erzielt haben;
- ▶ die vorgesehene Bandbreite im Europäischen Währungssystem in den letzten zwei Jahren ohne starke Spannungen eingehalten worden ist;
- ▶ im Verhältnis zum Bruttoinlandsprodukt zu Marktpreisen das tatsächliche öffentliche Defizit drei Prozent nicht übersteigt;
- ▶ der öffentliche Schuldenstand gegenüber dem Bruttoinlandsprodukt zu Marktpreisen nicht über 60 Prozent hinausgeht.

Die Kriterien der vom Maastrichter Vertrag verlangten Mindestkonvergenz sind in Abbildung 12 für das Jahr 1997 länderbezogen zusammengefaßt. Außer Griechenland erfüllen alle anderen 14 Länder der EU die Konvergenznorm der Preisstabilität (Maximalmarke 2,7 %) sowie des nominalen Zinssatzes (maximal 7,23 %). Das Kriterium Wechselkursstabilität, das in dieser Grafik nicht ausgewiesen ist und in der Diskussion kaum eine Rolle spielt, ist für Italien nicht bewertbar, da dieses Land nach dem Austritt aus dem EWS 1993 nicht rechtzeitig wieder eingetreten ist.

Abbildung 12: Konvergenzkriterien in der EU

	Inflation in %	Defizit in % des BIP	Schulden in % des BIP	Zinsen in %
Maximalwert 1997	2,7	3,0	60,0	7,23
Luxemburg	1,4	(1,7)	6,7	5,6
Irland	1,2	(0,9)	66,3	6,7
Niederlande	1,9	1,4	72,1	5,6
Dänemark	2,2	(0,7)	64,1	6,3
Frankreich	1,3	3,0	58,0	5,6
Deutschland	1,5	2,7	61,3	5,5
Finnland	1,2	0,9	55,8	6,4
Österreich	1,2	2,5	66,1	5,7
Belgien	1,6	2,1	122,2	5,8
Schweden	1,8	0,4	76,6	6,6
Großbritannien	1,9	1,9	53,4	7,2
Spanien	1,9	2,6	68,3	6,4
Portugal	1,9	2,5	62,0	6,3
Italien	1,9	2,7	121,6	5,5
Griechenland	5,4*	5,4	108,7	8,8*

* Prognose, ( ) = Haushaltsüberschuß, Maximalwert für Defizit in Prozent des BIP: 3,0 %, für die Schulden in Prozent des BIP 60 %.

In der derzeit hitzigen Debatte um die Zukunft des Euro stehen die maximal zulässigen Verschuldungskriterien im Vordergrund. Ein Land darf nur Mitglied der Währungsunion werden, wenn es die sogenannten Fiskalkriterien mit maximal 3 Prozent bzw. 60 Prozent nicht überschreitet. Diese Grenzziehung zur Verschuldung in den öffentlichen Haushalten macht die Stoßrichtung aller Konvergenzkriterien sichtbar. Sie eint die Vorstellung, daß nur Länder dabei sein dürfen, deren Währung – gemessen an den Konvergenzkriterien – als stabil eingeschätzt wird. Durch deren Verschmelzung soll schließlich ein inflationsfreier Euro geboren werden. An sich ist dieses Ziel vernünftig. Würde die neue Währung von andauernd hoher, ja sich beschleunigender Inflation befallen sein, dann wären die binnen- und außenwirtschaftlichen Schäden groß. Die entscheidende Frage lautet jedoch: Welche Inflationsrate ist mit einer wachstums- und beschäftigungsstärkenden Entwicklung vereinbar? Der Maastrichter Vertrag und noch stärker der «Stabilitäts- und Wachstumspakt» von Amsterdam im Sommer 1997 pflanzen dem Euro-Projekt einen einseitigen, gesamtwirtschaftlich belastenden Stabilitätsfanatismus ein.

Zur Sicherung der Geldwertstabilität eignen sich zweifellos die Kriterien Inflationsrate und langfristiger Nominalzinssatz. Das oft übersehene Kriterium der Wechselkursstabilität innerhalb der letzten zwei Jahre gilt dem Ziel, den künftigen Außenwert des Euro abzusichern. Welche Rolle genau spielen jedoch die Fiskalkriterien?

Bei dem Ziel, die öffentliche Verschuldung zu begrenzen, wird unterstellt, daß die Nutzung dieses Instruments zur Finanzierung öffentlicher Haushalte immer mit der Gefahr von Inflation verbunden ist. Schuldendisziplin soll also der Preisstabilität dienen. Trifft diese These von der Verursachung der Geldentwertung durch öffentliche Kreditaufnahme zu? Theoretisch ist dieser Zusammenhang umstritten; empirisch läßt er sich nicht nachweisen. Der riesige Schuldensprung im Zuge der Finanzierung der deutschen Einigung hat entgegen großer Befürchtungen beispielsweise nicht zu einem unbeherrschbaren Inflationsproblem geführt. In den letzten Jahren lag der Anteil der Neuverschuldung in Deutschland bei über vier Prozent, während die Inflationsrate auf historisches Niedrigstniveau zurückging.

Die Wirkungen der öffentlichen Kreditaufnahme ausschließlich auf mögliche Inflation zu reduzieren, ist der theoretische wie empirische Sündenfall des Maastrichter Vertrags. An die Stelle rationaler Bewertung tritt die Dämonisierung der Staatsverschuldung.

Über die restriktive Interpretation der öffentlichen Schuldenpolitik wird der Angebotslehre in der EU Tür und Tor geöffnet. Die einzelwirtschaftliche Betrachtung bei der Bewertung öffentlicher Haushalte – diese Verbetrieblichung der Volkswirtschaften sowie der gesamten EU – führt in die Irre. Die positive Rolle der öffentlichen Kreditfinanzierung im gesamtwirtschaftlichen Kreislauf wird verschüttet.

Dabei fällt der Maastrichter Vertrag deutlich hinter das Grundgesetz zurück. So erlaubt die deutsche Verfassung zu Recht den Einsatz öffentlicher Kreditfinanzierung normalerweise im Umfang der öffentlichen Investitionen (Art. 115 GG). Seit 1970 gilt: Falls ein gesamtwirtschaftliches Ungleichgewicht mit Unterbeschäftigung herrscht, bietet das Grundgesetz darüber hinaus die Schuldenaufnahme als Instrument antizyklischer Finanzpolitik an. In der Phase unzureichender gesamtwirtschaftlicher Nachfrage kann der Staat aufgrund seiner dominierenden Rolle mit einem kreditfinanzierten Ausgabenprogramm dafür sorgen, daß die Produktionsmöglichkeiten ausgeschöpft werden. Die Folgen sind Stärkung der wirtschaftlichen Entwicklung und wachsende Beschäftigung. An diesen gesamtwirtschaftlichen Zusammenhängen hat sich auch im Zeitalter der Globalisierung grundlegend nichts geändert.

Daß das Ausmaß der Neuverschuldung auf die gesamtwirtschaftliche Entwicklung Einfluß hat, zeigt sich derzeit in all den EU-Ländern, die die Fiskalkriterien erreichen wollen – allerdings unter negativen Vorzeichen. Um erst einmal das Neuverschuldungskriterium zu erfüllen, sind Sparmaßnahmen eingeleitet worden. Am Ende sanken die Steuereinnahmen, und die Arbeitslosigkeit stieg. Streicht der Staat Ausgaben, dann werden der Wirtschaft Einnahmen entzogen. Produktion und Einkommen gehen in der Gesamtwirkung um ein Vielfaches der ursprünglichen Kürzung zurück. Wie beim Wettlauf zwischen Hasen und Igel ist am Schluß die Staatsverschuldung immer zuerst da, weil Krisenkosten steigen und Steuerausfälle die Folge sind. In Deutschland zeigen sich die negativen Auswirkungen dieser Sucht, die Drei-Prozent-Marke bei der Neuverschuldung zu erreichen. Ausgabenkürzungen im sozialen Bereich und bei den öffentlichen Investitionen haben die binnenwirtschaftliche Entwicklung so belastet, daß der Exportboom nach innen keine Dynamik entwickeln konnte.

Mit dem Maastricht-Vertrag beginnt der Rückzug aus einer Politik der öffentlichen Kreditaufnahme zur Überwindung gesamtwirtschaftlicher Krisen. Kaum von der Öffentlichkeit bemerkt geht die «Entschließung des Europäischen Rats über den Stabilitäts- und Wachstumspakt» vom Juni 1997 in Amsterdam noch weiter: Sie verpflichtet die Mitgliedsländer künftig, am «mittelfristigen Haushaltsziel eines nahezu ausgeglichenen oder einen Überschuß ausweisenden Haushalts festzuhalten ...» [92] Damit wird die bisher unbestrittene «Normalverschuldung» schlicht abgeschafft. Auch der «Sachverständigenrat zur Begutachtung der gesamtwirtschaftlichen Entwicklung» (SVR) sowie die Deutsche Bundesbank gehen von der Notwendigkeit öffentlicher «Normalverschuldung» aus. Die Deutsche Bundesbank gibt sie mit 1,8–2 Prozent gegenüber dem Produktionspotential an. Bei der normalen jährlichen Neuverschuldung werden einerseits die positiven Wirkungen damit finanzierter Staatsausgaben für die Volkswirtschaft betont. Anderseits wird berücksichtigt, daß der Staat gleichsam als «Lückenbüßer» die überschüssigen Ersparnisse der privaten Haushalte, die Einkommen darstellen, die bei der Produktion entstanden sind, wieder in Ausgaben transformieren muß. Wegen der hohen Ersparnisse der privaten Haushalte muß der Staat die Schuldnerrolle bei gegebener Kreditaufnahme durch die Unternehmen und das Ausland übernehmen. Im Euro-Club wird die öffentliche Neuverschuldung nur noch unter äußerst restriktiven Bedingungen zugelassen. Unter dem Ziel der fiskalpolitischen «Nachhaltigkeit» ist ein System künftiger Bestrafung all der Mitgliedsländer vorgesehen, die die Drei-Prozent-Marke der Verschuldung überschreiten (vgl. Abschnitt 6 in diesem Kapitel).

Ende Februar 1998 hat das Statistische Bundesamt mitgeteilt, in der Abgrenzung des Europäischen Systems Volkswirtschaft-

92 Vgl. EU-Nachrichten Dokumentation, Nr. 2 vom 23. Juni 1997, S. 16ff.

licher Gesamtrechnung sei 1997 die maximal zulässige Neuverschuldungsquote von 3 Prozent mit 2,7 Prozent sogar unterschritten worden. Dieses Ergebnis hat zu einer heftigen Kontroverse geführt. Denn wenige Wochen zuvor schätzten mehrere wirtschaftswissenschaftliche Forschungsinstitute dieses Konvergenzkriterium noch auf 3,3 Prozent – das Ziel wäre verfehlt gewesen. Das Deutsche Institut für Wirtschaftsforschung (DIW) reklamierte die mangelnde «Nachvollziehbarkeit» der Angaben des Statistischen Bundesamts. Übrigens hat das DIW nicht behauptet, die Daten seien das Ergebnis einer Manipulation.[93] Diese Reklamation nährte jedoch in der Öffentlichkeit den Verdacht, das Statistische Bundesamt habe hier «schöngerechnet». Diesen Verdacht auf das Bundesamt zu richten ist Unfug. Entscheidend ist allein die Frage, warum das von ihm korrekt gemessene Neuverschuldungskriterium im letzten Quartal 1997 so deutlich zurückgegangen ist. Diese Frage lenkt die Aufmerksamkeit auf die Finanzpolitik, die 1997 durchgepaukt worden ist. Natürlich schlagen sich in der Quote auch Manipulationen nieder. Es ist kein Geheimnis mehr, daß in vielen Mitgliedsländern kosmetische Operationen vorgenommen worden sind, um die Zielmarke zu erreichen oder zu unterschreiten. Die in Deutschland erst im vierten Quartal 1997 erreichte Unterschreitung der Jahreszielmarke von drei Prozent um 0,3 Prozentpunkte hat auch damit zu tun, daß Beschaffungsausgaben der Bundeswehr sowie öffentliche Investitionsprojekte in das Jahr 1998 verschoben wurden.

Derartige Verschiebungen provozieren den Vorwurf, daß die nachhaltige Erfüllung dieses Fiskalkriteriums nicht gewährleistet wird. Im nachfolgenden Jahr nähme dann die öffentliche Kreditaufnahme wieder zu. Gegen solche Verschiebungspolitik hat die EU indessen einen Riegel vorgeschoben. Ab 1999 soll die Begrenzung der Neuverschuldung auf maximal drei Prozent des Bruttoinlandsprodukts durch ein Strafsystem der EU durchgesetzt werden.

93 Arbeitskreis Konjunktur, Zur Diskussion über das Finanzierungsdefizit des Staates im Jahr 1997; in DIW-Wochenbericht 10/1998

Der Vorwurf manipulierter Staatsausgaben, um wenigstens 1997 die Drei-Prozent-Marke zu erreichen, verdeckt zwei wesentlich wichtigere Einsichten: *Erstens* besteht zwischen der Neuverschuldung und der Inflationsentwicklung nicht der unterstellte Zusammenhang. Selbst der Verzicht auf Neuverschuldung – also Konstanz des Schuldenstands – kann die Geldentwertung, die durch ganz andere Faktoren beeinflußt wird, nicht aus der Welt schaffen. *Zweitens* verlangt die den Regeln des treusorgenden privaten Haushaltspatriarchen abgelauschte Finanzierungspolitik einen hohen Preis. Sie kostet, wie alle empirischen Untersuchungen zeigen, Arbeitsplätze (vgl. Abschnitt 8. in diesem Kapitel).[94] Staatliche Schrumpfpolitik führt zu sinkender Nachfrage und schließlich zum Produktionsrückgang.

Hierin liegt der Skandal der Fiskalkriterien. Die gewählte Form der ökonomischen Angleichung, die den Zutritt in die Währungsunion verschaffen soll, bewirkt steigende Arbeitslosigkeit. Hätte man den am Stabilitätsfanatismus ausgerichteten Fiskalkriterien im Maastrichter Vertrag dieses einzige Kriterium hinzugefügt: «Kein Land darf dem Euro-Club beitreten, bei dem die Quote der registrierten Arbeitslosen gegenüber der Erwerbspersonenzahl höher als sechs Prozent ist.» – so wären die beschäftigungspolitischen Belastungen durch die Fiskalkriterien sichtbar geworden. Vor allem hätte sich die Integration auf die Bekämpfung der Massenarbeitslosigkeit in der EU, in der derzeit über 18 Millionen Arbeitslose gezählt werden, konzentriert. Wäre nur die Hälfte der Anstrengungen, die zur Einführung des Euro aufgewendet wurden, auf den Abbau der Arbeitslosigkeit konzentriert worden, so fielen heute die Voraussetzungen für die Europäische Währungsunion erheblich besser aus. Das derzeitige Mißtrauen gegenüber dem Euro-Projekt und seine mangelnde Akzeptanz durch die Be-

94 Vgl. R. Barrel/J. Morgan/N. Pain, The Employment Effects of the Maastricht Fiscal Criteria; National Institute of Economic and Social Research; Discussion Paper No. 81, June 1996, sowie G. A. Horn u. a., Beschäftigungsentwicklung im Zuge der Europäischen Währungsunion, Berlin 1996

völkerung ließen sich durch die Komplettierung der Währungs- mit einer ernst gemeinten Beschäftigungsunion zügig abbauen.

5. Die Euro-Segnungen im Überblick

Der Weg ins Euro-Land wird dann nur erfolgreich sein, wenn die unübersehbaren Risiken politisch minimiert werden. Die Risikoanalyse ist derzeit um so wichtiger, je mehr die politische Klasse nur die Vorteile der Währungsunion hervorhebt, ja übertreibt. Wenn hier die Risiken betont werden, dann geht es vor allem um die Beseitigung der Informationsdefizite, also um nachholende Aufklärung, und nicht etwa um eine grundsätzliche Ablehnung des Euro.

Nicht nur um der Pflicht zu genügen, seien hier nochmals die Vorteile einer Währungsunion zusammengefaßt: Die Vollendung des Binnenmarktes verlangt nach einer Abschaffung der Wechselkurse zugunsten einer Währungsunion. Die Effizienz der grenzlosen Märkte kann durchaus gestärkt werden. Preisvorteile sind auch den Endverbrauchern gewiß. Wechselkurse zwischen den nationalen Währungen der Mitgliedsländer im Binnenmarkt führen zu Kosten bei der Suche nach Informationen über deren Entwicklung, die dann entfallen. Einsparen lassen sich auch die Transaktionskosten, die durch Gebühren beim Währungsumtausch entstehen. Ein bekanntes Beispiel belegt – allerdings in extremer Weise – die heutige Bedeutung der Transaktionskosten. Werden 100 Mark einmal Schritt für Schritt durch alle 15 Währungen getauscht, so bleiben am Ende weniger als 50 Pfennig übrig. Ein weiterer Vorteil wird zu Recht in der Herstellung völliger Preis-, Einkommens- und Kostentransparenz gesehen, die sicherlich den Konkurrenzdruck im Binnenmarkt erhöhen wird. Der entscheidende Vorteil ergibt sich aus dem Verschwinden der Wechselkursunsicherheit. Auf- und Abwertungen, die grenzübergreifende ökonomische Binnenmarkt-Entscheidungen belasten, werden ein für allemal verbannt; Devisenspekulanten wird das Handwerk gelegt. Die langanhaltende

Aufwertung der Mark gegenüber den Währungen der anderen Mitgliedsländer zum Beispiel ist Gift für die Exportwirtschaft, die zu knapp 60 Prozent in den EU-Binnenmarkt liefert. So hat die ziemlich abrupte Abwertung der italienischen Lira die nach Italien liefernde deutsche Industrie stark belastet.

Um die Vorteile der Währungsunion jedoch uneingeschränkt nutzen zu können, müssen die Risiken des Maastricht-Projektes bewältigt werden. Art und Ausmaß dieser Risiken erschließen sich, wenn die Voraussetzungen sowie die Folgen der Währungsunion sichtbar gemacht werden.

Die institutionelle Basis der Währungsunion ist das Europäische System der Zentralbanken (ESZB) mit der Europäischen Zentralbank (EZB). Der Maastrichter Vertrag macht klare Vorgaben. Praktisch wurde das Gesetz der Deutschen Bundesbank komplett übernommen. Alle Fragen der europäischen Geldpolitik sind trotz emsiger Arbeit des dafür zuständigen Europäischen Währungsinstituts in Frankfurt a. M. noch nicht geklärt. Spätestens bis zum Start der Währungsunion am 1. 1. 1999 müssen die Details jedoch geregelt sein. Das gilt für das Konzept der Geldversorgung wie die geldpolitischen Instrumente. Alles spricht dafür, daß zwar die potentialorientierte Geldmengensteuerung der Deutschen Bundesbank übernommen, jedoch durch weitere Kriterien, wie Inflationsentwicklung, ergänzt wird. Demnach würde die Geldversorgung in der EWU ausgerichtet werden: an der Wachstumsrate des Produktionspotentials, der normativen Inflationsrate sowie der Umlaufgeschwindigkeit des Geldes. Auf der Grundlage einheitlicher Vorgaben übernehmen die jeweiligen nationalen Notenbanken das operative Geschäft der Geldsteuerung vor Ort.[95]

Ziel des Einsatzes geldpolitischer Instrumente ist die Beeinflussung der Liquidität der Banken, die hoffentlich diese Impulse über die entsprechende Veränderung der Kreditvergabe an die Wirt-

95 Vgl. die Vorschläge des Europäischen Währungsinstituts, Die einheitliche Geldpolitik in Stufe 3 – Festlegung des Handlungsrahmens, Frankfurt a. M., im Januar 1997

schaft weitergeben. Dazu ein Beispiel: Will der Europäische Zentralbankrat die Geldmenge in der EWU ausweiten, dann können die Nationalbanken nach einheitlichen Regeln zu günstigen Konditionen Wertpapiere der Geschäftsbanken auf Zeit übernehmen, um diese mit Liquidität zu versorgen. Dahinter steht die Hoffnung, daß die Geschäftsbanken ihre Kreditvergabe und damit die Geldversorgung des Publikums ausweiten.

Über einige wenige Instrumente der Geldpolitik wird noch gestritten. So will die Deutsche Bundesbank die Mindestreservepolitik im ESZB verankern. Allerdings spielt derzeit in Deutschland die Verpflichtung der Geschäftsbanken, Anteile der bei ihnen getätigten Einlagen zinslos bei der Bundesbank zu halten, kaum eine Rolle. Gestritten wird neuerdings über die Frage, ob die Instrumente zur Geldbeschaffung bei der Notenbank mit genügenden Sicherheiten ausgestattet sind. Heinsohn/Steiger behaupten, der Euro sei hochgradig inflationsverdächtig, weil auch Schuldtitel genutzt werden können, die nicht marktfähig seien, also unzureichende Bonität aufwiesen.[96] Markfähige Schuldtitel (Kategorie I) sind beispielsweise Wertpapiere, die am Markt gehandelt werden und von der Zentralbank gegen Ausgabe von Liquidität an die Geschäftsbanken auf Zeit ins Depot genommen werden. Über nichtmarktfähige Schuldtitel (Kategorie II) stellt die EZB eine Liste auf. Sie werden vorrangig von der öffentlichen Hand ausgegeben. Deshalb sei deren Bonität nicht gesichert.

Die Sorge um eine daraus entstehende Inflationsdynamik ist völlig überzogen. Die Stabilität bzw. Instabilität der Währung wird nicht maßgeblich durch diese Geschäfte der Geldversorgung bestimmt. Im Vordergrund stehen Inflationserwartungen, die sich auf den Güter- und Finanzmärkten bilden. Durch Kostenschübe (cost push) bzw. den Sog zu hoher monetärer Nachfrage gegenüber dem Angebotspotential (demand pull) wird die Geldentwertung beeinflußt.

96 G. Heinsohn/O. Steiger, Warum der Euro nicht hart werden kann; in: Impulse der Forschung, Universität Bremen, Oktober 1997

Für die Risikoanalyse ist es wichtig festzuhalten: Mit der Währungsunion entsteht einerseits ein strikt einheitliches Gebiet. Geld- und Währungspolitik lassen sich im Euro-Land nicht mehr differenzieren. So wie mit der Einführung der D-Mark in Ostdeutschland beispielsweise in Leipzig keine andere Zinspolitik als etwa in Hamburg durch die Deutsche Bundesbank praktiziert werden kann, gibt es auch zwischen Padua, Brüssel, Bremen, Wien und Barcelona keine Möglichkeit, je nach regionalen Bedingungen die Geldmarktzinsen zu differenzieren. Die bisherige Pufferfunktion der Wechselkurse entfällt. Unterschiede in der Wirtschaftskraft und bei den Inflationserwartungen drücken sich nicht mehr in den Wechselkursen aus. Die Einheitlichkeit der Währungspolitik läßt nur eine zentrale Geldpolitik zu. Lediglich das operative Geschäft konzentriert sich auf die nationalen Einrichtungen des ESZB. Vergleichbar dem Modell der Deutschen Bundesbank, sind die Präsidenten der nationalen Notenbanken am Entscheidungsverfahren beteiligt. Die EZB – der Name enthält ja den Hinweis auf Zentral – ist dafür verantwortlich, daß die Geldpolitik nach einheitlichen Prinzipien durchgeführt wird. Dazu gehört auch die zentrale Kontrolle.

Aus den Prinzipien Einheitlichkeit und Zentralismus einerseits sowie der Reduktion der Integration auf den monetären Quantensprung in die Währungsunion andererseits ergeben sich Risiken und damit dringlicher Gestaltungsbedarf. Notwendig ist, nicht einseitig auf die Währungsunion zu setzen, sondern diese durch die Finanz-, Beschäftigungs- und Strukturpolitik zu ergänzen. In diese Richtung muß schnell gehandelt werden. Denn die zum 1. 1. 1999 gestartete Währungsunion wölbt sich über eine stark zerklüftete Landschaft. Ökonomisch rational wäre es, die Währungsunion so lange zu verschieben, bis der Grad der ökonomischen Kohäsion und die Abstimmung der ergänzenden Politiken ausreichend sind. Der Aufschub wäre ökonomisch machbar, wenn er wirklich gewollt wird. Es käme nicht zu der oftmals behaupteten Katastrophe für Europa. Aber die Risiken wären dennoch groß. Die Wirtschaft hat bereits Milliardenbeträge für die Währungsunion allein durch die Umstellung ihrer Computerprogramme eingesetzt. Wird der Euro nach dem Maastricht-Fahrplan gestartet, so ist es um so dringlicher, eine integrierte Wirtschafts-, Währungs- und Beschäftigungsunion voranzutreiben.

6. Böses Spiel mit den Inflationsängsten

Große Ängste vor dem Euro erwachsen aus Vermutungen und bisweilen Unterstellungen in bezug auf die mit ihm verbundene Inflationsgefahr. ZumTeil werden auch innerhalb der Wirtschaftswissenschaft geradezu abenteuerliche Inflationsraten gehandelt. So wurde behauptet, die Inflationsrate werde sich bei etwas über sechs Prozent einpendeln. Als Referenz gelten Versicherungen in den Niederlanden, die 1997 die Beiträge um sechs Prozent erhöht hätten, um die späteren Geldwertverluste durch Inflation bei der Auszahlung der Versicherungsleistungen zu kompensieren.[97] Was aber passiert, wenn die Inflationsrate des Euro nur drei Prozent betragen wird? Werden dann die Versicherungen die Differenz an die Kunden zurückgeben oder als Zusatzprofite einkassieren? Bei den Mutmaßungen über die Geldentwertung des Euro blüht das Geschäft mit der Angst. Da wirkt die Erkenntnis eher beruhigend, daß derzeit niemand seriös in der Lage ist, die Inflationsrate des Euro einigermaßen exakt vorauszusagen.

Die institutionellen Voraussetzungen sprechen eher für einen stabilen Euro, vielleicht in der Gegend von drei Prozent zu Beginn. Nach den Beschlüssen des Europarats in Dublin 1996 und Amsterdam 1997 soll für die öffentliche Schuldenpolitik das Prinzip der Nachhaltigkeit gesichert werden. Vorgesehen ist letztlich ein Strafsystem für den Fall, daß die Neuverschuldung eines Mitgliedslandes über drei Prozent hinausgeht. Mit der Festlegung der unwiderruflichen Wechselkurse treten ab dem 1. 1. 1999 zwei Verordnungen für Überwachung der öffentlichen Schuldenpolitik und zur Beschleunigung eines Strafverfahrens im Fall abweichender

97 G. Heinsohn/O. Steiger, a. a. O., S. 9

Finanzpolitik in Kraft. Die «Entschließung zum Stabilitäts- und Wachstumspakt» des Europäischen Rats in Amsterdam geht vom «mittelfristigen Haushaltsziel eines nahezu ausgeglichenen oder einen Überschuß ausweisenden Haushalts» aus.[98] Diese Zielsetzung ist in der Öffentlichkeit kaum bemerkt worden. Während der Maastrichter Vertrag bei der fiskalischen Konvergenz maximal drei Prozent noch zuließ, wird für die Währungsunion die Neuverschuldung praktisch untersagt. Das vorgesehene Strafverfahren gestaltet sich wie folgt: Für jeden angefangenen Prozentpunkt, um den das Finanzierungsdefizit über drei Prozent hinausgeht, müssen zuerst einmal 0,2 Prozent des Bruttoinlandsprodukts unverzinslich bei der EU eingezahlt werden. Der Strafbetrag ist auf maximal 0,5 Prozent der gesamtwirtschaftlichen Produktion begrenzt. Die zunächst zinslose Einlage wird in eine Geldbuße umgewandelt, wenn nicht nach zwei Jahren das Defizit auf maximal drei Prozent zurückgeführt worden ist. Würde Deutschland zwei Jahre die Defizitquote mit nur 0,2 Prozent überziehen, so wäre auf der Basis des Bruttoinlandsprodukts von 1997 eine Strafe von 7,3 Milliarden Mark fällig. Diese flösse den «braven» Mitgliedsländern zu. Ein Land kann allerdings die Aussetzung der Sanktionen verlangen, wenn es unter einem Rückgang der Wirtschaftsleistung zwischen 0,75 und 2 Prozent leidet. Bei mehr als 2 Prozent Rückgang der Wirtschaftsleistung werden grundsätzlich keine Sanktionen verhängt. Die Bundesregierung hat sich mit ihrer Absicht, einen Strafautomatismus zu etablieren, um eventuelle opportunistische Entscheidungen des Rats zu vermeiden, nicht durchgesetzt. Nach der Kompromißbildung in Dublin und Amsterdam erfolgt «in der Regel» die Verhängung der Strafe durch Entscheidung des Rats (mit der Mehrheit von Zweidritteln ohne die Stimme des betroffenen Landes).

Dieses Strafsystem ist hinreichend geeignet, die Bedenken all derer, die in der öffentlichen Neuverschuldung die entscheidende Quelle der Inflation sehen, zu zerstreuen. Die institutionelle Struk-

98 siehe EU-NachrichtenDokumentation, Nr. 2 vom 23. Juni 1997, S. 15 ff.

tur des Europäischen Systems der Zentralbanken sowie der Stabilitätsfanatismus in mehr oder weniger allen Ländern lassen ebenfalls einen stabilen Euro erwarten. Nur um das Inflationskriterium zu erfüllen, sind in den letzten Jahren die EU-Länder umgepflügt worden.

Nicht die Stabilität des Euro ist das Problem, sondern der realwirtschaftliche Preis, der dafür bezahlt werden muß. Wirtschaftliche Wachstumsschwäche und der Rückgang der Beschäftigung sind die Folge monetärer und fiskalischer Schrumpfpolitik. Der Aufruf der 155 Professoren vom 9. 2. 1998 unter Überschrift «Der Euro kommt zu früh» ist vor diesem Hintergrund in doppelter Hinsicht ein Ärgernis: Zum einen wird die Inflationsgefahr maßlos überschätzt, jedoch die weitgehende Flexibilisierung der Arbeitsmärkte in Europa verlangt, um die der Lohnpolitik zugeschriebenen Inflationsgefahren zu bannen. Zum anderen wird auf die negativen Folgen beinharter Antiinflationspolitik für Wirtschaftswachstum und Beschäftigung nicht ein einziger Gedanke verwendet.[99] Dagegen berücksichtigen die vier Professoren Hankel, Nölling, Schachtschneider und Starbatty in ihrer Euro-Klageschrift an das Bundesverfassungsgericht die unzureichenden ökonomischen und strukturellen Voraussetzungen für die Einheitswährung in Europa sehr differenziert. Jedoch werden die Inflationsgefahren durch die Einführung des Euro überbetont.[100]

Die in diesem Buch entwickelte Position unterscheidet sich durch zwei wesentliche Punkte: Zum einen gibt es für die geschürten Inflationsängste keine Anhaltspunkte. Zum anderen kommt es darauf an, die ökonomische Gestaltung Europas nicht auf die Geldwertstabilität zu reduzieren, sondern die Währungsunion mit der Wirtschafts- und Beschäftigungsunion zu verknüpfen, um zielorientiert die europäische Entwicklung zu gestalten.

99 Der Euro kommt zu früh – Professoren der Wirtschaftswissenschaften nehmen Stellung zum geplanten Beginn der Europäischen Währungsunion, Bonn, Manuskript vom 9. 2. 1998; abgedruckt in Frankfurter Allemeine Zeitung vom 9. 2. 1997

100 W. Hankel, W. Nölling, K. A. Schachtschneider, J. Starbatty, Die Euro-Klage. Warum die Währungsunion scheitern muß, Reinbek 1998.

7. Beispiele wachsenden Harmonisierungsbedarfs durch den Euro: Steuer-, Struktur-, Lohn- und Demokratiepolitik

7.1. Steuerharmonisierung gegen Dumping im Binnenmarkt

Unter dem Regime von Binnenmarkt und Währungsunion wächst der Druck, in der Steuerpolitik verstärkt zu kooperieren. Die Steuerpolitik gehört in der EU zu den rückständigsten Integrationsbereichen.[101] Dieses Defizit ist darauf zurückzuführen, daß die einzelnen Mitgliedsländer ihre Kompetenz für die Steuerpolitik und letztlich damit für diese Einnahmen nicht abgeben wollen. Dieser nationale Egoismus zeigt, wie brüchig das Interesse an Gemeinsamkeit ist, wenn es um die Finanzen geht. Beim Amsterdamer Gipfel im Sommer 1997 ist es nicht gelungen, die notwendige Einstimmigkeit bei Entscheidungen über Steuerfragen abzuschaffen. Der Schutzschild für nationales Eigenbrötlertum konnte nochmals gerettet werden.

Der Euro wird zusammen mit dem Binnenmarkt den Druck in Richtung auf steuerpolitische Kooperation erhöhen. Denn noch mehr als bisher werden die unterschiedlichen Steuern als Konkurrenzfaktor eingesetzt. Auch schon vor dem Euro hat die Liberalisierung der Kapitalmärkte die Notwendigkeit der Steuerharmonisierung deutlich gemacht. Zur Demonstration hier das bekannteste Beispiel: Derzeit werden die Zinseinkünfte in Luxemburg nicht besteuert, während sie in Deutschland der Einkommensbesteuerung unterliegen. Dies hat dazu geführt, daß – durchaus mit diskreter Hilfestellung deutscher Banken – Wertpapieranlagen zu luxemburgischen Töchtern flossen. Das wäre fiskalisch nicht tragisch, wenn die Einkünfte ordentlich in Deutschland versteuert würden. In der Praxis ist jedoch unübersehbar, daß diese Steuern hinterzogen werden. Ermittlungen von Staatsanwaltschaften in

101 Vgl. dazu E. Wisdorff, EWWU zwingt EU-Staaten zu verstärkter Kooperation; in: Handelsblatt vom 10. 2. 1998

den Kundenkarteien der Banken belegen dies. Da Banken derartige Kontrollen scheuen wie der Teufel das Weihwasser, besteht endlich auch der Bundesverband der Deutschen Banken auf einer europaweiten Harmonisierung der Zinsbesteuerung.

Aber auch Unternehmen eröffnen sich vielfältige Chancen, sich der Besteuerung Deutschlands zu entziehen. Bekanntestes Beispiel der Steuerreduzierung sind die in den Docklands von Dublin gegründeten Finanzzentren, die dem Ziel dienen, die Besteuerung der Gewinne der Kapitalgesellschaften herunterzuschrauben. Bleibt es bei derartigen Steueroasen, dann ist ein Herunterkonkurrieren der Besteuerung unvermeidbar.

Die EU-Finanzminister haben lange gebraucht, um die Erosion der Steuerbasis in Europa wahrzunehmen. Auch der Bundesfinanzminister, bislang glühender Verfechter einzelstaatlicher Steuersouveränität, sieht Handlungsbedarf. Im Dezember 1997 haben sich endlich die Finanzminister der EU auf einen Verhaltenskodex gegen unfaire Steuerpraktiken und einige Prinzipien der Besteuerung der Zinserträge zu verständigen begonnen. Die Frage, wie hoch der Grad der Steuerharmonisierung bei Binnenmarkt und Währungsunion sein muß, ist noch nicht abschließend beantwortet. Sicher ist, daß der Harmonisierungsbedarf noch deutlich wachsen wird. Wildes Steuerdumping sowie die Nutzung von Steueroasen belasten letztlich die öffentlichen Haushalte der Mitgliedsländer sowie den Gemeinschaftshaushalt.

7.2. Regionale Strukturpolitik ausbauen

Wie empirische Untersuchungen zeigen, hat sich im Zuge der Vollendung des Binnenmarkts das regionale Gefälle innerhalb der EU nicht abgebaut, sondern vertieft. Unter Nutzung vieler ökonomischer und sozialer Indiktatoren wurde versucht abzuschätzen, welche Regionen zu den Gewinnern und Verlierern des Binnenmarktes zählen. Die Gewinnerregionen liegen auf der sogenannten «blauen Banane». Sie beginnt in Südengland und zieht sich am

Rhein entlang in den Süden. Am Ende kommt es zu einer Spreizung: Norditalien, Südfrankreich und Nordspanien gehören noch dazu. Jenseits der «blauen Banane» liegen die Verlierregionen.

Der Binnenmarkt produziert also die Notwendigkeit regionaler Strukturpolitik, soll im Sinne der Kohäsion der Auseinanderentwicklung der Regionen begegnet werden. Mit der Europäischen Währungsunion wächst der Bedarf an regionaler Strukturpolitik noch. Dabei kann an die bisher schon einigermaßen erfolgreiche Praxis der Strukturpolitik direkt angeknüpft werden. Solange die Mitgliedsstaaten im Binnenmarkt noch über eigene Währungen verfügen, fangen ihre Wechselkurse die unterschiedliche Wirtschaftskraft und Inflationserwartung auf. In der Währungsunion fällt einerseits diese Pufferwirkung der Wechselkurse weg. Andererseits funktioniert die Geldpolitik um so besser, je höher der Grad ökonomischer Kohäsion im Währungsraum ausfällt. Die gelegentlich geäußerte Auffassung, schon eine einheitliche Währungspolitik könne die ökonomische Angleichung fördern, entbehrt jeder Grundlage. Das belegt – wenn auch die Voraussetzungen sehr unterschiedlich sind – ein Vergleich mit der deutschen Einigung. Seit dem 1. Juli 1990 gilt die D-Mark gleichermaßen für Ost- und Westdeutschland, während die ökonomische Spaltung zwischen den beiden Teilen Deutschlands extrem ausfällt. Darauf darf die einheitliche Geldpolitik keine Rücksicht nehmen. Die Aufgabe der allmählichen Angleichung wächst damit der Finanzpolitik zu.[102] Die Lücke zwischen Binnennachfrage und Binnenproduktion in Ostdeutschland wird maßgeblich durch «Importe» aus Westdeutschland geschlossen. Die Finanzierung erfolgt vorrangig über öffentliche Transfers, die von West- nach Ostdeutschland fließen. Sie betragen jahresdurchschnittlich (netto) ca. 150 Milliarden Mark und haben sich insgesamt auf über eine Billion Mark aufgehäuft.

102 Vgl. die ausführliche Analyse von R. Hickel/J. Priewe, Nach dem Fehlstart – Ökonomische Perspektiven der deutschen Einigung, Frankfurt a. M. 1994, insbs. Kapitel 2

Im Zuge des weiteren Zusammenwachsens der EU-Mitgliedsländer wird es notwendig, über ein System des Finanzausgleichs nachzudenken – vergleichbar dem bisher gut funktionierenden Föderalmodell Deutschlands.

7.3. Lohnpolitik und Tarifsystem

Die Europäische Währungsunion wird erhebliche Auswirkungen auf die Entwicklung der Lohnpolitik und ihre institutionelle Gestaltung haben.[103] Der Maastrichter Vertrag blendet diese Konsequenzen weitgehend aus. Ein einziger Hinweis findet sich im Artikel 109 Absatz 1. Dort wird festgelegt, daß in den Konvergenzberichten der Kommission und des Europäischen Währungsinstituts auch die Entwicklung der Lohnstückkosten zu berücksichtigen sind. Mit dem Euro werden sich die Rahmenbedingungen der Lohnpolitik nachhaltig ändern. Die absehbar wachsende Preiskonkurrenz durch den Wegfall der Wettbewerbsbarrieren kann durchaus den Druck in Richtung dezentral-betriebsbezogener Lohnbildung verstärken. Während bisher die Wechselkurse auch hier als Puffer wirkten, werden künftig die Anpassungen vorrangig über die Preise und Löhne erfolgen. Das Schlupfloch Währungsabwertung, das bisher genutzt wurde, wenn die Wettbewerbsfähigkeit infolge von Lohnsteigerungen über die Produktivität hinaus sank, ist verstopft. Länder mit vergleichsweise günstigen Lohnstückkosten müssen dagegen nicht mehr befürchten, daß Wettbewerbsvorteile im Binnenmarkt durch Aufwertungen ihrer Währungen zunichte gemacht werden. Schließlich verliert die europäische Geldpolitik – im Unterschied zum nationalen Spielraum – ihren Einfluß auf nationale Lohnpolitik. Die Geldpolitik wird zum fixen Parameter.

103 Vgl. die interessanten Ausführungen von W. Ochel, Europäische Wirtschafts- und Währungsunion und Beschäftigung: Ein Überblick über die theoretischen und empirischen Zusammenhänge; in: IFO-Schnelldienst 15/1997, S. 18ff.

Das hat auch Vorteile. Immer wieder hat die Deutsche Bundesbank ohne Inflationsnot mit restriktiver Geldpolitik versucht, den monetären Spielraum für Lohnerhöhungen zu beschränken. Diesen Einfluß hat die Europäische Zentralbank (EZB) nicht. Auf nationaler Ebene müssen die Tarifparteien nur das normative Inflationsziel berücksichtigen, das die EZB anstrebt.

Aus der Sicht der Deutschen Bundesbank liegt die konjunkturell unvermeidbare Inflationsrate bei knapp zwei Prozent, das heißt, sie ist 1997 gar unterschritten worden. Würde jedoch versucht werden, diese Inflationsnorm zu senken, so wäre wegen der Verknappung und Verteuerung der Geldversorgung mit Wachstums- und Beschäftigungsverlusten zu rechnen. Im Binnenmarkt mit Währungsunion ist beiden Tarifpartnern zu raten, die Lohnabschlüsse an dieser Zielrate und der Wachstumsrate der Produktivität auszurichten.[104] Die Arbeitsproduktivität wiederum ist stark durch die nationalen Rahmenbedingungen – vor allem die Innovationsfähigkeit – geprägt. Im gesamtwirtschaftlichen Durchschnitt ergäbe sich aus dieser Regel eine Lohnzuwachsrate von mehr als fünf Prozent in Deutschland. Diese Lohnformel signalisiert auch, daß über Lohnsenkungswettbewerb (Lohndumping) auf Dauer keine Vorteile in der EU gewonnen werden können. Entscheidend für die Verbesserung der Wettbewerbsfähigkeit sind vielmehr innovationsfundierte Produktivitätsvorteile.

Ob sich freilich diese vernünftige Lohnregel europaweit durchsetzt ist zweifelhaft. Eher ist mit einem Lohnsenkungswettbewerb zu rechnen. Die Lohnfindung würde sich auf die betriebliche Ebene verlagern, das heißt, der Druck auf das institutionelle Arrangement Flächentarifvertrag in Deutschland nähme zu. Daher ist zu fordern, die Währungsunion durch Mindeststandards für die institutionelle Lohnfindung zu komplettieren. Die Sorge, innerhalb der Währungsunion käme es zu starken Wanderungen aus Billig- in Hochlohnländer, überschätzt die reale Entwicklung.

104 Vgl. dazu H. Flassbeck, Eine andere Meinung; in: Die Lage der Weltwirtschaft und der deutschen Wirtschaft im Herbst 1997; in: DIW-Wochenbericht 44/1997

Europaweit waren bereits in den letzten Jahren die Migrationschancen gut. Wanderungen werden weniger durch das Lohngefälle ausgelöst. Entscheidend sind die Beschäftigungs- und Lebenschancen innerhalb der Regionen.

7.4. *Bändigung des monetären Zentralismus durch Abbau der Demokratiedefizite*

Die Geld- und Währungspolitik muß einheitlich und zentralistisch ausgerichtet sein. Damit entsteht ein geldpolitisches Machtzentrum in Europa. Alle anderen Politikbereiche drohen unter die Kuratel des ESZB zu geraten. Diese Entwicklung ist durch den Maastrichter Vertrag gewollt. Deshalb werden auch keine flankierenden Maßnahmen vorgeschlagen.

Dieser monetären Machtzentrierung muß durchaus nach dem Konzept der «balance of power» wirtschaftspolitisch-demokratische Macht entgegengestellt werden. Dazu müssen zum einen die Befugnisse des Europäischen Parlaments ausgebaut werden. Völlig unverständlich ist, daß das Parlament angesichts wachsender Demokratiedefizite darauf verzichtet hat, die Zustimmung zum Euro an die Bedingung zusätzlicher, relevanter Kompetenzen zu knüpfen. Die im Maastrichter Vertrag festgelegte jährliche Berichterstattung der Europäischen Zentralbank ist eher Symbolik. Zum anderen bedarf es einer europäisch koordinierten Finanz- und Beschäftigungspolitik gegenüber dieser Euro-Zentrale. Zu Recht hatte Frankreich einen ebenengleichen Wirtschaftsrat (conseille économique) gefordert. Leider ist diese Komplettierung vor allem durch die Bundesregierung versenkt worden. Schließlich sollte dieser geldpolitische Zentralisierungsschub durch den Ausbau dezentral-regionaler Einrichtungen in Europa innerhalb der Gesamtpolitik entschärft werden. Dazu gehört auch, dem derzeit ziemlich zahnlosen «Rat der Regionen», der die regionale Vielfalt auf zentraler Ebene repräsentieren soll, Entscheidungskompetenzen zu übertragen. Im Sinne wachsender Demokratisierung müßte die Schaffung eines Europäischen Bundesrats – dem Deutschen Bundesrat vergleichbar – gegenüber der EZB, dem Europäischen Rat der Staatschefs und Europaparlament geprüft werden.

8. Die Lüge vom Euro-Jobwunder

Ob das Jahrtausendprojekt Euro breite Zustimmung finden wird, hängt angesichts der über 18 Millionen registrierten Arbeitslosen in der EU maßgeblich von der künftigen Entwicklung der Beschäftigung ab. Die Befürworter von Euro-Land in der Politik, der Wissenschaft und in den Medien werden nicht müde, die positiven Arbeitsmarkteffekte zu betonen. Die Europäische Währungsunion – so die billige Mitmach-Parole – werde zu Beginn des 21. Jahrhunderts ein Jobwunder entfachen. Je näher allerdings der Starttermin der Währungsunion rückt, desto leiser klingen die Loblieder auf die Jobeffekte. Die mahnenden Stimmen gewinnen an Gewicht. Die Deutsche Bundesbank warnt schon lange vor allzu großem Optimismus. Sie weiß wohl auch aus der Erfahrung mit ihrer eigenen Geldpolitik, daß aus einem Währungssystem im Selbstlauf keine neuen Arbeitsplätze geschaffen werden.

Bezogen auf das Ziel eines höheren Beschäftigungsstandes läßt sich feststellen: Weder die Art ihrer Einführung noch die Währungsunion selbst wird zur Verbesserung der Beschäftigungslage in der EU beitragen. Im Gegenteil:

▶ Durch die auf die Konvergenz in Richtung Euro-Stabilität ausgerichteten fiskalischen Zutrittskriterien – Begrenzung der öffentlichen Neu- und Gesamtverschuldung bezogen auf das nominale Bruttoinlandsprodukt mit maximal drei bzw. 60 Prozent – werden Wachstumschancen verbaut und Arbeitsplätze abgebaut. Die fiskalischen Konvergenzkriterien zwingen die EU-Länder in eine Deflationspolitik. Am Ende des gewollten Abbaus der Neuverschuldung steigen die Schulden, weil über die Schwächung des Wirtschaftswachstums staatliche Einnahmen zurückgehen und Kosten der Arbeitslosigkeit zunehmen («Schuldenparadox» nach

A. Oberhauser). Im Zuge der Herstellung der Währungsunion steigt also die Arbeitslosigkeit (ausführliche Darstellung im Abschnitt 4 dieses Kapitels).[105]

▶ Ist die Währungsunion hergestellt, so gehen aus ihr kaum eigenständige positive Beschäftigungsimpulse hervor. Der Wettbewerb im Binnenmarkt wird durch die Abschaffung der Wechselkurse zunehmen. Effizienzgewinne sind zu erwarten. Grenzübergreifende Konzentrationen und strategische Allianzen der Unternehmen werden jedoch zur beschäftigungseinsparenden Restrukturierung und zu systemischen Rationalisierungen bei den Unternehmen führen.

Lehrreich ist der Vergleich mit den zur Durchsetzung des Binnenmarkts versprochenen Beschäftigungszuwächsen. Im kommissionsamtlichen Cecchini-Bericht wurden 1992 dem Binnenmarkt zusammen mit begleitenden wirtschaftspolitischen Maßnahmen (verstärkte öffentliche Investitionen, Senkung der Einkommensteuer) nach sechs Jahren 5,7 Millionen Arbeitsplätze zugerechnet.[106] Empirische Untersuchungen zeigen, daß diese Verheißungen nicht in Erfüllung gegangen sind. Die Zahl der registrierten Arbeitslosen hat mit über 18 Millionen mittlerweile eine Rekordmarke erreicht.

Von der Währungsunion ist hier keine Entlastung zu erwarten. Im Gegenteil, Zielsetzung und institutionelle Funktionsweise des Euro-Clubs sind monoman auf die Geldwertsicherung ausgerichtet. Sollte die seit 1973 ausschließlich auf rigorose Geldwertstabilisierung ausgerichtete Politik der Deutschen Bundesbank europäisiert werden, dann führt die Hegemonie der Euro-Stabilisierung zu schweren Belastungen auf den Arbeitsmärkten. Schließlich schränkt der «Wachstums- und Stabilitätspakt» vom Sommer 1997

105 Vgl. die in Fußnote 94 angegebenen empirischen Studien, die diesen Aderlaß bei der Beschäftigung belegen.

106 Europa '92/Cecchini-Bericht, Der Vorteil des Binnenmarkts, Baden-Baden 1988, 1. Auflage, Tabelle 10.2, S. 134

in Amsterdam, der beim Dubliner Europa-Gipfel vorbereitet wurde und die Überschreitung der Maximalgrenze der Neuverschuldung von drei Prozent erst beim Rückgang des Wirtschaftswachstums innerhalb eines Jahres um mindestens zwei Prozent straffrei läßt, den Spielraum für antizyklische Finanzpolitik mit dem Instrument der öffentlichen Kreditaufnahme massiv ein (vgl. die Ausführungen im Abschnitt 5 dieses Kapitels).

Der Maastrichter Vertrag von Ende 1991 beschränkt sich, wie schon ausgeführt, ausschließlich auf die Schaffung der Währungsunion. Nicht an einer einzigen Stelle wird der beschäftigungspolitischen Verantwortung Rechnung getragen. Auch als die Regierungskonferenz zur Revision des Vertrags von Maastricht mit den drei Zielen Stärkung des politischen Charakters, «mehr Bürgernähe» und «größere Handlungsfähigkeit der Union nach außen» auf dem Gipfel in Amsterdam im Sommer 1997 vereinbart worden war, sah die Tagesordnung trotz drängender Probleme das Thema Abbau der Massenarbeitslosigkeit durch Beschäftigungspolitik nicht vor. Erst durch die Regierungswechsel nach den Wahlen in Großbritannien, vor allem aber in Frankreich, gelangte die Beschäftigungspolitik auf die Tagesordnung von Amsterdam. Der französische Ministerpräsident Lionel Jospin machte die Zustimmung zum Zeitplan der Währungsunion von der Erweiterung des Vertragswerks um ein Beschäftigungskapitel abhängig. Durch Beschluß des Europarats wurde unter der Überschrift «Beschäftigung» ein Teil VIa mit den Artikeln 109n bis 109s eingefügt.

Es bedurfte erst dieses Regierungswechsels in Frankreich, um einen ersten Schritt in Richtung Beschäftigungspolitik zu gehen. Gemessen an der Verbindlichkeit, mit der die Währungsunion durchgesetzt wird, erweist sich dieses Kapitel jedoch als ziemlich lendenlahm.[107] Im Zentrum steht das Ziel: «Die Gemeinschaft

107 Vgl. die ausgezeichnete Interpretation bei J. Huffschmid, Altes Denken in Amsterdam – Ohne Kurswechsel kommt die europäische Einigung nicht voran; in: Blätter für deutsche und internationale Politik, 9/1997.

trägt zu einem hohen Beschäftigungsstand bei, indem sie die Zusammenarbeit zwischen den Mitgliedsstaaten fördert und deren Maßnahmen in diesem Bereich unterstützt und erforderlichenfalls ergänzt. Hierbei wird die Zuständigkeit der Mitgliedsstaaten beachtet» (Art. 109 p). Zur geforderten «koordinierten Beschäftigungsstrategie» gehöre vor allem «die Förderung der Qualifizierung, Ausbildung und Flexibilität der Arbeitnehmer sowie der Anpassung der Arbeitsmärkte an die Erfordernisse des wirtschaftlichen Wandels» (Art. 109 n).

Erfolgversprechende Hinweise auf die unmittelbare Schaffung neuer Arbeitsplätze fehlen hingegen. Nach Art. 109 s wird ein Beschäftigungsausschuß eingerichtet, der «mit beratender Funktion zur Förderung der Koordinierung der Beschäftigungs- und Arbeitsmarktpolitik der Mitgliedstaaten» dienen soll. Dabei ist dieses Gremium aus jeweils zwei Vertretern der Mitgliedsstaaten mit weniger Kompetenzen ausgestattet als der bisher auch für Beschäftigungsfragen zuständige Wirtschafts- und Sozialausschuß.

Als vereinbart gilt die Vorlage eines «gemeinsamen Jahresberichts des Rats und der Kommission», anhand dessen der Europäische Rat die Beschäftigungslage «prüft» und hierzu «Schlußfolgerungen» annimmt (Art. 109 p). Dieser jährliche Beschäftigungsbericht ist jedoch kein Novum; er schreibt die ohnehin langjährig geltende Praxis fest. Seit den achtziger Jahren legt die Kommission jährlich einen Beschäftigungsbericht vor. Nach Art. 103 Abs. 2 EG-Vertrag fließt dieser in den Bericht über «Die Grundzüge der Wirtschaftspolitik der Mitgliedsstaaten und der Gemeinschaft» ein.

Der in Art. 109 r geregelte Einsatz von «Anreizmaßnahmen zur Förderung der Zusammenarbeit zwischen den Mitgliedsstaaten und zur Unterstützung ihrer Beschäftigungsmaßnahmen durch Initiativen» ist wohl der interessanteste Vorschlag zu den Instrumenten einer Beschäftigungspolitik. Er erweckt den Eindruck, als würde das Tor zu einer wirksamen Politik der Verbesserung der Arbeitsmarktlage endlich geöffnet. Jedoch schränkt die Erklärung, die zu diesem Artikel in der Schlußakte beigefügt worden ist, den

Einsatz dieser Anreizprogramme massiv ein. Danach «gilt als vereinbart, daß Ausgaben nach Artikel 5 unter Rubrik 3 (im Vertrag Art. 109 r, R. H) der finanziellen Vorausschau fallen». Damit werden für beschäftigungspolitische Maßnahmen keine zusätzlichen Finanzmittel zur Verfügung gestellt. Finanzmittel gibt es nur, wenn an anderer Stelle Ausgabenkürzungen vorgenommen werden.

Maßgeblich hat die deutsche Bundesregierung aus dem Bremserhäuschen auf dem Europa-Gipfel die vertragliche Verankerung einer wirksamen Beschäftigungspolitik blockiert. So geriet das Amsterdamer Beschäftigungskapitel gemessen am erforderlichen Kampf gegen die Massenarbeitslosigkeit viel zu lasch. Die Problembeschwichtigung dominiert. Weitere Schritte auf dem Weg zu einer Beschäftigungsunion müssen dringend entschieden und im Vertragswerk verankert werden.

Der Europäische Rat hatte bei seinem Treffen in Amsterdam über die Aufnahme dieses Beschäftigungskapitels in das Vertragswerk hinaus einen speziellen Beschäftigungsgipfel vereinbart, der am 20./21. 11. 1997 in Luxemburg stattfand. Die Kommission legte dazu Leitlinien für beschäftigungspolitische Maßnahmen der Mitgliedstaaten zum Jahr 1998 vor. Dabei knüpfte sie an ihr bereits 1994 präsentiertes «Weißbuch» unter dem Titel «Wachstum, Wettbewerbsfähigkeit, Beschäftigung: Herausforderungen und Wege ins 21. Jahrhundert» an.[108] In diesem «Weißbuch» hatte die Kommission recht ehrgeizig empfohlen, «die Schaffung von mindestens 15 Millionen zusätzlichen Arbeitsplätzen und damit die Halbierung der Arbeitslosenquote» anzustreben.[109] Dazu wurde ein vielfältiges Bouquet von Instrumenten vorgeschlagen. Neben Qualifizierungsmaßnahmen und öffentlichen Investitionen in den Ausbau europäischer Verkehrs-, Kommunikations- und Energienetze galt ein Schwerpunkt der Umweltpolitik zur Stärkung der nachhaltigen Entwicklung.

108 Europäische Kommission, Wachstum, Wettbewerbsfähigkeit, Beschäftigung: Herausforderungen und Wege ins 21. Jahrhundert, Luxemburg 1994
109 ebenda, S. 62

Die zum Luxemburger Gipfel vorgeschlagenen Leitlinien waren dagegen zurückhaltender angelegt. Immerhin sahen sie vor, innerhalb von fünf Jahren zu einer Anhebung der Erwerbsquote von 60,4 auf 65 Prozent und zu einer Senkung der Arbeitslosenquote auf 7 Prozent zu kommen. In der Gesamtwirkung müßten 12 Millionen neue Arbeitsplätze geschaffen werden, um das Ziel zu erreichen. Gesamtwirtschaftlicher Steuerungsbedarf zur Überwindung der EU-internen Nachfrageschwäche wird jedoch nicht gesehen.

Die schlußendlich vereinbarten Ergebnisse des Luxemburger Beschäftigungsgipfels im November 1997 fielen weit hinter die Forderungen des «Weißbuchs» von 1994 und auch noch die Leitlinien der Kommission vom Oktober 1997 zurück. Unter massivem Einfluß der Bundesregierung ist auf ein quantitatives Ziel zum Abbau der Arbeitslosigkeit bzw. zum Zuwachs an Arbeitsplätzen völlig verzichtet worden. Damit hat der Bundeskanzler über den Umweg des Europäischen Rats zu erkennen gegeben, daß er wohl auch die für Deutschland verkündete Halbierung der Arbeitslosigkeit nicht (mehr) ernst meint. Die Beschlüsse versäumen es, auf die makroökonomische Absicherung aktiver Beschäftigungspolitik abzustellen. Vorgaben und Instrumente reduzieren sich auf den Arbeitsmarkt.

Übrig geblieben sind die folgenden Ziele, die binnen fünf Jahren erreicht werden müssen: Spätestens nach sechs Monaten Arbeitslosigkeit sollen alle Jugendlichen und nach zwölf Monaten alle erwachsenen Arbeitslosen einen Arbeitsplatz, eine Ausbildung bzw. eine Umschulung erhalten. Dadurch, daß sich «jeder Mitgliedsstaat bemüht», sollen mindestens 20 Prozent der Arbeitslosen eine Qualifizierungs-/Ausbildungsmaßnahme nutzen können. Mittelgroße und kleine Unternehmen werden durch zinsgünstige Darlehen der Europäischen Investitionsbank und umgeschichtete Haushaltsmittel aus dem Gemeinschaftshaushalt unterstützt. Diese Maßnahmen sind zweifellos wichtig. Damit läßt sich jedoch nicht nachhaltig die Massenarbeitslosigkeit abbauen.

Unter dem Primat, die Massenarbeitslosigkeit erfolgreich zu bekämpfen, wird dieses Kapitel zur Euro-Angst mit dem Vorschlag eines Leitmodells europäischer Beschäftigungspolitik auf der Basis eines föderalen Systems abgeschlossen.[110] Institutionell gehört dazu die Ausweitung der Kompetenz des in Amsterdam im Sommer 1997 eingeführten Beschäftigungsrats, der Strategien in Absprache mit der EU-Kommission unterbreitet:

► Für die EU sind quantifizierbare Ziele zum Abbau der Arbeitsplatzlücke zu unterbreiten und die Durchsetzung sicherzustellen. Mit einem beschäftigungspolitischen Konvergenzkriterium – etwa Halbierung der Arbeitslosenrate – würde endlich ein «gesunder Streß» (Jean Claude Juncker) ausgelöst. Die bereits erwähnten Vorschläge der EU-Kommission vom Oktober 1997, in fünf Jahren 12 Millionen Jobs zu schaffen und die Jugendarbeitslosigkeit zu halbieren, weisen in die richtige Richtung. Sie müssen in den Zielkatalog aufgenommen werden.

► Auf EU-Ebene wird ein Wachstums- und Beschäftigungsprogramm in Gang gesetzt. Im Zentrum stehen die Projekte des bereits zitierten «Weißbuchs» von 1994 («Wachstum, Wettbewerbsfähigkeit, Beschäftigung – Herausforderungen der Gegenwart und Wege ins 21. Jahrhundert»). Dazu zählt der Ausbau der transeuropäischen Netze. Hinzu kommen sollten länderübergreifende Ökologieprojekte. Bisher gilt, daß das Ausgabenvolumen des EU-Gemeinschaftshaushaltes bis 1999 auf maximal 1,27 Prozent des EU-Bruttoinlandsprodukts beschränkt ist (vgl. Abschnitt 2).

► Die EU beschließt gemeinschaftlich anerkannte Richtlinien zur Beschäftigungspolitik, die in nationales Recht umgesetzt werden müssen. Im Mittelpunkt steht dabei der Abbau von derzeit immer

110 Auch der Nobelpreisträger für Wirtschaftswissenschaft von 1985, Franco Modigliani, fordert in Ergänzung zur Währungsunion eine aktive Beschäftigungspolitik auf EU-Ebene. F. Modigliani/G. La Malfa, Yes to the Euro, but also to an Investmentplan for Jobs, in: Herald International Tribune, 10. 3. 1998

noch geltenden Behinderungen des Binnenmarkts. So müssen dringend die Steueroasen, die einen belastenden Wettbewerb um Steuersenkungen induzieren, innerhalb der Mitgliedsländer der EU trockengelegt werden. Durchgesetzt werden sollten EU-weite Umweltstandards, um den ökologischen Umbau zu forcieren. Eine Arbeitszeit-Gesetzgebung der EU sollte die Realisierung der Instrumente der Arbeitszeitverkürzung verbessern. Die Entscheidung von Regierung und Parlament in Frankreich, die Wochenarbeitszeit per Gesetz von derzeit durchschnittlich 39 Stunden auf 35 Stunden «ohne Lohnverlust» zu senken, verdient große Anerkennung. Im Sinne der auf dem Luxemburger Gipfel im November 1997 vereinbarten Ausrichtung an der «best practice» bei der Beschäftigungspolitik sollten die anderen Mitgliedsländer ihre Potentiale zur Verkürzung der Arbeitszeit nutzen.

▶ Der Wirtschafts- und Beschäftigungspolitik in den jeweiligen Mitgliedsländern kommt im Sinne der Subsidiarität eine entscheidende Rolle zu, vor allem mit den Instrumenten der Finanzpolitik einen Beitrag zum Abbau der Arbeitslosigkeit zu leisten. Denn der EU-Haushalt läßt sich zur antizyklischen Steuerung nicht einsetzen, da es das Instrument direkter Gemeinschaftsverschuldung nicht gibt. Um den Mitgliedsländern wieder ausreichenden Spielraum für die antizyklische Finanzpolitik zurückzugeben, muß der Dubliner/Amsterdamer Stabilitätspakt aufgehoben werden. Erst unter beschäftigungsoptimalen Bedingungen der Geld- und Finanzpolitik wachsen die Chancen für eine arbeitsplatzstärkende Lohn- und Gehaltspolitik.

▶ Die Beschäftigungsoffensive kann nur Erfolge zeitigen, wenn die Mitgliedstaaten koordiniert aktiv werden. So wie für Deutschland wird auch für die anderen Mitgliedsstaaten die Durchsetzung eines *beschäftigungspolitischen Pakts* empfohlen. Dessen Grundlagen werden für Deutschland im abschließenden Kapitel beschrieben. Die Lohnpolitik muß durch eine wachstums- und beschäftigungsorientierte Geld- und Finanzpolitik entlastet werden.

Die Europäische Währungsunion kann nur dann erfolgreich sein, wenn mit der gleichen Intensität eine europäische Beschäftigungspolitik aufgebaut wird. Die ökonomische Integration darf nicht auf die zwei Säulen Binnenmarkt und Monetarismus reduziert werden. Übrig bliebe eine Union des Neoliberalismus. Die Europäisierung der in Deutschland derzeit praktizierten Angebotspolitik löst die Entwicklungsprobleme nicht, sondern vertieft sie. Zum Euro gehört der Aufbau einer Beschäftigungs-, Sozial- und Umweltunion. Die Frage, ob der Euro termingerecht zum 1. 1. 1999 kommt oder ob das Projekt verschoben wird, ist nicht (mehr) so entscheidend. Entscheidend ist der erkennbare Wille, ab sofort dem Abbau der Arbeitslosigkeit Vorrang einzuräumen, um bisher Versäumtes nachzuholen und die EU zukunftsfähig zu machen.

IV. Mut zum Aubruch: Perspektiven für Arbeit und Umwelt

1. Die Wende der neoliberalen Angebotspolitik ist fällig

Das Fazit der vorangegangenen Aufklärung über die «sieben Irrtümer der deutschen Wirtschaftspolitik» fällt eindeutig aus: Die neoliberale Angebotspolitik ist gescheitert. Nach über fünfzehn Jahren der im Oktober gestarteten konservativ-neoliberalen Bundesregierung sind, wie es der «Sachverständigenrat zur Begutachtung der gesamtwirtschaftlichen Entwicklung» (SVR) in seinem Jahresgutachten 1997/98 unmißverständlich formuliert hat, «die schlimme Lage am Arbeitsmarkt und die hartnäckige Investitionsschwäche» unübersehbar.[111]

Die Politik war allerdings bei der schrittweisen Umverteilung der Einkommen und Rechte zugunsten der Unternehmen höchst erfolgreich. Die unternehmensbezogene Steuerbelastung wurde gesenkt; die sozialen Leistungen sind für den einzelnen Betroffenen zurückgegangen; viele Maßnahmen zur Flexibilisierung der Arbeitsmärkte wurden verwirklicht; die Tariflöhne sind unter dem Druck der Massenarbeitslosigkeit und der Demontage sozialer Regulierungen in der Arbeitswelt in den letzten Jahren weit hinter der Zunahme der Arbeitsproduktivität und der stabilitätskonformen Inflationsrate zurückgeblieben.

Auch die vom SVR, dem sogenannten «Rat der fünf Weisen», berechnete Investitionsleitgröße Gewinne zu Gesamterlösen ist in den letzten Jahren deutlich angestiegen, zuletzt auf 5,63 Prozent.[112] Die Kapitalrendite, die maßgeblich die Entscheidung für Sachinvestitionen beeinflußt, hat 1997 mit 9,55 Prozent nach

111 Sachverständigenrat zur Begutachtung der gesamtwirtschaftlichen Entwicklung, Jahresgutachten 1997/98, Ziff. 9
112 SVR, a.a.O., S. 256

der Rezession wieder den hohen Wert von 1991 erreicht. Diesen Erfolgen bei der Umverteilung stehen – im krassen Widerspruch zu den Versprechungen – massive Mißerfolge gegenüber. Die Ausrüstungsinvestitionen sind seit 1992 deutlich zurückgegangen und nahmen in den letzten Jahren kaum zu. Die Investitionsquote – also der Anteil der (realen) Ausrüstungsinvestitionen am preisbereinigten Bruttoinlandsprodukt – verharrt seit der letzten Rezession 1993 auf etwas mehr als 8,5 Prozent. Mangelnde Investitions- und Wachstumsdynamik schlagen auf die Arbeitsmärkte durch. Seit 1992 sind massenhaft Arbeitsplätze abgebaut worden; in den Jahren 1996 und 1997 waren es 411 000 bzw. 477 000. Die Zahl der registrierten Arbeitslosen liegt Anfang 1998 nur noch knapp unter fünf Millionen. Gemessen an denjenigen, die auf Erwerbsarbeit angewiesen sind, fehlen über acht Millionen Jobs.

Diese Entkoppelung der Investitionen und damit der Arbeitsplätze von den unbestreitbar günstigen Angebotsbedingungen verlangt nach einer Erklärung. An unzureichenden Finanzmitteln kann es nicht gelegen haben. Die Deutsche Bundesbank stellt zu Recht fest: «Die Ursachen für die Investitionsschwäche im Unternehmensbereich sind nicht auf einen Mangel an für investive Zwecke verfügbaren Mitteln zurückzuführen.»[113] Nach dem Muster vorangegangener Konjunkturen hätten die günstigen Gewinnerwartungen längst einen Investitionsboom auslösen müssen. Daher zeigt sich der SVR besorgt über aufbrechende «Zweifel an einer angebotsorientierten Wirtschaftspolitik». Ja, er konstatiert: «Die Kritik geht mitunter so weit, die gesamte Misere als Ergebnis von fünfzehn Jahren verfehlter Politik, nämlich angebotsorientierter Politik zu werten.[114]

Dieser Schlußfolgerung müssen die gesetzlich bestellten Gralshüter der reinen Marktlehre widersprechen. Vom unerschütterlichen Glauben geprägt, die Dynamik der Märkte erzeuge optima-

113 Deutsche Bundesbank, Die gesamtwirtschaftlichen Finanzierungsströme im Jahr 1996; in: Monatsbericht der Deutschen Bundesbank 5/1997, S. 26
114 SVR, a.a.O., Ziff. 9

les Wirtschaftswachstum und Vollbeschäftigung, wird die enttäuschende Fehlentwicklung auf eine immer noch nicht genügend konsequente Politik der Kapitalismusentfesselung zurückgeführt. Die Bundesregierung habe die ehernen Marktregeln nicht nachhaltig genug zur Richtschnur ihres Handelns erhoben. Die Lohnpolitik sei zwar moderat ausgefallen; die Gewerkschaften verdienten rückblickend Lob. Noch hätten allerdings die Investoren nicht das Vertrauen in eine anhaltende «Bescheidenheit» gewonnen.

Diese Rechtfertigungsversuche gleichen einer tautologischen Beweisführung: Immer dann, wenn Arbeitslosigkeit herrscht, sind eben die Löhne, die unternehmerischen Steuerbelastungen und politischen Regulierungen noch zu hoch. Letztlich wird damit der Umverteilung zu Lasten der abhängig Beschäftigten ohne Rücksicht auf Arbeitsplätze Tür und Tor geöffnet. Solche ideologischen Rechthabereien drohen allerdings, wenn sie die Politik anleiten, die wirtschaftliche Lage nur noch weiter zu verschlechtern.

Die Angebotspolitik hat der Wirtschaft und Gesellschaft große Schäden zugefügt. Indem vor allem die Großunternehmen der Exportwirtschaft erfolgreich gestärkt wurden, hat die Pflege einzelwirtschaftlicher Gewinne die Binnenwirtschaft schwer belastet. Dieser Angebotspolitik ist es zuzuschreiben, daß die sprühenden Funken der Exportexpansion erstmals in der Geschichte der Bundesrepublik keine binnenwirtschaftliche Dynamik entfachen konnten. Durch die Belastung der Masseneinkommen mit Steuern (Lohnsteuer und Mehrwertsteuer) und Sozialversicherungsabgaben sowie den Druck auf die Löhne und Gehälter und schließlich den Rückzug des Staates aus der gesamtwirtschaftlichen Nachfrage sind die Wachstumschancen der Binnennachfrage erdrosselt worden. Was ängstigen muß ist die Tatsache, daß dadurch die Abhängigkeit von der gefährlichen Droge Export zugenommen hat.

Diese Angebotspolitik hat, wie mit vielen Detailargumenten in diesem Buch gezeigt wurde, versagt. Die Notwendigkeit eines grundlegenden Wechsels ist durch diese Schrumpfpolitik selbst erzeugt worden. Diese bittere Erfahrung muß bei der Suche nach dem Leitbild der ökonomischen Integration in Europa berücksichtigt werden. Durch eine Europäisierung dieses Neoliberalismus würden die wirtschaftliche Wachstumsschwäche und wachsende Arbeitslosigkeit in der EU programmiert. Die Einführung der Europäischen Währungsunion, die zusammen mit dem Binnenmarkt Arbeitsplätze nicht im Selbstlauf zu schaffen vermag, erzwingt mehr denn je eine flankierende aktive Beschäftigungspolitik. Die Lehre für die voranschreitende ökonomische Integration der EU aus dem Versagen der Angebotspolitik nicht nur in Deutschland kann nur sein: Ausschöpfung der innereuropäischen Wachstumspotentiale, aktive Arbeitsmarktpolitik und Arbeitszeitverkürzungen durchzusetzen.

2. *Job-Wunder im Ausland?*

Bei der Suche nach einer erfolgreichen Strategie zur Bekämpfung der Massenarbeitslosigkeit in Deutschland wird immer wieder auf die sogenannten Jobwunder-Länder hingewiesen, deren Politik es hier durchzusetzen gälte. Beschäftigungspolitische Lobpreisungen gelten so unterschiedlichen Ländern wie den USA, den Niederlanden, Dänemark, Großbritannien, ja auch Neuseeland. Auf dem Beschäftigungsgipfel der EU im November 1997 in Luxemburg ist die Orientierung im Sinne eines arbeitsmarktpolitischen «Bench-Marking» vereinbart worden: Die Mitgliedsländer sollen sich bei der Lösung ihrer Arbeitsmarktprobleme an den erfolgreichsten Pilotländern – also an der «best practice» – orientieren. So sinnvoll seriöse Vergleiche sein können, die Gefahr, nur die Aspekte hervorzukehren, die dann zur Rechtfertigung der in Deutschland längstens gescheiterten Angebotspolitik dienen, ist groß. Mit wenigen Hinweisen zu den Niederlanden und den USA läßt sich die Gefahr eines mißbräuchlichen Umgangs mit den dortigen Verhältnissen zeigen:

Die sogenannte Polder-Ökonomie in den Niederlanden wird immer wieder in Deutschland als Vorbild für Lohn- und Arbeitsmarktflexibilität gepriesen. Zweifellos, die Halbierung der Arbeitslosigkeitsquote von 12 auf 6 Prozent durch die Schaffung neuer Beschäftigungsverhältnisse seit Mitte der achtziger Jahre verdient große Anerkennung. Im Mittelpunkt stehen vier Einsatzfelder für Beschäftigungspolitik, die sich in Deutschland allerdings nicht einfach kopieren lassen:

1. In den Niederlanden konnte die internationale Wettbewerbsfähigkeit seit Anfang der achtziger Jahre kontinuierlich ausgebaut werden. Die Basis bildete eine Hartwährungspolitik, der holländische Gulden wurde fest an die Mark geknüpft. Da die Lohnstückkosten wegen sinkender Arbeitskosten gegenüber den wichtigsten Exportländern geringer stiegen, kam es real zu einer Abwertung des holländischen Guldens. Die internationale Wettbewerbsfähigkeit nahm also zu.[115] Diese durchaus erfolgreiche Politik eines kleinen Landes läßt sich auf Deutschland nicht übertragen. Die Strategie der realen Abwertung der Mark durch starke Senkung der Lohnstückkosten gegenüber den Konkurrenzländern gliche einer «beggar-my-neighbour-policy» (vgl. dazu Kap. II/7). Wegen der Exportstärke Deutschlands wären als Antwort auf diese Konkurrenzstrategie Gegenreaktionen gewiß. Die Mark würde aufwerten bzw. die Importländer müßten sich gegen den massiven Zufluß deutscher Produkte zur Wehr setzen. Dieses Element des holländischen Modells läßt sich nicht kopieren.

2. Beim optimistischen Bezug auf die niederländische Erfolgsstory wird oft die Tatsache übersehen, daß die Beschäftigtenzahl aufgrund der Arbeitszeitverkürzung, die in Deutschland von den Protagonisten der Polder-Ökonomie als «dumm und töricht» diffamiert wird, vor allem durch die Ausweitung der Teilzeitarbeit zugenommen hat. Dafür wird jedoch der Preis sinkender Produktivität je Arbeitnehmer bezahlt, während in Deutschland die Arbeitsproduktivität sehr hoch ist und die internationale Konkurrenzfähigkeit sichert.

115 K. Pohl/J. Volz, Die Niederlande. Beschäftigungspolitisches Vorbild; in: DIW-Wochenbericht 16/1997

3. Nicht erwähnt wird, daß die soziale Absicherung immer noch hoch ausfällt und die öffentliche Arbeitsmarktpolitik eine große Rolle spielt.

4. Entscheidend für den Erfolg dieses Modells ist das seit dem «Akkord von Wasenaar» 1982 ausgebaute «Bündnis für Arbeit». Damit sind die institutionellen Voraussetzungen für verbindliche Absprachen zwischen der Lohn-, Sozial- und Steuerpolitik einerseits gegenüber der unternehmerischen Beschäftigungspolitik andererseits wirksam.

► Während Japan die langjährige Vorzeigefunktion für Deutschland wegen seiner massiven ökonomischen Probleme völlig verloren hat, gelten heute die USA als das nachahmenswerte Land des «Jobwunders». Bei den Lobpreisungen auf dieses «Modell» steht die hohe Lohn- und Arbeitsmarktflexibilität bzw. Mobilität der Arbeitskräfte im Zentrum. Diese Sicht ist jedoch sehr einseitig. Die relevanten Triebkräfte für das Wirtschaftswachstum und die Beschäftigung sowie auch die sozialen Folgen werden nicht bedacht. Der zweifellos gigantische Zuwachs an Beschäftigung seit dem Tiefpunkt der Rezession von 1991 – allein 1997 konnte ein Zugewinn von drei Millionen verzeichnet werden – ist von äußerst unterschiedlicher Qualität.

Im Informations- und Kommunikationssektor sind durchaus auch hochwertige und gut dotierte Jobs entstanden. Gleichzeitig hat in diesen Firmen die Lohnspreizung zugenommen. Neben den hoch bezahlten Jobs sind billige Arbeitskräfte eingestellt worden. Schließlich konzentrieren sich die Beschäftigungszuwächse auf minderwertige Jobs im Dienstleistungssektor. Diese MacDonaldisierung ist zu Recht immer wieder kritisiert worden. Zur Wirklichkeit dieses Jobwunders in den USA gehört eben auch die wachsende Zahl der Beschäftigten, deren Erwerbseinkommen zur Sicherung des Existenzminimums nicht mehr ausreicht. Die Gruppe der «working poor» nimmt bedrohlich zu. Nach einer neuen Studie der größten Anti-Hungerorganisation der USA, *Second Harvest*, sind fast 40 Prozent zwar einer regulären Arbeit nachgegangen, aber dennoch auf Nahrungshilfe angewiesen. Rund 50 Prozent derjenigen, die nicht über die Runden kommen, sind Alleinerziehende.[116]

Zwei positive Einflüsse auf die gesamtwirtschaftliche Konstellation sind zu nennen: Zum einen wird der lang anhaltende Aufschwung durch die positive Rolle der US-Notenbank deutlich unterstützt. Im Gegensatz zur restriktiven Geldpolitik der Deutschen Bundesbank ist in den USA mit den geldpolitischen Instrumenten die Entfaltung der gesamtwirtschaftlichen Nachfrage gestärkt worden.[117] Zum anderen profitiert der US-Arbeitsmarkt von der höheren Beschäftigungsintensität des Wirtschaftswachstums infolge des deutlich höheren Anteils des Dienstleistungssektors an der gesamten Wertschöpfung. Im Durchschnitt bringt bereits ein Prozent Wirtschaftswachstum einen Anstieg des Arbeitsvolumens um 0,4 Prozent, während in Deutschland erst ab ca. 2,5 Prozent Produktionszuwachs das Arbeitsvolumen steigt. Die Differenz wird nicht nur durch den höheren Anteil des personenbezogenen Dienstleistungssektors in den USA erklärt, sondern auch durch die Verlangsamung der technologischen Innovationsdynamik über lange Jahre.

Die Bekämpfung der Arbeitslosigkeit am erfolgreichsten Land im Sinne des «Bench-Marking» auszurichten, birgt also große Risiken in sich. Statt sich die passenden Teilargumente herauszupikken, müssen alle ökonomischen Einflußfaktoren sowie die arbeits- und arbeitsmarktpolitischen Grundlagen, aber auch die Folgen berücksichtigt werden. Andererseits sollten beim Ländervergleich die spezifisch historischen Voraussetzungen sowie die komparativen Vorteile Deutschlands nicht verdeckt werden. So wird in den USA und in den Niederlanden selbst das deutsche System der dua-

116 Vgl. den Bericht in der Frankfurter Rundschau vom 12. 3. 1998, S. 1 (M. Winter, Hunger in den USA grassiert auch bei den Arbeitenden)

117 G. A. Horn, Beschäftigungswachstum in den USA – ein erklärbares Wunder; in: DIW-Wochenbericht 9/1998

len Berufsausbildung, die Innovationsfähigkeit sowie die relative Stabilität der Arbeitsbeziehungen durch Flächentarifverträge positiv hervorgehoben.

Interessanterweise wird bei der Suche nach der besten praktizierten Beschäftigungspolitik im internationalen Vergleich die durch die Regierung Linoel Jospin in Frankreich verantwortete neue Politik zur Bekämpfung der Massenarbeitslosigkeit (bisher) kaum erwähnt. Der Grund liegt auf der Hand: Aus der Erfahrung mit der gescheiterten Angebotspolitik ist in Frankreich ein radikaler Kurswechsel vollzogen worden.[118] Gegen das neoliberale Einheitsdenken, das die Beschäftigungskrise den Marktkräften überläßt, übernimmt wieder die gestaltende Politik die Führungsrolle in Frankreich. Die Grundlinie sowie die Instrumente der Beschäftigungspolitik stimmen mit den hier angedachten Alternativen weitgehend überein. Folgende Instrumente werden derzeit in Frankreich zur Bekämpfung der demokratiebedrohenden Arbeitslosigkeit eingesetzt:

- ▶ Ankurbelung des privaten Verbrauchs durch die Erhöhung des gesetzlichen Mindestlohns um vier Prozent auf umgerechnet ca. 1700 Mark, durch erhöhte Unterstützungszahlungen an Schulanfänger, durch Senkung der Krankenversicherungsbeiträge der Arbeitnehmer (allerdings bei gleichzeitiger Einführung einer allgemeinen Sozialsteuer, die jedoch auch auf Kapitalerträge und Mieten erhoben wird);
- ▶ Errichtung und Sicherstellung eines öffentlich finanzierten Beschäftigungssektors für junge Arbeitslose (bis 26 Jahre); geplant sind in den nächsten fünf Jahren 700 000 Arbeitsplätze jeweils zur Hälfte im öffentlichen und privaten Sektor; im öffentlichen Sektor ausschließlich für Bedarfe, die gesellschaftlich wichtig sind, jedoch bisher nicht berücksichtigt wurden (soziale, kulturelle, umweltbezogene Aktivitäten);

118 Vgl. die ausführliche Darstellung der wichtigsten Elemente bei: Arbeitsgruppe Alternative Wirtschaftspolitik, Memorandum '98 Bewegung in Europa – Blockade in Deutschland – Kurswechsel für Beschäftigung, Köln 1998

► Verkürzung der Wochenarbeitszeit per Gesetz von 39 Stunden auf 35 Stunden in den kommenden Jahren; dabei ist das Ziel des Lohnausgleichs, das ursprünglich festgelegt wurde, im Gesetz nicht mehr geregelt.

3. Ansätze zur Bekämpfung der Massenarbeitslosigkeit in Deutschland

Zur quantitativen Dimension der Arbeitslosigkeit gilt es festzuhalten: Ihr Ausmaß resultiert aus der Gegenüberstellung der Zahl derjenigen, die auf Erwerbsarbeit angewiesen sind (Angebot an Arbeitskräften), und der Nachfrage nach Arbeitskräften durch die Wirtschaft und den öffentlichen Sektor. Die Differenz zwischen diesem Potential und der Nachfrage nach Erwerbsarbeit ergibt die Arbeitsplatzlücke. Sie wird 1998 schätzungsweise über acht Millionen betragen. Betroffen sind die registrierten Arbeitslosen mit knapp fünf Millionen im Jahresdurchschnitt 1998 und die über drei Millionen Menschen, die sich in der sogenannten stillen Reserve befinden. Zur stillen Reserve gehören diejenigen, die eigentlich auf Erwerbsarbeit existentiell angewiesen sind, sich jedoch nicht mehr arbeitslos melden, da sie keine Aussicht auf Vermittlung in einen Job sehen und kaum noch auf Arbeitslosenzahlungen zählen können.

Natürlich hat auch die Entwicklung der Nachfrage nach Arbeitsplätzen Einfluß auf die Arbeitslosigkeit. Sie wird durch demografische Faktoren (Veränderung des Anteils Jugendlicher und Ruheständler an der Bevölkerung), das Erwerbsverhalten der Frauen sowie die Höhe der Zuwanderung aus dem Ausland nach Abzug der Auswanderung bestimmt. Im fundamentalen Widerspruch zur neoklassischen Deutung wird bei den hier vorgestellten Alternativen zu einer Beschäftigungspolitik davon ausgegangen, daß jeder, der auf Erwerbsarbeit angewiesen ist, auch die Chance haben soll, eine existenzsichernde Beschäftigung zu finden. Damit rückt die Aufgabe in den Mittelpunkt, die Beschäftigungspotentiale von

Wirtschaft und Gesellschaft zu mobilisieren und darüber hinaus die individuelle Arbeitszeit zu verkürzen.

Der entscheidende Einfluß auf das Ausmaß der Beschäftigung und spiegelbildlich dazu die Arbeitsplatzlücke – liegt also bei der Nachfrage nach Arbeitskräften durch die Privatwirtschaft und den öffentlichen Sektor. Dabei wird nicht übersehen, daß Arbeitslosigkeit entstehen kann, wenn die Anforderungen der wirtschaftlichen Nachfrage mit der Qualifikation der Anbieter nicht übereinstimmen. Diese sogenannte «Mismatch»-Arbeitslosigkeit wird in Deutschland auf etwa eine Million geschätzt. Auf ihren Abbau müssen Maßnahmen zur Weiter- und Umqualifizierung ausgerichtet werden. Lebenslange Qualifizierung wird mit dem rasanten Strukturwandel von Wirtschaft und Beschäftigung ohnehin zur Regel werden.

Allerdings wird maßgeblich die Arbeitsplatzlücke durch die seit Jahren zu geringe Nachfrage nach Erwerbsarbeit verursacht. Die wichtigsten Determinanten der Nachfrage nach Beschäftigten (W_B) in der Gesamtwirtschaft sind: das Wirtschaftswachstum (W_y), die Arbeitsproduktivität (W_a) sowie die Arbeitszeitverkürzung (W_{az}). Die Grundformel lautet:[119]

$$w_B = w_y - w_a - w_{az}$$

Anhand dieser Determinanten läßt sich die Entwicklung der Nachfrage nach Erwerbsarbeit im volkswirtschaftlichen Durchschnitt gut erklären, wie die Daten seit 1994 in der Abbildung 13 belegen:

Der Vorteil Deutschlands, über eine hohe Arbeitsproduktivität zu verfügen, wird für die Entwicklung der Beschäftigung zur schweren Last. Das läßt sich beispielsweise am Jahr 1997 zeigen. In diesem Jahr ist bei einem Wirtschaftswachstum über 2,2 Pro-

119 Ausführlich bei R. Hickel, *Arbeitslosigkeit: Ökonomisch politische Ansätze zum Abbau der Arbeitsplatzlücke*: In Bremer Gesellschaft für Wirtschaftsforschung e. V. (Hg.), Massenarbeitslosigkeit durch Politikversagen?, Frankfurt a. M. 1996

Abbildung 13: Determinanten der Arbeitskräftenachfrage in Westdeutschland von 1994–1996, Veränderungen in Prozent

	w_y	w_a	$w_t^* = w_y - w_a$	w_{az}	w_B
1994	2,4	4,1	– 1,7	– 0,5	– 1,2
1995	1,5	3,5	– 2,0	– 1,0	– 0,5
1996	1,4	2,8	– 1,5	– 0,3	– 1,2
1997	2,2	3,5	– 1,3	0,1	– 1,4

* W_t = Arbeitsvolumen (in Stunden)

Quelle: Deutsches Institut für Wirtschaftsforschung, Grundlinien der Wirtschaftsentwicklung; in DIW-Wochenbericht 1–2/1996 und 1–2/1998

zent das Arbeitsvolumen um 1,3 Prozent zurückgegangen, da im selben Jahr die Produktivität mit 3,5 Prozent weit mehr als das Wirtschaftswachstum stieg. Um dieses Wirtschaftswachstum zu produzieren, waren also deutlich weniger Arbeitsstunden erforderlich. Der Rückgang der Beschäftigung war noch etwas höher als die zurückgehende Nachfrage nach Arbeitsstunden, weil die Arbeitszeit leicht um 0,1 Prozent gestiegen ist. Die Nachfrage nach Arbeitskräften sank insgesamt um 1,4 Prozent. Das Jahr 1997 zeigt, wie die Produktivitäts-Produktions-Schere zusammen mit einer leichten Arbeitszeitverlängerung den Verlust an Beschäftigung und damit den Anstieg an Arbeitslosigkeit bewirkt hat. Der Rückgang der Beschäftigung hätte nur vermieden werden können, wenn das Wirtschaftswachstum über der Zuwachsrate der Produktivität gelegen hätte und/oder die Arbeitszeit verkürzt worden wäre.

Schon seit den siebziger Jahren steigt die Arbeitsproduktivität – Ausdruck hoher Innovation – schneller als das Wirtschaftswachstum. Inwieweit diese Produktivitäts-Produktions-Schere auf den Verlust an Arbeitsplätzen durchschlägt, hängt maßgeblich von der Entwicklung der Arbeitszeitverkürzung ab. In den achtziger Jahren gingen positive Impulse von den vielen Maßnahmen zur

Verkürzung der Arbeitszeit – insbesondere über die Wochen arbeitszeit – aus. In den neunziger Jahren resultieren Beschäftigungsprobleme aus der sich verstärkenden Fehlentwicklung: Das Wirtschaftswachstum verlor an Kraft. Die stärker wachsende Arbeitsproduktivität hat deshalb zu einem Rückgang des Arbeitsvolumens geführt. Verstärkt wurde diese Fehlentwicklung durch Verzicht auf die Arbeitszeitverkürzung (vgl. Abb. 12).

Beschäftigungspolitisch heißt das: Das Wirtschaftswachstum muß gestärkt, dessen Beschäftigungsintensität durch den Ausbau des personenbezogenen Dienstleistungssektors erhöht und die Arbeitszeit verkürzt werden. Das sind die ökonomischen Hebel zum Abbau der Massenarbeitslosigkeit. Längerfristige Prognosen zeigen, daß der Zuwachs der gesamtwirtschaftlichen Produktion jahresdurchschnittlich bei drei Prozent liegen müßte, um die Arbeitslosigkeit in den nächsten Jahren nachhaltig zu reduzieren. Auf lange Frist und im Jahresdurchschnitt ist diese Zielrate wirtschaftlichen Wachstums nicht realistisch.

Deshalb bedarf es zur Bekämpfung der Massenarbeitslosigkeit eines Instrumentenmixes. Das «Institut für Arbeitsmarkt- und Berufsforschung der Bundesanstalt für Arbeit» (IAB) hatte 1996 dem Bundeskanzler einen Mix an Maßnahmen zur Halbierung der Arbeitslosigkeit durchgerechnet und vorgeschlagen. Dazu gehörten: Stärkung des Wirtschaftswachstums auch durch expansive Finanzpolitik sowie unterstützende Geldpolitik, an der Produktivität ausgerichtete Lohnpolitik sowie vielfältige Maßnahmen der Arbeitszeitverkürzung (ohne vollen Lohnausgleich).[120]

Wenn auch die Rolle steigender Kaufkraft für die binnenwirtschaftliche Expansion unterschätzt wurde, so hat das IAB einen diskutierbaren Rahmen für die Halbierungsstrategie vorgegeben.

120 W. Klauder u.a., Wege zu mehr Beschäftigung; IABwerkstattbericht Nr. 5, Nürnberg 1996

Im Februar 1998 wurde die Tragfähigkeit dieser Strategie nochmals betont: P. Schnur u.a., Wege zu mehr Beschäftigung – Strategiebündel immer noch tragfähig; in: IAB-Kurzbericht, Nr. 4/3.2.1998

Die Politik hat es jedoch vorgezogen, die einzelwirtschaftlichen Angebotskräfte durch Steuerentlastungen und Arbeitsmarktflexibilisierung zu stärken. Durch die moderate Lohnpolitik konnte der inflationsfreie Verteilungsspielraum nicht ausgeschöpft werden. Die Folgen sind bekannt: Deutschland hat sich seit der Verkündigung durch den Bundeskanzler Schritt für Schritt vom Ziel der Halbierung bis zum Ende dieses Jahrhunderts entfernt: Deshalb sind erheblich intensivere Anstrengungen erforderlich, um die sich verschlechternde Entwicklung erst einmal zu bremsen und schließlich umzukehren.

Eine Wende aus der gescheiterten Angebotspolitik zur beschäftigungspolitischen Verantwortung aller Akteure in Wirtschaft und Politik ist dringender denn je geboten. Dazu ist die Wiederbelebung eines «Bündnisses für Arbeit» durchaus sinnvoll. Freilich müssen die Ursachen des gescheiterten Versuchs der «Kanzlerrunde» Anfang 1996 berücksichtigt werden. Die erste Bündnisrunde mußte scheitern, weil sie durch die Arbeitgeberverbände einseitig benutzt wurde, auf ihren Ansprüchen ohne Gegenleistung zu bestehen. Auch die mit dem sogenannten «50-Punkte-Programm» der Bundesregierung auf Schrumpfkurs geschaltete Finanzpolitik hat die Bemühungen um mehr Beschäftigung torpediert. Finanz- und Geldpolitik müssen auf das Ziel ausgerichtet werden, die reale Wirtschaftsentwicklung zu stärken. Erst dann gewinnt auch die Lohnpolitik wieder angemessenen Spielraum zurück.

Der Fehler der derzeitigen Angebotspolitik zusammen mit der Antiinflationshysterie der Deutschen Bundesbank ist darin zu sehen, daß die Ursachen der Arbeitslosigkeit ausschließlich auf die Lohnentwicklung abgeladen werden. Dabei ist die Lohnpolitik einerseits völlig überfordert, aus eigener Kraft die Beschäftigungskrise zu mildern. Andererseits kann sie nicht die Fehler der Finanz- und Geldpolitik kompensieren. Deshalb ist ein «Bündnis für Arbeit» dringend erforderlich. Dessen Gelingen wird maßgeblich durch die unternehmerische Investitions- und Beschäftigungspolitik begründet. Moderate Lohnpolitik ist nur dann zu rechtfertigen, wenn sie auch mit der Sicherung und Schaffung von Arbeitsplätzen einhergeht. Und die Achillesverse der neoliberalen Angebotspolitik ist gerade, daß bisher die beste Gewinnpflege der Unternehmen nicht in beschäftigungsrelevante Investitionen umgesetzt worden ist.

Die gebrochenen Gliederketten zwischen Gewinnen – Investitionen – Beschäftigung muß ein «Bündnis für Arbeit» reparieren. Dazu gehört vor allem die Stärkung der Binnennachfrage durch expansive Lohnpolitik sowie die Entlastung der Masseneinkommen von Steuern und Sozialversicherungsabgaben. Alternative Ansatzpunkte einer aktiven Politik für Arbeit und Umwelt sind im Zuge der Entzifferung der sieben Irrtümer des Neoliberalismus detailliert herausgearbeitet worden. Hier soll es nur darum gehen, die wichtigsten Grundlinien zusammenzufassen.[121]

Bei der Überwindung der Massenarbeitslosigkeit steht das Ziel im Mittelpunkt, die Erwerbsarbeit – also bezahlte Arbeit – auszuweiten. Nicht ohne erkennbare Resignation über die Machbarkeit aktiver Beschäftigungspolitik unter dem Druck anhaltend hoher Arbeitslosigkeit werden derzeit Ansätze zu einer «Bürgerarbeit» diskutiert. Vorgesehen wird die staatliche Förderung von «ehrenamtlicher Tätigkeit».[122] Solche Arbeit ist zweifellos gesellschaftlich nützlich. Sie kann jedoch nicht dazu beitragen, nachhaltig Erwerbsarbeit zur Einkommenssicherung zu schaffen. Eher droht die Gefahr, mit der Bürgerarbeit das Niveau bezahlter Arbeit noch weiter zu senken. Auch der neue Bericht des *Club of Rome*, vom Wirtschaftswissenschaftler Patrick M. Liedtke und dem Ex-Manager Orio Giarini unter dem Titel «Wie wir arbeiten werden»

121 Ausführlich werden die einzelnen Instrumente einer Alternativen Wirtschaftspolitik begründet im «Memorandum '98» der Arbeitsgruppe Alternative Wirtschaftspolitik, vgl. a. a. O.

122 Vgl. Kommission für Zukunftsfragen der Freistaaten Bayern und Sachsen – Erwerbstätigkeit und Arbeitslosigkeit in Deutschland – Entwicklungen, Ursachen und Maßnahmen, Teil III. Bonn November 1997; vgl. auch U. Beck, Die Seele der Demokratie – Wie wir Bürgerarbeit statt Arbeitslosigkeit finanzieren können; in: Die Zeit Nr. 49/1997, S. 7–8

vorgelegt, sieht neben den zwei Schichten öffentlich garantierter Grundversorgung für Arbeitslose mit mindestens zwanzig Wochenarbeitsstunden und klassischer Erwerbsarbeit als dritte Schicht die freiwillige Arbeit vor.[123] Die Botschaft, daß in der Familie und im Haushalt vor allem von Frauen sowie durch das Ehrenamt etwa in einem Verein Arbeit geleistet wird, die weder bezahlt noch im Sozialproduktausweis erfaßt wird, ist ziemlich alt. Die Frage bleibt angesichts der großen finanziellen Not der von der Massenarbeitslosigkeit Betroffenen, wie Arbeit *und* Einkommen künftig gesichert werden können. Die Schaffung eines öffentlichen Beschäftigungssektors zur Erschließung wichtiger Bedarfe ist dringend erforderlich, weil sich der Markt nur auf den gewinnbringenden Einsatz von Arbeit konzentriert. Er hat jedoch nur eine Chance, wenn die dort Beschäftigten an der Wertschöpfung ausreichend beteiligt werden.

Gestaltungsmöglichkeiten der Arbeitskräftenachfrage

Wie hier abgeleitet wurde, steht die Förderung des Wirtschaftswachstums mit dem Ziel, dessen Beschäftigungswirksamkeit zu erhöhen, im Mittelpunkt. Wegen der hohen Produktivitätsentwicklung wird sie jedoch nicht ausreichen, um die Arbeitslosigkeit abzubauen. Hinzu kommen müssen intelligente Maßnahmen flexibilisierter Arbeitszeitverkürzung sowie der Arbeitsmarktpolitik.

Es gibt durchaus einen, wenn auch beschwerlichen Pfad, die demokratiegefährdende Massenarbeitslosigkeit abzubauen. Im Gegensatz zur phantasielosen Kürzung der Arbeitskosten müssen die Innovationskräfte gestärkt werden. Nur so lassen sich unvermeidbare Produktionsverlagerungen in Billiglohnländer beschäftigungspolitisch kompensieren. Wesentliche Elemente dieser Erneuerungsstrategie:

123 Vgl. den Bericht über diese Studie von J. Wille, Der Club of Rome will die Arbeitslosigkeit abschaffen; in: Frankfurter Rundschau vom 18. 2. 1998, S. 1

- Das mit der Erwerbsbevölkerung verbundene Humankapital ist die wichtigste Zukunftsressource Deutschlands. Ausbildungs-, Weiterbildungs-, Umqualifizierungs-, hochschulbezogene Bildungs- und Forschungspolitik kommen dabei entscheidende Bedeutung zu. Die vorherrschende Politik versagt auf diesem Gebiet völlig. Staatliche Kürzungen provozieren die zweite Bildungskrise an der Jahrtausendschwelle.
- Suchprozesse in Richtung Produkt- und Prozeßinnovationen müssen politisch und wirtschaftlich gestärkt werden, um Positionsverluste in der internationalen Arbeitsteilung zu vermeiden.
- Produkte und Verfahren im Dienste des ökologischen Umbaus stehen im Zentrum der weltweiten Zukunftsmärkte. Durch den ökologischen Umbau – auch mit dem Instrument der Ökosteuer – werden Marktentwicklungen gestärkt und neue Arbeitsplätze geschaffen. So würde die verbindliche Ankündigung einer Erhöhung der Benzinpreise auf einem Zehnjahres-Pfad auf fünf Mark die Automobilindustrie zum Bau des Drei-Liter-Autos animieren. Die Einnahmen aus dieser Ökoabgabe wären vorrangig zum Ausbau des öffentlichen Nah- und Fernverkehrs einzusetzen, um den Ausstieg aus dem PKW zu erleichtern. Die Forderung, die Ökosteuereinnahmen ausschließlich zur Senkung der Lohnnebenkosten zu nutzen, greift zu kurz. Zuerst müßte gezeigt werden, daß es die Zusatzkosten der Arbeit sind, die die Wettbewerbsfähigkeit der deutschen Industrie belasten. Wie hier anhand der Entwicklung der Lohnstückkosten gezeigt wurden, trifft dies nicht zu (Abschnitt 2 im Kapitel II). Allerdings ist die Belastung der Arbeitnehmer mit Sozialversicherungsabgaben durch die Finanzierung der deutschen Einigung viel zu hoch geraten. Diese binnenwirtschaftliche Kaufkraftbelastung muß dringend abgebaut werden.
- Nicht zu hohe Lohnansprüche, sondern die mangelnde Innovationsfähigkeit der Unternehmen führt zur Entwicklungsblockade. Zwei Drittel der deutschen Kostennachteile lassen sich auf Managementmängel zurückführen (Führung, Arbeitsorganisation, unzureichende kundenorientierte Konstruktion). Diese autoritär abgeschottete Tabuzone ist endlich aufzubrechen. Der erdrük-

kende Zeitgeist übersieht, daß die Stärkung der Mitbestimmung zur Ausnutzung der Kenntnisse der Ressource Arbeitskraft vor Ort entwicklungsstärkend wirkt.

► Zur Erneuerungsoffensive gehört auch die Wiederbesinnung auf die Produktivkraft sozialen Konsens. Die heutige Aufkündigung dieser sozialpartnerschaftlichen Abstimmung durch die meisten Wirtschaftsverbände birgt große Gefahren. Dabei basiert der viel zitierte Erfolg des viel gelobten holländischen Modells doch gerade auf einer Abstimmung der Finanz-, Geld-, Arbeitsmarkt- und Tarifpolitik – auch im Bereich der Arbeitszeitverkürzung.

► Ohne intelligente Modelle der Arbeitszeitverkürzung werden die Massenarbeitslosigkeit und die mit ihr wachsende Armut nicht zu überwinden sein. Denn selbst bei optimaler Ausnutzung der Wachstumschancen führt die hohe Produktivitätsentwicklung nicht zu ausreichendem Jobwachstum.

► Im Widerspruch zur neoliberalistischen Staatsphobie kommen mit der umfassenden Innovationsstrategie auf den öffentlichen Sektor wichtige Aufgaben zu. Die gesamtwirtschaftlichen Folgen und damit auch Handlungsmöglichkeiten des Staates müssen endlich wieder berücksichtigt werden. Mit den Instrumenten Staatsausgaben, Steuereinnahmen, Staatsverschuldung und sozialökologische Regulierung lassen sich durchaus kapitalismusinterne Fehlentwicklungen korrigieren.

► In einem ersten Schritt zur Stärkung der Gesamtwirtschaft kommt es darauf an, die Binnennachfrage zu reaktivieren. Die schweren Belastungen der Binnenwirtschaft durch die Angebotspolitik, die nur auf die Expansion der Exportwirtschaft ausgerichtet war, müssen abgebaut werden. Elemente der binnenwirtschaftlichen Wiederbelebung sind: Lohnerhöhungen im Ausmaß des Anstiegs der Arbeitsproduktivität und der nicht stabilitätsbedrohenden Inflationsrate; Beschäftigungsprogramme der öffentlichen Hand zur Stärkung der gesamtwirtschaftlichen Nachfrage mit öffentlichen Schwerpunktprojekten zur Verbesserung der Umwelt; Entlastung der Masseneinkommen durch die Senkung der Lohnsteuern und der Sozialversicherungsbeiträge sowie die Ausdehnung der Null- bzw. Sieben-Prozent-Besteuerung gegenüber der Normalbesteuerung (derzeit 16 Prozent) für Güter und Dienstleistungen des Grundbedarfs im Rahmen der Mehrwertbesteuerung.

Das Ergebnis dieser Streitschrift gegen den Standortwahn und den drohenden Euro-Neoliberalismus lautet: Es gibt nicht den schicksalhaften Zwang zur seelenlosen Internationale des Turbokapitalismus. Die sozialökologisch regulierte Marktwirtschaft lehrt ebenso wie die alternativen Bewegungen in Frankreich, Italien, aber auch Deutschland: Ausprägung und Folgen des Wirtschaftssystems lassen sich auch im Zeitalter der Globalisierung durch eine bewußte und gewollte Politik sozialökologischer Bändigung der Marktwirtschaft auf die Ziele Arbeit und Umwelt hin gestalten.